España:
de la Restauración
a la democracia,
1875~1980

Ariel

Ariel Historia

Raymond Carr

España:
de la Restauración
a la democracia,
1875~1980

Editorial Ariel, S.A.
Barcelona

Diseño cubierta: Nacho Soriano

Título original:
Modern Spain 1875-1980
(Oxford University Press, 1980)

Traducción de
IGNACIO HIERRO

1.ª edición: noviembre 1983
2.ª edición: marzo 1988
3.ª edición: enero 1991
4.ª edición: septiembre 1995
5.ª edición: febrero 1998
6.ª edición: junio 1999
7.ª edición: marzo 2001

© 1980: Raymond Carr

Derechos exclusivos de edición en castellano
reservados para todo el mundo
y propiedad de la traducción:
© 1983 y 2001: Editorial Ariel, S. A.
Provença, 260 - 08008 Barcelona

ISBN: 84-344-6542-6

Depósito legal: B. 15.794 - 2001

Impreso en España

PRÓLOGO

Este libro incluye partes de mi obra publicada durante los últimos veinte años. El trabajo se ha visto enriquecido en gran medida (y en numerosas ocasiones corregido) por el extraordinario renacimiento de la historiografía española y por el interés renovado por la moderna historia de ese país de parte de investigadores no españoles. En la bibliografía de la p. 245, que se centra en los estudios más recientes, he intentado dejar patente la enorme deuda que he contraído con otros historiadores.

El relativo tamaño del libro refleja mi esperanza de aproximarme a las obras más recientes de los historiadores y de los científicos sociales españoles. Como la contribución española para los últimos períodos —en particular para la Segunda República y la Guerra Civil— ha sido tratada en profundidad por colegas ingleses, y como la historia de esos años es más familiar a los lectores británicos, he estudiado con mayor detalle el período 1875-1930.

El hecho de prestarle mayor dedicación a lo que puede ser considerada una historia política ortodoxa no implica negarle importancia a los factores estructurales. Tal elección se debe a que considero que el problema fundamental de España en ese período fue un problema político: la búsqueda de un sistema político que gozase de legitimidad, de ese largo período de aceptación generalizada que proporciona gobiernos estables, al contrario de aquellos otros que necesitan la fuerza para mantenerse en el poder. Los diferentes regímenes políticos fracasaron en su intento por conseguir la suficiente lealtad y en dominar la apatía política de las "masas neutrales"; más aún, ellos mismos florecieron en la apatía y la perpetuaron. La repentina movilización política de la Segunda República de 1931 puso a flote conflictos que habían mantenido soterrados los anteriores sistemas políticos y que la misma República no consiguió controlar. España se hundió en cuarenta años de "cirugía de hierro".

La España de la década de 1970 se ve menos agobiada por conflictos sociales violentos que la de la Segunda República.

El nuevo Estado democrático posee una legitimidad que les ha sido negada a todos los regímenes anteriores. Se enfrenta con algunos de los problemas de sus vecinos demócratas: inflación, desempleo, caída de inversiones, apatía política y terrorismo. Como siempre, los problemas regionales que complican la vida política son más agudos en España que en cualquier otro lugar: constituyen los más difíciles obstáculos a los que hay que enfrentarse.

R. C.

St. Antony's College, Oxford
Diciembre 1979

CRONOLOGÍA

Principales acontecimientos de 1868-1979

La Revolución de Septiembre

1868	septiembre	Rebelión militar liberal que derroca a Isabel II y forma un gobierno provisional.
1869		Constitución democrática.
1873		Primera República (federal). Revuelta cantonal y guerra carlista.
1874	4 de enero	El general Pavía derroca a los republicanos federales; república conservadora del general Serrano.
	diciembre	Pronunciamiento del general Martínez Campos, que restaura la monarquía borbónica en la figura del hijo de Isabel, Alfonso XII.

1875-1898 Era del "turno pacífico"

	Alternancia del Partido Conservador Liberal (dirigido por Cánovas del Castillo) y el Partido Liberal (dirigido por Sagasta), que se basan en la manipulación electoral (caciquismo).
1898	El desastre. Derrota a manos de EE.UU. y pérdida de los restos del imperio colonial (Cuba, Puerto Rico y Filipinas).

1898-1923 Decadencia del sistema bipartidista

1899	Gobierno Silvela-Polavieja. Fracaso del primer intento de regeneración política conservadora desde arriba.
1901	Fundación de la Lliga Regionalista con un programa de autonomía catalana dominado por F. Cambó como

	representante de la burguesía catalana.
1903	Muerte de Sagasta. El Partido Liberal comienza a dividirse en facciones.
1900 y ss.	Lerroux vence en Barcelona, para los republicanos, basándose en el voto de la clase obrera; se opone a la Lliga.
1906	Solidaridad Catalana: coalición electoral de catalanes republicanos y conservadores. Reemplaza a los partidos del "turno" en Barcelona.
1907-1909	Gobierno de Antonio Maura; fracaso del segundo intento de una "revolución desde arriba" conservadora y cooperación entre Cambó y Maura para resolver el problema catalán.
1909	Semana Trágica en Barcelona; Maura es despedido por Alfonso XIII y el Partido Conservador se divide entre los que apoyan a Maura y los que sostienen a Dato.
1910-1912	Gobierno de J. Canalejas; regeneracionismo liberal-democrático. Asesinato de Canalejas en 1912.
1914-1918	Primera Guerra Mundial.
1917	*a*) Juntas militares (revuelta de oficiales jóvenes). *b*) El movimiento de protesta catalán del ala izquierda culmina en el Movimiento asambleísta contra el orden político establecido. *c*) Agosto: huelga general reprimida por el ejército. *d*) Noviembre: Cambó abandona el Movimiento asambleísta.
1918	Gobierno Nacional de Maura; incluye a Cambó y al reformista liberal Alba.
1919	Intensificación de las luchas de los trabajadores en Barcelona. Huelga en La Canadiense. La CNT y los patrones se enfrentan en una guerra armada.
1921	Desastre de Annual, Marruecos; se abre un debate sobre responsabilidades políticas.
1923	Gobierno del liberal García Prieto con un programa reformista.

septiembre   Pronunciamiento de Primo de Rivera, que elimina el sistema parlamentario.

1923-1930 *Dictadura del general Primo de Rivera*

1925   "Victoria decisiva" en Alhucemas, Marruecos.
1926   Directorio Civil.
1927-1929   Primo de Rivera fracasa en el intento de legitimar su régimen por medio de la constitución redactada por la Asamblea Nacional.

1930-1931 *Colapso de la monarquía*

1930   enero (a abril
       de 1931)   Gobierno del general Berenguer.
       17 de agosto   Pacto de San Sebastián, que une la izquierda republicana y la catalana contra la monarquía.
       12 de diciembre   Levantamiento militar en Jaca.
1931   febrero-abril   Gobierno del almirante Aznar.
       abril   Elecciones municipales. Los candidatos monárquicos son derrotados en las grandes ciudades; la izquierda catalana (Esquerra) derrota a la Lliga en Cataluña. El rey Alfonso XIII abandona España.

1931-1936 *Segunda República*

1. La república de los republicanos

1931   Gobierno provisional bajo el conservador católico Alcalá Zamora. Se garantiza la Generalitat en Cataluña (autogobierno limitado).
       mayo   "Quema de iglesias".
       28 de junio   Elección a Cortes constituyentes: el 9 de diciembre se promulga la Constitución.
       14 de octubre   Los conservadores Alcalá Zamora y Miguel Maura renuncian a causa del problema religioso.
       Gabinete Azaña: coalición de republicanos de izquierda y socialistas.
1932   10 de agosto   Pronunciamiento del general Sanjurjo.

	septiembre	Las Cortes aprueban la Ley de Reforma Agraria y el Estatuto de autonomía de Cataluña.
1933	19 de noviembre	Elecciones generales: la coalición de Azaña resulta derrotada. Victoria de los radicales de Lerroux y de los católicos de la CEDA, de Gil Robles.

2. La república de la derecha: el "bienio negro", 1933-1936

1933-1934		Gobierno de los republicanos conservadores de Lerroux con apoyo de la CEDA.
1934	1 de octubre	Entran en el gobierno tres ministros de la CEDA.
	6 de octubre	Levantamiento en Asturias y Cataluña.
1935		Formación del Frente Popular (coalición electoral basada en los socialistas y los republicanos de izquierda).
1936	15 de febrero	Victoria electoral del Frente Popular.

3. La república del Frente Popular de febrero a julio de 1936

1936	febrero	Gobierno Azaña (republicanos de izquierda sin socialistas).
	10 de mayo	Azaña dimite y se convierte en presidente.
		Gobierno de Casares Quiroga (12 de mayo).

1936-1939 La Guerra Civil

1936	17 de julio	Sublevación del ejército en Marruecos: se extiende a España el 18 de julio.
	julio-agosto	"Revolución espontánea" de colectivizaciones.
	4 de septiembre	El gobierno de Largo Caballero lleva a los socialistas al gobierno.
	4 de noviembre	La CNT se une a Largo.
	8 de noviembre	Franco fracasa en el intento de tomar Madrid.
		Llegada de las Brigadas Internacionales.
	29 de noviembre	Franco se convierte en jefe de Estado y jefe de gobierno.
1937		Ofensiva nacionalista contenida en

		el Jarama (febrero) y Guadalajara (marzo).
	19 de abril	Franco amalgama "desde arriba" a la Falange y los carlistas.
	abril	Ofensiva del norte de Franco. Bombardeo de Guernica el 26 de abril.
	3-8 de mayo	Revuelta del POUM en Barcelona.
	17 de mayo	Caída de Largo Caballero y gobierno de Negrín.
	19 de junio	Cae Bilbao.
	7-26 de julio	Batalla de Brunete.
1938	15 de abril	Los nacionalistas llegan al Mediterráneo y dividen la zona republicana.
	julio-noviembre	Batalla del Ebro.
	diciembre	Colapso de los ejércitos republicanos en Cataluña.
1939	5 de marzo	Golpe anticomunista del coronel Casado.
	7-11 de marzo	Revuelta comunista en Madrid.
	1 de abril	Rendición de los ejércitos republicanos.

1939-1975 El franquismo

1942	3 de septiembre	Dimisión de Serrano Súñer.
1943	17 de marzo	Apertura de las Cortes.
1945	19 de marzo	Manifiesto de Lausana de don Juan contra Franco.
	17 de julio	Se promulga el Fuero de los Españoles.
1953	27 de agosto	Se firma el Concordato con el Vaticano.
	20 de septiembre	Se firma el acuerdo base entre EE.UU. y España.
1956	febrero	Disturbios estudiantiles; dimisión de Ruiz Giménez y Fernández Cuesta.
1957	25 de febrero	Franco forma el sexto gobierno, que incluye a los tecnócratas del Opus Dei.
1958	17 de mayo	Se presentan ante las Cortes los principios del Movimiento Nacional.
1959	22 de julio	Se anuncia el Plan de Estabilización.
1962	9 de febrero	España solicita la apertura de negociaciones con la CEE.
	abril-junio	Agitación de trabajadores y de estudiantes; estado de excepción en las provincias vascas y en Asturias.
1963	28 de diciembre	Primer Plan de Desarrollo.

1966	21 de septiembre	El almirante Carrero Blanco es designado vicepresidente del gobierno.
1969	22 de julio	Franco presenta a Juan Carlos como su sucesor.
1970	3-28 de diciembre	Juicio de Burgos contra ETA.
1973	20 de diciembre	Asesinato de Carrero Blanco.
	29 de diciembre	Arias Navarro es designado jefe de gobierno.
1974	12 de febrero	Arias anuncia la "apertura" del régimen.
	9 de julio	Franco cae gravemente enfermo.
	29 de julio	La oposición constituye la Junta Democrática.
	23 de diciembre	Nueva Ley de Asociaciones Políticas.
1975	junio	La oposición moderada constituye la Plataforma de Convergencia Democrática.
	20 de noviembre	Muerte de Franco.
	22 de noviembre	Juan Carlos es coronado rey.
	13 de diciembre	Arias forma nuevo gobierno, que incluye a los reformistas Fraga, Areilza y Garrigues.
1976	28 de enero	Arias presenta su programa a las Cortes.
	26 de marzo	La oposición se une en la Coordinadora Democrática.
	3 de julio	Adolfo Suárez es designado jefe de gobierno.
	16 de noviembre	Las Cortes aprueban la Ley de Reforma Política, que restablece la democracia en España.
1977	9 de abril	Suárez legaliza el Partido Comunista de España.
	15 de junio	Primeras elecciones democráticas desde 1936.
	29 de septiembre	Se restablece la Generalitat (autogobierno de Cataluña).
	25-27 de octubre	Gobierno y oposición firman los Pactos de la Moncloa.
	30 de diciembre	Se otorga la preautonomía a las provincias vascas.
1979		Las Cortes aprueban la Constitución.

GLOSARIO DE TÉRMINOS Y ORGANIZACIONES POLÍTICAS

ACNP (Asociación Católica Nacional de Propagandistas): organización católica laica fundada en 1904 y dedicada a la penetración en la élite política e intelectual.

AP (Alianza Popular): partido conservador de derecha, fundado en otoño de 1976 por ex ministros de Franco, dirigidos por M. Fraga Iribarne.

caciquismo: sistema de corrupción y manipulación electoral utilizado por los caudillos locales, y que daba apoyo al "turno pacífico".

carlistas: clásico partido católico de derecha en España. Rechazaba la monarquía "liberal" de Alfonso XIII en favor de las exigencias de los descendientes de don Carlos (1785-1855). La mayoría de sus activistas estaba en Navarra, donde se reclutaba su milicia (los *requetés*). En 1937 se fusionó con la Falange.

CEDA (Confederación Española de Derechas Autónomas): confederación, a nivel nacional, de los partidos católicos de derecha, encabezados por Gil Robles, fundada en marzo de 1933. Tenía una "izquierda" que profesaba la doctrina social-católica, pero en lo esencial era un partido de derecha conservadora partidario del Estado corporativo.

CNT (Confederación Nacional del Trabajo): organización obrera anarco-sindicalista fundada en 1910. Creía en la "acción directa" contra los patronos y rechazaba la acción política y la participación electoral. La fuerza de la CNT residía en Cataluña (particularmente en Barcelona), el Levante y Aragón, y atraía al proletariado rural de Andalucía.

colectivización: diversas formas de control ejercidas por los trabajadores durante la "revolución espontánea" de 1936.

CC.OO. (Comisiones Obreras): organización obrera ilegal formada por comunistas, católicos y marxistas de izquierda. Apareció a finales de la década de los cincuenta. Fue legalizada en 1977. Hoy es una organización obrera comunista.

desamortización: venta de tierras de la Iglesia (1836) y municipales (1855) a propietarios privados.

ETA (Euzkadi Ta Askatasuna): organización revolucionaria clandestina constituida en 1967 por quienes consideraban que el PNV era demasiado moderado. Responsable del terrorismo, incluso del asesinato del almirante Carrero Blanco (diciembre de 1973).

Falange Española: agrupación de partidos nacionalistas autoritarios bajo el liderazgo de José Antonio Primo de Rivera, hijo del dictador. La mayor aproximación a un partido fascista en España. Se desarrolló rápidamente en los primeros meses de la Guerra Civil y, en abril de 1937, Franco lo fusionó con los carlistas para formar la FET y de las JONS, que era el único "partido" político en la España de Franco.

Frente Popular: coalición electoral de republicanos de izquierda, ·socialistas y comunistas; ganó las elecciones de febrero de 1936.

Generalitat: gobierno autónomo de Cataluña establecido por el Estatuto de 1932.

ID (Izquierda Democrática): grupo demócrata cristiano encabezado por Ruiz Giménez.

Junta Democrática: coalición de partidos de la oposición antifranquista ilegal, formada en julio de 1974 con los comunistas como fuerza principal. Ni el PSOE ni los demócratas cristianos se unieron a ella.

Lliga Regionalista: partido autonomista conservador en Cataluña, dominado por Cambó.

mauristas: seguidores de la conservadora "revolución desde arriba" de Antonio Maura.

Movimiento Nacional: amalgama de todos los diferentes grupos que dieron apoyo a Franco en 1936. Desempeñó el papel del partido único de los regímenes totalitarios.

Opus Dei: hermandad laica de católicos comprometidos, cuyo objetivo era influir en la vida universitaria y política. Semillero de los tecnócratas de la década de los años sesenta. En 1973 su influencia desciende verticalmente.

OS (Organización Sindical): sindicatos franquistas "verticales".

Partido Conservador Liberal: derecha del "turno pacífico". Dirigido por Cánovas y, después de 1909, dividido en las facciones encabezadas por Maura y Dato.

Partido Liberal: izquierda del "turno pacífico". Formado por Sagasta y dividido en facciones después de la muerte de éste (1903).

Partido Republicano Federal: dirigido por Alejandro Lerroux a comienzos de la primera década del siglo xx. Su objetivo era obtener el apoyo de la clase obrera de Barcelona. Rival de la Lliga; en 1931 se convirtió en el principal partido de los republicanos conservadores.

PCE (Partido Comunista de España): Santiago Carrillo era su secretario general desde 1960. A partir de 1982 le sustituye Gerardo Iglesias.

PNV (Partido Nacionalista Vasco): partido católico nacionalista vasco; su objetivo último es la plena autonomía de las provincias vascongadas. Aceptó la república y se unió al gobierno del Frente Popular porque aquella república garantizaba la autonomía de las provincias vascas de Vizcaya y Guipúzcoa en octubre de 1936.

Plataforma de Convergencia Democrática: coalición de diversos partidos de la oposición antifranquista, creada en 1975.

POUM (Partido Obrero de Unificación Marxista): partido marxista revolucionario del bloque de trabajadores y campesinos de Andrés Nin y Joaquín Maurín. En oposición a la CNT, el POUM sostenía que los trabajadores debían tomar el poder *político*.

pronunciamiento: golpe de Estado de oficiales, forma convencional de la rebelión militar en España.

PSOE (Partido Socialista Obrero Español): el partido socialista de España, fundado en 1879 y desde octubre de 1982 en el poder.

PSP: grupo socialista independiente lanzado en 1968 por el profesor Tierno Galván. En 1978 se unió al PSOE.

PSUC (Partido Socialista Unificado de Cataluña): formado en julio de 1936 por la fusión del Partido Comunista de Cataluña y la rama catalana del PSOE. Afiliado a la Tercera Internacional, la influencia comunista en el partido creció firmemente.

reparto: distribución de los latifundios agrarios entre pequeños propietarios.

Republicanos reformistas: partido republicano moderado, dispuesto a aceptar una monarquía democrática comprometida con una reforma.

turno pacífico: la arreglada alternancia de los partidos liberal y conservador liberal en el poder.

UCD (Unión de Centro Democrático): coalición electoral formada en 1977 bajo el liderazgo del jefe de gobierno Adolfo Suárez. Después de su victoria en las elecciones de 1977 se convirtió en un partido político unificado.

UGT (Unión General de Trabajadores): organización de trabajadores socialista. Su fuerza principal está en Madrid, las minas de Asturias y las zonas industriales vascas.

UP (Unión Patriótica): movimiento político creado en apoyo de la dictadura del general Primo de Rivera.

Capítulo primero

REVOLUCIÓN Y RESTAURACIÓN, 1868-1875: LA HERENCIA LIBERAL

I

La palabra "liberal", lo mismo que una parte de nuestro vocabulario político, procede de España. Se utilizó en primer lugar para describir a un grupo de patriotas radicales que se refugiaron en Cádiz huyendo de la invasión francesa de 1808. En 1812 redactaron una constitución que, al incluir la doctrina revolucionaria de la soberanía popular, destruyó las bases de la vieja monarquía; se iba a convertir en el modelo para los demócratas progresistas desde San Petersburgo hasta Nápoles. En 1890, cuando Gran Bretaña mantenía aún restricciones a los derechos políticos, en España se estableció el sufragio universal masculino.

Una buena parte de la historia española moderna se explica debido a las tensiones causadas por la imposición de instituciones liberales "avanzadas" sobre una sociedad conservadora y "atrasada" económica y socialmente: en el momento en que se introdujo el sufragio universal, al menos un 85 por ciento de la población vivía de la agricultura. Los carlistas, que tenían mucha fuerza entre los campesinos de las provincias vascas, intentaron por medio de dos guerras civiles la destrucción del liberalismo y de toda su obra, con el fin de regresar a una sociedad católica "tradicional". Los conservadores del grupo liberal (entendido éste como compuesto por aquellos que rechazaban una teocracia carlista) eran los moderados. Con el apoyo del ejército y gozando del favor de la corona, los moderados se mantuvieron en el poder durante largos períodos de tiempo a mediados del siglo XIX; rechazaron una constitución que se basara en la soberanía popular y alcanzaron éxito en sus intentos por alterar las instituciones liberales, haciendo de ellas instrumento de una oligarquía política estrecha de miras cuya base era una amalgama de propietarios rurales y de alta burguesía. Estas recaídas en el conservadurismo y la reacción se vieron interrumpidas por revoluciones liberales. Tales revoluciones —entendidas como cambio en el panorama político más que como transformación social— estaban compuestas de dos elementos: un *pronunciamiento*, o revuelta de oficiales, que se combinaba con un levantamiento urbano organizado por progresistas respetables de la clase media y por demócratas de las capas inferiores de esa misma clase y de la clase obrera preparados para situarse tras las barricadas. Esta alianza revolucionaria era inestable y se desintegraba pronto. Los generales desconfiaban de la cooperación civil, y los revolucionarios de las clases medias sucumbieron junto con sus aliados jacobinos.

La última de esas revoluciones fue la "Gloriosa" de septiembre de 1868 —la más importante de entre las que se llevaron a cabo en el siglo XIX—, que influyó en toda la historia española de 1875 a 1923. Tomó la forma de un pronunciamiento clásico.

¿Por qué llegó el cambio político radical a España como consecuencia de la intervención del ejército en la política? En cierto sentido la respuesta es simple. En aquellas naciones con una sociedad civil débil —por ejemplo, en las sociedades en desarrollo del Tercer Mundo—, el ejército posee no sólo el monopolio de la fuerza física, sino también una cohesión disciplinada y un *esprit de corps* que no tiene rival en cualquier otro grupo social.

Sin embargo, en España fue decisiva la propia estructura de la política a la hora de nutrir una raza de generales políticos: los generales fueron llamados por políticos que buscaban apoyo. Los poderes de Isabel II, que reinó de 1833 a 1868, eran extraordinariamente parecidos a los de Jorge III. Así, era la corona la que designaba un gabinete al que concedería el todopoderoso decreto de disolución que permitía al ministro de la Gobernación "fabricar" una mayoría parlamentaria. En los últimos años de reinado, Isabel favoreció a los conservadores moderados de la línea dura. Excluyó del poder a los progresistas, denegándoles así ese todopoderoso decreto de disolución. Como no podían ganar unas elecciones con su propia fuerza, sin la influencia de un ministro de la Gobernación progresista, a los progresistas no les quedó otra alternativa que volverse hacia sus simpatizantes entre los generales con el fin de catapultar al partido hacia el poder por medio de un pronunciamiento. De esta manera, el pronunciamiento sustituiría a las elecciones como mecanismo de cambio político.

La revolución político-militar de septiembre de 1868, que

envió a Isabel II a Francia a disfrutar de la hospitalidad de Napoleón III, fue obra de progresistas "excluidos" —su "espada" fue el general Prim, hijo de un químico— y de la más conservadora Unión Liberal bajo la dirección del general Serrano, favorito en un tiempo de Isabel pero excluido en ese momento igualmente por la reina del disfrute del poder. A este frente político unido se le dio el nombre de "coalición de septiembre". Con ella se esperaba instaurar una monarquía constitucional liberal al estilo de la inglesa o la belga.

Pero no se consiguió. Los progresistas entraron en pugna con sus aliados demócratas en las ciudades. La coalición se encontró con serias dificultades a la hora de ponerse de acuerdo sobre la figura de un nuevo rey —su intento por atraer a un candidato de la dinastía Hohenzollern hizo estallar la guerra francoprusiana—. Cuando encontraron un rey —Amadeo de Saboya— las disputas que sostenían entre sí le obligaron a abdicar. En 1873, y a falta de algo mejor, España se convirtió en una república, y además en una república federal. En las grandes ciudades del sur, como Cartagena, estallaron revueltas "cantonalistas" —en las que los demócratas radicales tomaron la dirección—. La unidad de España parecía peligrar. Nos encontramos entonces con la estructura tradicional: se incendiaron iglesias; en Alcoy tuvo lugar un levantamiento obrero que se suponía directamente influenciado por la Primera Internacional. En el ejército se hundió la disciplina, los soldados arrancaban las charreteras de los oficiales y bailaban sobre ellas. En enero de 1874 el general Pavía entró en las Cortes, y la república gobernada —si es que se puede utilizar esa palabra— por los republicanos federales se vio sustituida por otra, conservadora y unitaria, presidida por el general Serrano.

Enfrentado a una guerra carlista en el norte y a la hostilidad de los conservadores en general —particularmente en el ejército y entre la aristocracia madrileña que rehusaba asistir a las recepciones que daba su esposa— aquella imitación que hizo Serrano de la república conservadora francesa de MacMahon parecía un episodio temporal poco seguro. Tal inseguridad no pasó desapercibida al más capaz de los políticos españoles del siglo XIX: Antonio Cánovas del Castillo (1828-1897). Para éste, la única esperanza de conseguir un sistema político estable, capaz de proteger los intereses conservadores atropellados por el desorden, consistía en la restauración de la dinastía borbónica en la persona del hijo de Isabel, Alfonso XII, cadete en Sandhurst.

Cánovas detestaba la intervención del ejército en la política. El principal objetivo de la monarquía constitucional de la Restauración, basada en la constitución de 1876 que fue en buena medida creación suya, consistía en conseguir que el pronunciamiento se convirtiera en una imposibilidad política. Cánovas esperaba restaurar a Alfonso XII a través de un "movimiento de opinión". Pero los generales no dieron su aprobación a este plan, se levantaron en armas y restauraron a Alfonso XII por medio de una revuelta cuartelera. A las siete en punto de la mañana del 29 de diciembre de 1875, Martínez Campos, ambicioso e impaciente general de brigada, hizo salir a sus tropas fuera de la ciudad de Sagunto y, después de "electrizarlas" con su oratoria, se "pronunció" en favor de Alfonso XII "en nombre del ejército y de la nación". El resto del ejército siguió su ejemplo y la Restauración se convirtió en un *fait accompli* en medio de la indiferencia general de la mayoría de los españoles.

Aunque Cánovas no lo advirtiese, ni el golpe del general Pavía que acabó con la república federal ni el pronunciamiento de Martínez Campos fue una rebelión de oficiales al viejo estilo. Si hasta 1868 incluido, los generales habían obrado como "espadas" de los partidos, tanto Pavía como Martínez Campos manifestaron estar actuando por motivos más elevados. Pavía se consideró a sí mismo el salvador de una sociedad traicionada por una república federal que presidía un proceso de anarquía y de disolución social que había incluso llegado a minar la disciplina del propio ejército. Los oficiales de Pavía debían, "como soldados y *como ciudadanos*, salvar la sociedad y la nación". El general Jovellar, el primero en apoyar a Martínez Campos, manifestó encontrarse "previniendo la reproducción de la anarquía"; el capitán general de Madrid, que se pasó al bando de los rebeldes, manifestó estar actuando para conservar el "orden" y mantener la unidad del ejército. Sabía que la guarnición bajo su mando favorecía la causa de Alfonso y, por tanto, la dirigió desde atrás para evitar un enfrentamiento entre los oficiales que apoyaban al gobierno republicano y los alfonsistas.' De esta manera, el ejército estuvo obrando basándose en principios que iban a seguir considerándose fundamentales en su consiguiente acción política. Su deber consistía en salvar a la patria —palabra cargada de emotividad— de la disolución en manos de malos gobiernos; en otras palabras, mantener el "orden". El ejército debía actuar para salvarse a sí mismo como institución cuando se veía atacado por civiles en su concepción del "honor" o en sus intereses materiales. Por último, los jefes debían mantener la "armonía de la familia militar".

II

La única medida progresista aceptada por los moderados, y que iba a tener un profundo efecto sobre la España del siglo XIX, fue el ataque contra los derechos de propiedad corporativistas en nombre del individualismo económico. Los dos grandes titulares de tierras corporativas eran la Iglesia y los municipios, pues estos últimos no quedaban reducidos únicamente a la ciudad sino que incluían también las tierras próximas. Más aún, la institución del mayorazgo convirtió las propiedades de la aristocracia terrateniente en posesiones familiares perpetuas. Las tierras de la Iglesia, los bienes comunales y las fincas vinculadas no podían ponerse en venta para beneficio de los individuos que desearan poseerlos.

A finales del siglo XVIII una monarquía casi en bancarrota había puesto en venta tierras de la Iglesia a cambio de bonos del Estado. Lo que obligó a los gobiernos liberales de la década de 1830 a poner en venta la mayoría de las propiedades eclesiásticas fue una combinación de principios económicos y de escasez de dinero en efectivo para pagar al ejército que luchaba contra los carlistas (1833-1839). La intención de los liberales avanzados que comenzaron estas ventas pudo muy bien haber sido el crear una clase de amplia base formada por campesinos propietarios que apoyasen el liberalismo de la misma manera en que los agricultores franceses habían apoyado la revolución. Pero el mecanismo utilizado para la venta de las tierras convirtió esa política en impracticable; vendidas al contado o con depreciados títulos de la deuda pública, las tierras de la Iglesia cayeron en manos de aquellos que podían ofrecer el dinero: "poderosos" locales, terratenientes, algunos especuladores y, en ciertas regiones, propietarios más modestos. Sucedería lo mismo con la venta de los bienes comunales después de 1855.

Estas ventas, conocidas en conjunto con el nombre de desamortización, significaron una revolución, pues de la manera en que se llevaron a la práctica suponían la transferencia de casi un tercio en valor de toda la propiedad de la tierra en España. Las críticas radicales a estas ventas han sido muy optimistas al pensar que la desamortización podía haberse realizado de tal manera que crease una clase de pequeños propietarios agrarios y que al mismo tiempo incrementase la producción y solucionase los problemas sociales del desempleo rural. Ya desde mediado el siglo XIX, la desamortización se ha presentado como la gran ocasión perdida de una auténtica revolución agraria que podía haber apuntalado una revolución industrial. Debe ponerse en duda si un régimen de agricultores propietarios podía haber desempeñado ese papel. Sin embargo, existen escasas dudas de que la revolución liberal de la tierra empeoró la condición de los campesinos pobres.

Solamente si recordamos este proceso de proletarización podemos entender la alianza del campesinado pobre con los enemigos del liberalismo, desde los carlistas reaccionarios a los anarquistas revolucionarios. La venta ilegal de los bienes comunes municipales con posterioridad a 1855 provocó estallidos de violencia campesina en Galicia y en otros lugares; gentes que vivían ya muy próximas a los niveles de subsistencia perdieron el derecho a llevar a pastar allí algunos animales y el de recoger leña, privilegio importante en una economía basada en el carbón vegetal.

En Andalucía, tierra clásica de las grandes propiedades o latifundios, cuyos propietarios son absentistas, el sistema de propiedad de la tierra fue reforzado después de mediado el siglo por un proceso de concentración que empeoró la situación de las parcelas de los pequeños propietarios: las tierras de la Iglesia sevillana las trabajaban seis mil familias; después de ponerlas en venta cayeron en manos de cuatrocientas.[1] Allí donde el número de pequeños arrendatarios se multiplicó, las propiedades disminuyeron de tamaño.[2] Esta situación creó un modelo típico: la coexistencia de latifundios y minifundios, receta de miseria rural. Fue el crecimiento de un capitalismo rural primitivo el que alimentó la *jacquerie* rural del suroeste y el que explica la extensión del anarquismo: en 1892 fue invadida Jerez de la Frontera y "aquellos que llevaban sombrero" fueron golpeados por pequeños productores, puestos entre la espada y la pared por las grandes firmas y por los trabajadores sin tierras. Los artesanos luchaban por restaurar una "sociedad tradicional".[3] El clamor persistente de los trabajadores sin tierras, atraídos por el anarquismo, era la exigencia de un reparto, de una distribución de los latifundios a los trabajadores sin tierras: la sed de justicia social por parte de una clase deprimida y marginal.

1. Véase A. Lazo, *La desamortización de las tierras de la Iglesia en la provincia de Sevilla 1835-1845*, 1970, pp. 110 ss.
2. Véase A. M. Bernal, *La propiedad de la tierra y las luchas agrarias andaluzas*, 1974, pp. 59 ss.
3. Véase T. Kaplan, "The Social Base of Nineteenth-Century Anarchisme in Jerez de la Frontera", *Journal of Interdisciplinary History*, VI (1975), pp. 47-70.

Aparte de una inclinación al libre comercio, el liberalismo de mediados de siglo estuvo caracterizado por un centralismo administrativo dogmático basado en el sistema francés; hasta la década de 1860 Francia mantuvo su influencia dominante en literatura y era el modelo político y económico preferido.

En la década de 1830, lo mismo que en 1812, los legisladores liberales dividieron España en provincias uniformes, cada una de ellas con su Diputación Provincial y su gobernador civil nombrado por el gobierno central. Por debajo de ellos había unos municipios también uniformes, gobernado cada uno de ellos por un consistorio que estaba en manos de los "poderosos" locales, con un alcalde al frente nombrado desde arriba. Uniformidad quiere decir que la estructura de una gran ciudad como Madrid o Barcelona era la misma que la de un municipio rural, y que regiones como Cataluña, con una tradición de gobierno local enraizado en una larga historia, se vieron divididas administrativamente en provincias "artificiales". En 1876, los liberales destruyeron los últimos vestigios de las libertades medievales vascas con el lema "Centralización es libertad" y basándose en que el localismo era una forma de reacción apoyada por los carlistas. Al completar la obra centralizadora de la monarquía absoluta, los liberales del siglo xix le crearon al parlamentarismo liberal un problema regional que sería imposible solucionar.

III

La "Revolución Gloriosa" de septiembre de 1868 fue la culminación de una tradición democrática representada por el Partido Progresista. Al tratarse de un pronunciamiento combinado con una toma revolucionaria del poder por improvisados comités en las ciudades, sirvió para que siempre se pusiera en cuestión la legitimidad de los diversos gobiernos de la Primera República, al contrario de los de la Segunda República de 1931. Los políticos de la coalición de septiembre fracasaron en sus esfuerzos por construir un sistema institucional estable y por dominar las posiciones extremas de izquierdas y de derechas. Los profesores y juristas que presidieron la Primera República no pudieron controlar la "impaciencia pueril" de los entusiastas locales que deseaban imponer una constitución extremista federal "desde abajo", y la república se hundió en la anarquía de la revuelta cantonalista. Serrano no pudo alcanzar "la victoria final" contra los carlistas en el norte, que él creía que le iba a conservar su título a gobernar como hombre de orden.

Por tanto, el legado inmediato de la Revolución de Septiembre fue una reacción conservadora que aseguró la estabilidad del establecimiento de la restauración monárquica. Juan de la Cierva, futuro ministro de la Gobernación, recordaba el asesinato del jefe de estación local y las carretas y los carruajes de los refugiados. Se habían destruido iglesias y los conservadores, como siempre en períodos revolucionarios, lamentaron la rápida extensión de la pornografía, el juego y la irreligiosidad como inevitables consecuencias de la democracia. El deseo de una vida pacífica después de la "anarquía" significaba el retorno de la Iglesia como garante del orden social y la supresión de las asociaciones de trabajadores —ilegales hasta 1881— entendidas como una amenaza a la propiedad.

El fracaso político inmediato de la revolución, y la reacción conservadora que engendró, oscurece su fundamental importancia. La constitución de 1869 era democrática y se basaba en el sufragio universal y en la protección de los derechos y las libertades del individuo. Al garantizar la libertad religiosa desafiaba las prerrogativas de la monarquía católica. Para los demócratas republicanos la revolución era una revolución religiosa, una liberación del espíritu humano. Para los católicos, conceder la libertad de conciencia era entregar al error los privilegios de la verdad.

La Revolución de Septiembre fracasó como experimento de parlamentarismo liberal porque los derechos individuales defendidos en la constitución de 1869 los utilizaron los demócratas urbanos para crear comités revolucionarios en las ciudades, lo que suponía una amenaza para los políticos profesionales y para los militares que habían exiliado a Isabel II con la finalidad de conseguir ellos mismos el poder político. Imaginándose amenazados por una revolución social, los oligarcas hicieron valer de nuevo la autoridad del gobierno, abandonando los "principios de septiembre", suprimiendo el derecho de asociación de los obreros, manipulando las elecciones y censurando la prensa. Ya en 1870, el filósofo y educador liberal Francisco Giner caía en el pesimismo: "[La revolución] afirma los principios en las leyes y los viola en la práctica; se proclama la libertad y se ejerce la tiranía ... Se olvida a los proletarios y se aterroriza al rico; se humilla a los racionalistas y se ultraja a la Iglesia; se conquista la antipatía de liberales y conservadores, tanto entre el vulgo como en la *élite*". Pero a pesar de este aparente fracaso, el conde de Romanones (véase p. 114), que

posteriormente dirigiría el Partido Liberal durante la monarquía de Alfonso XIII, sostenía que las llamadas conquistas de
la revolución habían transformado la sociedad española, y que,
a la larga, estos cambios "nunca, nunca" quedarían anulados.
Con esto no quería decir que el equilibrio entre las clases hubiera cambiado —lo que habría sido evidentemente falso—
sino que la naturaleza de las reivindicaciones de las gentes al
Estado se había modernizado. Gradualmente, las conquistas
liberales —sufragio universal, libertad de asociación— fueron
dando cuerpo a las colecciones legislativas incluso aunque las
leyes de que se componían fueran suspendidas o dejadas a un
lado, o aunque pareciese poco más que la retórica de una élite
política. Los intentos liberales por restaurar la libertad religiosa de 1869 fueron quienes iban a dividir la sociedad. La
religión siguió siendo un prisma en el que quedaban reflejados
todos los conflictos políticos y sociales.

IV

Mientras la atmósfera moral estuvo dominada por el temor
de una recaída en el caos político y en la revolución social,
las instituciones de la monarquía constitucional fueron invio-
lables para todos, excepto para republicanos y carlistas. Estas
instituciones eran expresión de la filosofía política de un
hombre: Cánovas del Castillo.

Lo mismo que muchos de los oligarcas políticos, Cánovas
era un provinciano que se había hecho a sí mismo. Fuerte físi-
camente y de excelente apetito, dormía sólo seis horas diarias.
Su prestigio procedía de ser un gran trabajador en una sociedad perezosa. De apariencia poco impresionante —con su es-
trabismo, sus tics nerviosos y sus horribles trajes, parecía un
"subalterno de media paga"— poseía una capacidad intelectual que fue parte esencial de su capital político en la campaña
que llevó a cabo con el fin de ganar intelectuales para la
monarquía.

Cánovas había llegado a detestar los levantamientos revolucionarios, sobre todo aquellos precipitados por el descontento
de los militares (expresó este disgusto encerrándose a trabajar
en el Archivo de Simancas durante la época de las revoluciones). Su único objetivo consistía en convertir otra Revolución
de Septiembre en una imposibilidad política. Esto lo conse-
guiría evitando la aparición de otra coalición de septiembre
formada por partidos excluidos del poder por una corona nada

imparcial y empujados a manipular el descontento popular y a apelar a los generales. Los políticos quedarían satisfechos con la posibilidad de conseguir el poder y los generales se convertirían en los prohombres del régimen y no en sus árbitros. La Restauración no tendría "ni vencedores ni vencidos"; la constitución de 1876 reuniría a "todos los españoles sin distinción alguna". Según le explicó Cánovas a un ministro británico, la constitución de la monarquía restaurada "estaría construida sobre principios tan liberales como permitiesen las condiciones del país". Todos aquellos que aceptasen la monarquía de Alfonso XII, según aparecía en la constitución de 1876, podían participar en la vida política: el "exclusivismo" es el que había conducido a su madre hasta la frontera.

Exponentes de ese exclusivismo eran los viejos aliados de Isabel: los moderados. Querían un régimen conservador rígido basado en una unidad religiosa impuesta. Cánovas se deshizo de ellos tan pronto como pudo. No permitió que Isabel regresase a España y en las elecciones de 1876 acabó con aquellos que la apoyaban. Tenía tan enraizada la convicción de que la libertad religiosa ganada en 1869 no podía ser anulada de forma radical que llegó a rehusar sentarse a la mesa con un obispo que defendía el retorno a la unidad religiosa impuesta; para el nuncio papal, Cánovas, como creyente en la libertad religiosa, "no se había opuesto con franqueza a los principios de la revolución". La constitución de 1876, al tiempo que declaraba el catolicismo como religión del Estado, permitía la práctica privada de otras creencias.

Tras haber conseguido dejar a un lado la intransigencia de los moderados, la siguiente tarea de Cánovas era ganarse a los hombres de la izquierda de la coalición de septiembre —principalmente a lo que quedaba de los viejos progresistas—. Deberían aceptar la monarquía y la constitución de 1876. Si lo hacían así, podían albergar la esperanza de alcanzar el poder y tener así la oportunidad de poner en práctica su programa político: las "conquistas liberales" de 1869 —el sistema del jurado y el sufragio universal masculino—. En 1881, Práxedes Mateo Sagasta (1827-1903), el hombre fuerte de los viejos progresistas y líder de lo que iba a ser el Partido Liberal, aceptó hacerse cargo del gabinete bajo la corona. El sistema de Cánovas estaba ya completo. Los liberales y su propio Partido Conservador podían alternarse en el poder, según hicieron hasta 1898, y los políticos tradicionales podían estar satisfechos. Esta alternancia de los partidos dinásticos (es decir, de aquellos que aceptaban la monarquía) se denominó *turno pacífico* y sustituyó al pronunciamiento como instrumento de cambio político.

No debemos pensar que estos partidos turnantes eran partidos organizados en el sentido moderno de la palabra, cada uno de ellos con un programa, que se dirigían a un electorado para que les propulsase por medio del voto hacia el poder. Se trataban más bien de construcciones artificiales desde arriba, que se mantenían juntas por la distribución del patronaje gubernamental y subordinadas a sus mayorías en las Cortes según el manejo electoral del ministro de la Gobernación. Una vez que el presidente del Consejo y su ministro de la Gobernación habían obtenido del rey el decreto de disolución, según hemos visto, podían "fabricar" unas elecciones y contar en las Cortes con una cómoda mayoría.

Este sistema convertía al rey en la pieza fundamental del mecanismo constitucional. A la larga, iba a exponer a Alfonso XIII a la acusación de manipulador de aquel mecanismo en sus propios intereses. El rey no sólo nombraba los Consejos; también los revocaba. *Cualquier* ministerio al que el rey entregara un decreto de disolución podía contar con una mayoría sustancial; era prerrogativa del rey decidir cuándo un gabinete, en la jerga política de la época, estaba "exhausto" y había llegado la hora de que se permitiese gobernar a otro grupo de políticos impacientes. Para lord Granville, ministro británico en 1882, la importancia de las prerrogativas de la corona era completamente evidente: "como la corona puede de manera constitucional en cualquier momento poner esta maquinaria [la máquina electoral dirigida por el ministro de la Gobernación] en manos de quienquiera, el papel todopoderoso asignado a la prerrogativa se vuelve a un tiempo manifiesta". Nadie sabía esto mejor que Sagasta: aceptó la constitución de 1876, y abandonó el viejo dogma progresista de la soberanía popular porque sólo al aceptar el papel del rey como fabricante de gobiernos podía conseguir el poder.

Al hacer su elección, el rey no podía fiarse del tamaño de una "falsa" mayoría creada por una fina sintonización electoral más que por los deseos del electorado; él tenía que juzgar, no sobre números, sino sobre el concepto más nebuloso de "peso". En palabras del líder liberal Segismundo Moret (1838-1913), podía "notar el viento que precede al huracán" antes de que los descontentos de una parte de la clase política les condujesen a "amenazar" la monarquía. En los primeros años de la Restauración existía aún el temor de que políticos facciosos pudiesen instigar a un general descontento a llevar a cabo otro pronunciamiento; en 1883 un general disidente, Villacampa, inició una inútil revuelta republicana en los cuarteles de Badajoz. Poco después apareció el peligro de que los "excluidos del poder" en aquel momento podían aproximarse a los partidos antidinásticos para persuadir a la corona a que les concediese el poder por la amenaza de la revolución; o que una facción, no reconociendo lo que se creía que era el más justo reparto del poder, podría intentar la disolución de los partidos dinásticos, convirtiendo así el *turno* en una imposibilidad, ya que éste dependía de la existencia de dos fuertes "partidos de gobierno".

Cuando los dos partidos creados y sostenidos por Cánovas y Sagasta comenzaron a desintegrarse, empezó también a peligrar la estabilidad de todo el sistema. Por ello, cuando Alfonso XIII alcanzó la mayoría de edad en 1902, se vio obligado a intervenir en política eligiendo como presidente del Consejo a uno de los líderes de uno de los grupos, sólo para verse acusado por aquellos a quienes no había favorecido de ser un intrigante, un "obstáculo tradicional" dado a las intrigas políticas personales siguiendo el estilo de su abuela.

V

Los críticos liberales que desean explicar el fracaso del liberalismo en España y los marxistas deseosos de señalar la inevitable hipocresía de los políticos burgueses sostienen a menudo que los partidos del turno no representaban otra cosa que los intereses de los políticos profesionales que los dirigían. Eso es sólo una verdad a medias. Es indudable que solamente existían pequeñas diferencias entre aquellos políticos por lo que respecta a extracción social y a contactos sociales; pero liberales y conservadores representaban tendencias diferentes, un estilo político distinto. Los conservadores no hubieran introducido el sufragio universal masculino como hicieron los liberales en 1890; los liberales, aunque divididos y vacilantes en sus aproximaciones al problema, creyeron que la influencia política y social de la Iglesia debería ser cortada de raíz. Numerosos liberales —sobre todo cuando estuvo a su frente Moret, entusiasta de los modelos ingleses y representante de una ciudad comercial, Cádiz— continuaron siendo librecambistas, después de que los conservadores se hubieran convertido al proteccionismo. Es cierto que había liberales proteccionistas, que no tenían nada de celosos anticlericales y que las ideologías y los programas contaban muy poco. Pero la historia de la España actual habría sido diferente si ambos partidos, según se ha sostenido, hubieran sido virtualmente idénticos, asumiendo principios únicamente como si se tratase de movimientos de un juego cerrado de partidos políticos.

De cualquier forma, ambos partidos eran artificiales en el sentido de que habían sido creados desde arriba —al contrario que el de un líder de los conservadores británicos, el principal interés de Cánovas residía en la existencia de un fuerte Partido Liberal— y por ello se trataba de grupos de clientelas dependientes de los líderes de los subgrupos en que se dividía cada partido. No existía una poderosa organización nacional de partidos (los asuntos de los partidos se arreglaban en Madrid, en reuniones de los notables de cada uno de ellos) y, en el plano local, como ya veremos, la organización del partido estaba en manos de los caciques locales. A partir de aquí no existía una disciplina de partido y, de manera creciente a lo largo de toda la Restauración, los principales partidos se vieron amenazados constantemente por las facciones y por la desintegración.

El reparto de los cargos públicos a nivel local fue el centro de lo que se conoce como *caciquismo*, es decir, la manipulación electoral a través de los caciques, o patronos locales, empleados por cada uno de los partidos dinásticos con el fin de asegurarse una mayoría cómoda en las Cortes, al tiempo que concedía un razonable número de escaños a la oposición para mantenerla dentro del juego. Al mismo tiempo, a los partidos no dinásticos, que no aceptaban la monarquía y la constitución de 1876, se les había de impedir cualquier éxito electoral significativo. Para quienes ya en aquella época se oponían al sistema de la Restauración lo mismo que para sus críticos actuales, el caciquismo resumía los defectos políticos y morales de la monarquía de la Restauración. Popularizado por Costa (véase p. 82), fue uno de esos raros hallazgos terminológicos que condenan a todo un régimen con una sola palabra.

Este sistema —hay que tener en cuenta que sus variaciones fueron infinitas— en términos generales funcionaba como sigue: una vez obtenido el decreto real de disolución, el presidente del Consejo y su ministro de la Gobernación componían una lista de seguidores a los que había que darles un escaño; como las distintas facciones se multiplicaban, esta distribución se hacía cada vez más difícil. El informe del ministro de la Gobernación se llenaba con los nombres de los esperanzados solicitantes. Entonces había que someterse no sólo a las peticiones de su propio "rebaño" —Sagasta tenía como apodo el de "Viejo Pastor"— sino también a las exigencias del dirigente del partido dinástico saliente para poder hacer una presentación "decente" de los miembros del gabinete. Cuando la lista estaba redactada, los candidatos elegidos habían de ganar los distritos electorales.

El siguiente paso suponía negociaciones locales, llevadas a cabo habitualmente por el gobernador civil de la provincia como representante del partido en el poder. Era en este estadio cuando el cacique propiamente dicho hacía su aparición: era el hombre que podía entregar los votos, tanto si se trataba de una sola provincia como los de una gran ciudad o los de un pequeño municipio. Por consiguiente había toda una jerarquía de caciques, cada uno de ellos con su zona de influencia.

El cacique sólo podía conseguir influencia si dominaba la administración local y el aparato judicial. Creaba su clientela proporcionando trabajo —desde el cargo de sereno hasta el de juez— y favoreciendo a sus clientes en asuntos tales como la admisión de declaraciones de renta incorrectas, consiguiendo la exención de las obligaciones militares para algún hijo, poniéndose de parte del "amigo" en una disputa de propiedades u obteniéndole una concesión en las tierras comunales del municipio. Para hacer todo eso era esencial controlar los municipios y los juzgados. A partir de ahí, cualquier confrontación electoral iba precedida por un cambio masivo de alcaldes y jueces locales.

El objetivo del sistema era conseguir todo esto del modo más pacífico que fuera posible por medio de una serie de "pactos" o de convenios locales: los consistorios municipales liberales deberían dimitir en favor de los conservadores. Si no se hacía así, entonces las administraciones locales llegaban a ser tan corruptas y negligentes que el gobernador civil podía encontrar una excusa para despedir a cualquier alcalde o concejal que se obstinase. Cuando los municipios eran dóciles, entonces los resultados electorales podían amañarse y los diputados escogidos electos. A este proceso se le conocía como el *encasillado*.[4]

Todo esto quiere decir que la confrontación electoral —si es que se la puede llamar así— tenía lugar por medio de negociaciones realizadas *con anterioridad* a las elecciones, negociaciones que continuarían siendo la parte fundamental de la política electoral hasta 1923. Los resultados de las elecciones eran entonces a menudo publicados en la prensa antes del día

---

4. J. Tusell, *Oligarquía y caciquismo en Andalucía 1890-1923*, 1976, pp. 23 ss.

de la votación. Habitualmente los candidatos de la oposición, después de una apariencia de enfrentamiento que mantenía su *bona fides* para las siguientes elecciones, se retiraban y no había confrontación. Los conflictos más serios tenían lugar no entre partidos contrarios sino entre facciones rivales del mismo partido.

Todo el sistema acabó descansando cada vez más en el voto rural de regiones atrasadas como Galicia o Andalucía oriental. En ellas los votos de un electorado analfabeto y apático agobiado por la pobreza podían falsificarse y manipularse a voluntad. Esto explica el hecho, increíble de otra manera, de que en las áreas rurales participase el 80 por ciento del electorado mientras que las ciudades mostraban un nivel de participación asombrosamente más bajo. Cada vez más, los votos ciudadanos eran lo que se denominaba *votos verdad*, que a menudo representaban la oposición a los partidos dinásticos y a sus dirigentes. Los partidos dinásticos, para evitar la derrota tenían que recurrir a falsificar las elecciones, es decir, a arreglar distritos electorales en las zonas limítrofes de tal manera que las áreas rurales, donde los votos se podían amañar con facilidad, estuvieran unidas a ciudades en las que esa operación era imposible. Más tarde, el voto de las ciudades se convirtió en una amenaza al sistema. En Madrid, los republicanos marcaron una ruptura en 1893 y en 1903. En 1919, Granada "se levantó" contra su cacique y votó a un socialista. Los partidos dinásticos abandonaron la ciudad de Valencia como distrito indigno de librar por él una lucha electoral;[5] en Barcelona, los caciques dinásticos quedaron fuera de juego a partir de 1900.

La división entre un voto rural manejable y un voto urbano cada vez más independiente era reflejo de la estructura económica y social de España. Los historiadores de pensamiento filosófico utilizan el concepto de "las dos Españas"; la noción de un enfrentamiento entre la España del progreso y librepensadora, que tenía su mirada puesta en Europa, y aquella otra España encerrada en sí misma, la de los tradicionales valores católicos. De esta manera, en el siglo XVIII, se contempla a los hombres de las "luces", influidos por el racionalismo de la Europa ilustrada, en lucha contra los reaccionarios, para quienes la Inquisición era una institución esencial y el libre pensamiento un peligro para la sociedad. La existencia de esa división no puede negarse. Pero además de "las dos Españas"

5. Véase L. Aguiló Lucía, *Sociología electoral valenciana 1903-1923*, 1976, caps. 1 y 2.

de las ideologías y los sistemas de valores enfrentados había la España de la pobreza rural, de la ignorancia y el analfabetismo y la España más animada de las grandes ciudades. Aquellos que se veían excluidos de la vida política por la manipulación del voto rural afirmaban que la victoria de los republicanos o de los socialistas en las ciudades representaba una condena moral del régimen por parte del único sector ilustrado del electorado. De esta manera, en 1931 el voto urbano decidió la suerte de la monarquía.

Las críticas al caciquismo, tanto por parte de republicanos como Gumersindo de Azcárate (1840-1917), como por parte del dirigente conservador Antonio Maura (véase p. 107), nos muestran que el sistema descansaba sobre dos pilares: la apatía del electorado y la extremada centralización de una administración cuyos alcaldes eran servidores del gobierno, destituibles a voluntad, más que representantes elegidos por sus conciudadanos. Romero Robledo, dirigente político del conservadurismo canovista sostenía que "muchos españoles no poseían suficiente cultura o inteligencia para interpretar el interés público cuando depositaban su papeleta de voto en la urna". El mismo Cánovas confesaba que "mientras haya gobernadores civiles y alcaldes a disposición del gobierno la moralidad de las elecciones seguirá siendo un mito". Si la apatía sólo podía curarse a través de un largo proceso de educación cívica, la reforma de la administración local, poniéndola más cerca del ciudadano, aceleraría al mismo tiempo esta educación y evitaría la manipulación del gobierno local con fines electoralistas. La vida local había sido asesinada por el liberalismo centralizador. Azcárate se convirtió en un entusiasta del gobierno local inglés en contra del "estatismo" francés servilmente copiado por los liberales españoles.

Las críticas al caciquismo por parte de Costa y de tantos otros se fueron convirtiendo más y más en moneda de uso corriente. Ya en la década de 1880, los agricultores castellanos, agobiados por los bajos precios del trigo, habían tronado contra un sistema en el que estaban representados en las Cortes por diputados instalados desde Madrid e indiferentes a sus demandas de una política proteccionista. Clamaban por la regeneración y la renovación. Para Costa el gobierno parlamentario español era una farsa. Las instituciones democráticas, basadas a partir de 1890 en el sufragio universal, estaban pervertidas por una oligarquía egoísta hasta el punto de que el electorado se había convertido "en un grupo de eunucos sometido a un grupo de salteadores de caminos".

El caciquismo puede explicarse como la consecuencia de la imposición de instituciones democráticas sobre una economía subdesarrollada y sobre lo que José Ortega y Gasset (1883-1955) denominó una "sociedad anémica". Formaciones y hábitos sociales viejos y enraizados, las clientelas de las élites locales, destruyeron y se abrieron paso entre las nuevas estructuras políticas. (Cuando en 1888 los liberales introdujeron el moderno sistema del jurado, simplemente cayó en manos de los notables locales de las pequeñas ciudades.) La corrupción electoral puede presentarse como un rito de paso que dirigiese la transición desde una sociedad tradicional hasta un Estado plenamente democrático. Pero fue también el mecanismo de defensa empleado por la élite gobernante para suspender el uso adecuado de las instituciones democráticas por una masa electoral que exigía demandas sociales, para prolongar de hecho la restringida franquicia de propiedades mantenida por Cánovas pero abolida por ley en 1890.

Un electorado tal como el descrito por Romero Robledo sólo podía comprender los beneficios particulares, privados, y esto es lo que el cacique podía proporcionar a cambio del voto. Los caciques y los políticos profesionales eran corruptos en muy escasas ocasiones, si se entiende por ello una venalidad personal. Borbolla controló durante años el voto liberal de Sevilla, pero murió poseyendo sólo una modesta fortuna. Más aún, los llamados "caciques buenos" no se limitaban simplemente a entregar los votos; ocupaban un lugar entre el Estado y el ciudadano por lo que respecta a los favores que se podían conseguir de una burocracia misteriosa y llena de papeleo. La familia Pidal, que controlaba la Asturias rural, era notable por su destreza en la obtención de exenciones del servicio militar; Asturias "debía al caciquismo [de los Pidal] una red de carreteras verdaderamente lujosa". La prensa de Cádiz llamaba a Moret "el benefactor patrio" de la ciudad. La Cierva, el gran cacique murciano, consiguió una universidad para su capital. Los sucesores de Cánovas como jefes de gobierno conservadores, Silvela (véase p. 107) y Maura, alzaron la voz contra el caciquismo. Se declararon en favor de una elecciones "sinceras" (es decir, de mantener la neutralidad del gobierno que presidía las elecciones) y de una reforma del gobierno local que destruiría la corrupción desde las raíces. Cursaron instrucciones a los gobernadores civiles prohibiendo la intervención en la política local, y la ley de Maura de 1907 atacó los abusos; pero tales propuestas causaron escasa impresión en las costumbres electorales. Un cacique local se jactaba de que podía pasar con el carruaje y los caballos por encima de la ley.

Los reformadores contemplaban el caciquismo como un mal administrativo y no como una enfermedad social; destruid la superestructura administrativa archicentralizada sobre la que aquél descansaba y el mal desaparecería. Existían poderosas razones para reformar el gobierno local. Una administración local reformada podía complacer las exigencias regionales. Ni los municipios ni las provincias poseían ingresos adecuados a sus funciones. La ley básica de gobierno local de 1877 había sido enterrada bajo un montón de regulaciones gubernamentales. Pero el principal impulso para la reforma consistía en asegurar "un terreno libre de caciquismo" y en abrir paso a elecciones "sinceras". No obstante, los repetidos proyectos de reforma de los gobiernos locales no llegaron a ninguna parte; las elecciones "sinceras" sólo se realizaban allí donde faltaba el control.

Ese control fue fallando cada vez más, y cuanto más desvencijado entraba el caciquismo en el siglo xx tanta más fuerza y persuasión había que utilizar para hacerlo funcionar —por ejemplo, parece ser que hubo un incremento en la compra abierta de votos—. A partir de ahí se criticaba cada vez más lo que Ortega y Gasset, en una frase famosa, llamó "vieja política". Los intelectuales crearon las categorías de una España "real", la del pueblo, y una España "oficial", la de los políticos, versión moderna de la teoría de las dos Españas. Siguiendo este análisis, la política era una actividad autónoma, donde los políticos se mueven en un mundo propio, sin contacto con las "fuerzas vivas" de la sociedad. En parte, esto era una exageración. El sistema no podía haber sobrevivido si hubiera tenido tan poco interés para importantes grupos de presión social y económica como sostenían sus críticos. Los partidos castellanos *representaron* los intereses de los agricultores cerealistas; los diputados granadinos *representaron* los poderosos intereses azucareros. Los caciques monárquicos de Barcelona *representaron* los intereses de los grupos económicos dominantes. La Lliga (véase p. 98) sostenía que el caciquismo "estorbaba" las reivindicaciones catalanas. Todo lo que hizo la Lliga fue romper la red del viejo caciquismo y sustituirla por lo que sus oponentes consideraban un caciquismo de los negocios.

Lo cierto es que un sistema, que no podía proclamarse representativo en el sentido democrático de la palabra, era menos capaz de resistir la presión organizada de los poderosos intereses "oligárquicos". Esto fue particularmente evidente en las exigencias de intereses sectoriales en favor de la protección tarifaria cuando ninguno de esos intereses era lo suficientemente poderoso como para imponerse a los demás. Por esta razón España llegó a tener "protecciones por todas partes", con las barreras aduaneras más elevadas de Europa. Éste fue el proceso final de ceder a las peticiones de un grupo de presión después de otro grupo de presión, haciendo caso omiso de cualquier preocupación por los elevados costos de producción y por la competitividad de las exportaciones españolas.

No obstante, esto no quiere decir que los políticos españoles y quienes dirigían esa política fuesen únicamente los servidores corruptos de una oligarquía. Personalmente estaban menos corrompidos que los políticos franceses, y sus conexiones con el mundo de los negocios no eran más estrechas que las de los políticos británicos o franceses. Se trataba menos de que los políticos formasen una casta aparte, alejada de las "necesidades reales" del país, que de que la estructura de partidos reflejase la incoherencia de lo que Maura denominaba "la deformidad de la sociedad española". De forma inevitable, cuando la estructura bipartidista que había proporcionado gobiernos alternativos conservadores y liberales, equipados con mayorías seguras, se fue debilitando cada vez más, y cuando los propios partidos se dividieron en facciones, la atención se centró de esta manera más y más en cómo se hacían y deshacían los gabinetes. Si la distinción entre los dos mayores partidos era fácil, aquellas que se establecían entre las distintas facciones enfrentadas en el interior de los propios partidos parecían representar solamente las ambiciones personales de los dirigentes de cada una de las facciones.[6] La política podía representarse como una ocupación trivial en la que ningún hombre decente gastaba tiempo, como una serie de crisis ministeriales sin sentido, organizadas por las facciones y manipuladas por el rey, que se consumaban en elecciones igualmente sin sentido.

No podemos entender el destino de la democracia parlamentaria en España sin tener presente esta herencia de la Restauración. Incluso bajo la Segunda República de 1931, con el advenimiento de la política de masas y la decadencia de la apatía sin la que la "vieja política" no hubiera podido funcionar como un sistema, las repetidas crisis ministeriales dieron la impresión de que el presidente de la República estaba representando de nuevo el papel de Alfonso XIII.

6. M. Artola, *Partidos y programas políticos 1808-1936*, 1974, I, p. 360.

CAPÍTULO II

LA ECONOMÍA, 1875-1914:
ESTANCAMIENTO Y PROGRESO

I

En vísperas de la Gran Guerra de 1914-1918, la mitad de la
población activa trabajaba en la agricultura. España era un
país rural, un país de terratenientes, de agricultores y de trabajadores del campo. En palabras de un historiador actual, la
tierra continuaba siendo "el instrumento más importante de
dominación social".[1] Era esto lo que modelaba la sociedad y
condicionaba la política.

Para los observadores ingleses, la diversidad extremada era
el rasgo sobresaliente de la España rural. Por una parte se
debía al clima y al suelo y, por otra, a la estructura histórica
de la propiedad de la tierra. Habría que hacer una divisoria
entre el sur "mediterráneo", con sus vinos, olivos y cítricos, y
el norte, lugar en el que un agricultor galés se encontraría
como en su propia casa. Había la gran división entre las tierras
de regadío, la mayor parte de ellas en la periferia, capaces de
producir tres cosechas por año, y el secano árido del interior
donde el cultivador podía recoger una cosecha efectiva una
vez cada tres años. Galicia tenía un régimen de precipitaciones
de tipo "irlandés"; las tierras que rodean Almería, en la Andalucía oriental, eran semidesérticas. En Andalucía, la Mancha
y Extremadura, la reconquista cristiana contra los árabes se
combinó con la venta de tierras del siglo XIX para hacer de esas
regiones el señorío clásico de los latifundios, grandes fincas de
cultivo extensivo y propietarios absentistas. En las provincias
vascas, los pequeños propietarios, a pesar de la presión ejer-
cida sobre los campos y de la invasión de la industria, a los
ojos de los extranjeros parecían llevar aún una vida de simpli-
cidad homérica; en el extremo occidental de la costa norte, los

1. M. Martínez Cuadrado, *La burguesía conservadora*, 1973, pp. 62 ss.

campesinos de Galicia, que arrastraban una mísera existencia al lado de sus "parcelas-pañuelo", recordaban a los visitantes ingleses la miseria de los irlandeses.

Los funcionarios del siglo XVIII que, como sus herederos de la Segunda República de 1931-1936, habían pretendido reformar lo que uno de ellos denominó esta "original" estructura, creían que el principal escollo en el camino hacia la prosperidad y la justicia social residía en la coexistencia de latifundios y minifundios: grandes fincas de cultivo extensivo y pequeñísimas explotaciones divididas en parcelas diminutas.

Los encalados cortijos andaluces, en los que las mulas estaban estabuladas y la mano de obra vivía allí mismo el tiempo que duraba la recolección, dominaban el paisaje como castillos feudales. Tanto si la finca estaba explotada por su propietario como si se había arrendado a un rico labrador, la tierra era trabajada, aparte de por un puñado de obreros permanentes, por cuadrillas de jornaleros estacionales (los braceros) que, sin empleo la mitad del año, se morían de hambre en las ciudades agrícolas. Se trataba de los trabajadores del campo más miserables de la Europa occidental.

Los latifundios (que existían también en otras regiones españolas como Aragón o Castilla la Nueva) fueron combatidos en dos terrenos. Eran trabajados antieconómicamente y de forma extensiva; dada la gran cantidad de mano de obra barata que esperaba en las plazas de los pueblos a que se le proporcionase trabajo, existían escasos incentivos para mejorar aquellas explotaciones. Una finca enorme, con técnicas que apenas habían cambiado desde la época de los romanos, proporcionaba todavía una renta adecuada para permitirle al propietario absentista disfrutar de una vida de consumo ostentoso en la capital de la provincia, si se trataba de un señorito, o en Biarritz o Madrid si pertenecía a la alta aristocracia.

Galicia, tierra de enebros y granito, ocupaba el extremo opuesto. Una peculiar forma de tenencia de la tierra, el *foro*, unida a una población en aumento, había producido un campesinado que cultivaba millones de parcelas diminutas. La agobiante pobreza de una economía de subsistencia quedaba reflejada en un elevado índice de ilegitimidad y en la exportación de hombres como trabajadores estacionales. En la década de 1890, bajo sus "reyes", treinta mil temporeros marcharon hacia el sur para la recolección. Todavía pude verlos yo, a finales de la década de 1940, con sus hoces envueltas en sacos, rondando por las estaciones de ferocarril. Además de la emigración estacional existía otra permanente o semipermanente hacia

América Latina —especialmente a Argentina, donde los gallegos trabajaban de camareros y taxistas— y a otras partes de
España donde las amas de cría y las muchachas de servir
gallegas se convirtieron en una figura típica. Los que se quedaron libraron una dura batalla a base de incendios, boicots
y mutilaciones de ganado contra los propietarios de tierras que
pretendían convertir el foro tradicional que había proporcionado al campesino una relativa seguridad en la tenencia de
la tierra, en un contrato de arrendamiento. Pero la miseria
gallega se había creado no por una forma peculiar de tenencia
de tierras (la redención de los foros se llevó a término en la
década de 1920) sino por la presión de una población creciente
sobre una superficie limitada de tierras pobres. Galicia, al contrario que Andalucía, no tenía un proletariado sin tierra, sino
un proletariado de propietarios diminutos. Quizá sólo fue gracias a la patata como la tierra alimentó a sus habitantes.

El interior de España estaba ocupado por la yerma meseta
castellana en la que los pueblos, con sus polvorientas calles
en verano, y convertidas en lodazales en invierno, podían dis-
tinguirse con dificultades del llano y reseco paisaje que los
rodea. Tiempo atrás, Castilla se había enriquecido con el comercio de la lana, pero en el siglo XIX había sufrido un descenso vertiginoso dejando las ciudades castellanas habitadas por
una burguesía formada por grandes hacendados, por propietarios de ingenios y por funcionarios, y, en el campo, por un
campesinado conservador dependiente de los cereales y el vino.

Aunque cerca de Salamanca y un poco por todas partes
había grandes fincas y granjas ricas, la plaga de la agricultura
castellana era la pequeña explotación dividida en diminutas
parcelas dispersas y cercadas que exigían gran cantidad de
trabajo. Las propiedades eran desconcertantes en su comple-
jidad, y el pequeño propietario castellano a menudo era al
mismo tiempo trabajador de una explotación mayor. El azote
de Castilla era la usura y esto explica el éxito de las cooperativas y las asociaciones católicas que, a comienzos del siglo XX,
proporcionaban créditos a interés más bajo que los propietarios de ingenios o los terratenientes locales. Lo mismo que en
Galicia, la emigración era una necesidad. En 1905, los tres-
cientos habitantes del pueblo de Boado se ofrecieron al presidente de Argentina *en masse*. Hubo una protesta "patriótica".
Los habitantes del pueblo respondieron que "el patriotismo
consiste en comer y en dar de comer a sus hijos".[2]

2.   Citado en J. Nadal, *El fracaso de la revolución industrial en España
1814-1913*, 1975, p. 86.

Las sociedades rurales más estables y prósperas había que ir a buscarlas a la periferia. Estudiaremos brevemente tres: Cataluña, Levante y las provincias vascas.

Cataluña no era toda ella la tierra de un campesinado próspero. Arthur Young encontró que las comarcas montañesas eran "absolutamente pobres y miserables", y fue de estas bolsas de pobreza de donde la industria catalana consiguió en primer lugar mano de obra barata. La riqueza agrícola de Cataluña descansaba en las llanuras trigueras y en los viñedos del centro, y en los ricos cultivos de las llanuras costeras. Según la jerarquía estrictamente delimitada del campo catalán, los agricultores ricos que se apoyaban en unas propiedades seguras, poseían casi la categoría de pequeña nobleza, quedando reflejada su prosperidad en la solidez arquitectónica de sus masías.

Fueron los beneficios de estas comarcas —en particular los procedentes de la exportación de vinos y licores a América Latina— los que proporcionaron el capital inicial para los comienzos de la industria textil en el siglo XVIII. La pérdida de esos mercados empobreció al mismo tiempo a la industria y a la agricultura, pero cuando en la década de 1860 la filoxera atacó los viñedos franceses, exportaron vino a granel para ser embotellado en Francia. Los viticultores catalanes disfrutaron de una prosperidad sin precedentes que llegaría a su fin a comienzos de la década de 1890. Pero cuando la filoxera invadió España el colapso fue completo, y los turistas de hoy pueden observar los resultados en las desiertas terrazas próximas a las playas de la Costa Brava.

Ese hundimiento destruyó la supuesta paz social "idílica" de las zonas viticultoras catalanas. De hecho, y desde el siglo XVIII, la forma tradicional de tenencia denominada *rabassa morta* había sido una constante fuente de conflictos. El cultivador creía que su arrendamiento, que duraba la vida del viñedo, le proporcionaba una propiedad permanente. Los terratenientes pretendieron convertir la *rabassa morta* en una simple tenencia en régimen de aparcería.

Aquello que había sido un conflicto a partir de una complicada y confusa tenencia tradicional se convirtió en una guerra encarnizada cuando, con la llegada de la filoxera, los campesinos se vieron obligados a sustituir las plantas nativas por cepas americanas caras y de vida corta. Para Costa, los viñedos catalanes fueron testigos de un conflicto de tipo irlandés.[3] Los

3. Véase A. Balcells, *El problema agrari a Catalunya 1890-1936*, 1968, p. 39.

rabassaires organizaron en 1893 un sindicato y combatieron a los terratenientes con huelgas y boicots. Esta situación sirvió para convertir un campesinado conservador (que comenzó luchando para mantener sus derechos tradicionales) en una reserva de apoyo a la izquierda republicana catalana.

No fueron sólo los viñedos quienes se vieron obligados a enfrentarse con la crisis. La importación de trigo para los modernos molinos de vapor de Barcelona significó un desastre para las comarcas cerealícolas. Una vez más, los menos afortunados emigraron a las áreas industriales: Tarragona, azotada por la filoxera, perdió en diez años diez mil habitantes.[4]

En otras zonas había prosperidad. Alrededor de Figueras y en la Costa Brava se encontraba la industria del corcho más importante del mundo, que empleaba en 1900 a treinta mil trabajadores. Mientras que Tarragona, capital de una provincia, tenía sólo catorce teléfonos, la pequeña ciudad corchera de Palamós contaba con ciento setenta. La demanda de Barcelona mantuvo una economía de mercado hortícola beneficiosa, especializada y flexible. Así en el Maresme (comarca con centro en Mataró) las patatas tempranas y las flores sustituyeron a naranjos y viñedos.

No puede imaginarse un contraste mayor que el existente entre las huertas de regadío levantinas y el secano de Castilla: monótonas para la vista, las huertas de Valencia y Murcia con sus cultivos de jardín soportaban las más altas densidades rurales de Europa. Una explotación de tamaño grande se consideraba a aquella que tenía dos acres. En la divisoria de las huertas valencianas, los naranjales proporcionaron lo que se iba a convertir en la más importante de las exportaciones españolas: el aumento fue prodigioso (el 12,5 por ciento en un año). Se puede sostener que fue la exportación de cítricos lo que proporcionó el capital exterior para la importación de bienes de capital que, en contrapartida, permitió un modesto desarrollo industrial. La "Suiza española" —las provincias vascas de Guipúzcoa y Vizcaya— no sufrieron cambios tan radicales en el campo. No fue hasta el siglo xx cuando el incremento de la población obligó a una división antieconómica de las explotaciones agrícolas; en la década de 1930 los hijos de los agricultores comenzaron a abandonar el símbolo de esta sociedad estable (el caserío o casa solariega) por los elevados salarios de las cercanas fábricas de Bilbao.[5]

4. J. Romero Maura, *La Rosa de fuego*, 1974, p. 47.
5. Véase Miren Etxezarreta, *El caserío vasco*, 1976.

II

Los ejemplos anteriores sólo nos proporcionan una impresión de la diversidad de la agricultura española: estaba reflejada en el paisaje. Los obreros del campo en el sur se reunían en grandes pueblos o en pequeñas ciudades, a kilómetros de distancia de sus lugares de trabajo en un campo despoblado. En el País Vasco y en Galicia, las explotaciones agrícolas se encontraban tan separadas que todo el paisaje parecía un gran pueblo disperso. Ninguna región era homogénea: la provincia vasca de Álava se iba convirtiendo poco a poco en meseta castellana; e incluso en Castilla, un valle fluvial podía cambiar de pronto el secano en un fértil oasis. En Andalucía, los ricos cultivos comerciales de la campiña de Córdoba, los productos hortícolas de la regada vega granadina o los viñedos conseguidos a base de utilizar complejísimos métodos de cultivo que producían jerez y coñac contrastaban con extensas áreas de pastos de montaña abandonados a las ovejas y al esparto. Incluso en Andalucía, además de las grandes propiedades, existían bolsas donde la pobreza estaba imparcialmente dividida y en las que los pequeños propietarios se enfrentaban a una lucha por la subsistencia tan dura como la del campesino castellano.

Resultado de esta diversidad rural fue el hecho de que algunas se estancaron o comenzaron a declinar mientras otras prosperaban; a lo largo de todo el siglo algunas regiones mostraron signos de progreso e invirtieron en nuevas cosechas —por ejemplo, en remolacha azucarera y algodón— o fueron capaces de realizar cambios en el mercado: así Jerez compensó el descenso de las ventas de jereces con la manufactura de coñacs baratos. Era el comienzo de lo que ahora se denomina "la crisis de la agricultura tradicional" lo que proporcionó los mayores negocios. Afectó sobre todo al granero de España, a los monocultivos cerealistas y a los viñedos castellanos.

La crisis agrícola de la década de 1880 fue resultado de la incapacidad de la agricultura tradicional —la trilogía mediterránea del trigo, la vid y el olivo— para encontrar nuevas condiciones de mercado como consecuencia de la pobreza, el conservadurismo y la falta de cosechas alternativas. El vino y las aceitunas poseían un mercado de exportación; el trigo (su rendimiento era el más bajo de Europa occidental y el costo de producción muy elevado) confiaba en el mercado interior. Cuando durante la década de 1880 los mercados de la España periférica se vieron invadidos por importaciones del extranjero, los productores de trigo castellano se organizaron para conseguir tarifas proteccionistas y, dado su peso político, arrancaron unas tarifas prohibitivas cada vez mayores desde 1891 en adelante. Cuarenta años de proteccionismo convirtieron a España en autosuficiente en cereales como resultado de un nuevo incremento en el área destinada al trigo.

En términos puramente económicos se trató de una situación infructuosa. Se combinó con unos elevados costos de transporte y con impuestos sobre los alimentos para negarle comida barata a la industria de la periferia; pero a la industria tampoco le importó puesto que había alcanzado éxito también en su petición de tarifas proteccionistas. Áreas que poseían mejores condiciones para otros cultivos se dedicaron al trigo (como fue el caso de la rica campiña cordobesa); y la perspectiva de obtener ingresos garantizados reforzó aún más el conservadurismo innato del agricultor castellano. De cualquier manera, las razones del proteccionismo cerealista eran socialmente obligadas. Sin ningún tipo de apoyo ya sea en forma de protección o —como sucedería después de la Guerra Civil— garantizando precios y compras, el agricultor castellano habría quedado entre la espada y la pared, y el corazón de España reducido a un territorio casi desierto habitado por un campesinado rebelde, si bien sería el agricultor rico el que más se aprovecharía del proteccionismo al tiempo que el cultivador marginal se veía obligado a emigrar.

El deseo de conseguir beneficios inmediatos no sólo logró mantener la extensión de tierras dedicadas al cultivo del trigo (había disminuido en la década de 1860 pero volvió a aumentar en la de 1890); unido a la demanda de carbón vegetal —utilizado hasta hace poco de forma extensiva en la calefacción y las cocinas familiares— y de edificios, denudó mucho más la ya tristemente raquítica cubierta forestal española. Entre 1866 y 1932 se talaron casi la mitad de los bosques que habían dejado en pie los especuladores de mediados de siglo. Sin una cubierta adecuada el suelo español fue barrido por el viento y lavado por las torrenciales lluvias de invierno; las cuencas demudadas, incapaces de absorber agua en mayores cantidades, provocaban inundaciones desastrosas, o secaban por completo los cursos de los ríos en verano. La utilización de los ríos para regadío y, posteriormente para el sistema hidroeléctrico, fueron un corolario de la utilización de los bosques.

A partir del siglo XVIII se había denunciado la deforestación como el crimen histórico de la agricultura española, y llegaría a convertirse en una obsesión con los reformadores *fin de siècle*; la "política hidráulica" de Costa se convirtió en el punto principal de su programa de resurgimiento de la agricultura española. Ya desde Jovellanos (1744-1811) los liberales habían mantenido que se podía confiar en la empresa privada para repoblar los bosques españoles. Pero los árboles proporcionaban pequeños beneficios si se los comparaba con los de las cosechas pagadas al contado. Sólo el Estado podía acometer la tarea de cambiar la dirección de una tendencia secular, y, a pesar de los esfuerzos de un discípulo de Costa, Gasset, en 1902, para dar vida legal a un "plan hidráulico", se dejó a un dictador paternalista, Primo de Rivera, que comenzase a poner en práctica en la década de 1920 la política de Costa.

Los críticos lanzan invectivas contra el conservadurismo de los agricultores españoles y contra su apego a las técnicas tradicionales. Muchos de los profetas urbanos de la modernización no advirtieron que, aparte del hecho de que la mayoría de esas técnicas estaban muy bien adaptadas a las condiciones naturales, el pequeño agricultor no podía modernizarse porque carecía de capital cuando sus recursos monetarios se iban en impuestos y cuando se le negaban créditos con intereses razonables (los usureros de Castilla cargaban un 20 por ciento); no tenía más remedio que engancharse a la noria porque no podía adquirir una bomba de extracción.

La historia de Castilla ha sido testigo de una larga lucha entre agricultores y ganaderos. Mientras que en el siglo XVI había ganado la hermandad formada por los grandes propietarios de rebaños de ovejas —la Mesta—, en el siglo XIX la situación se había invertido. Este hecho provocó un serio desequilibrio. Había muy poco estiércol, y en un país con un déficit permanente en la balanza de pagos los campesinos pobres tampoco podían adquirir fertilizantes artificiales. Había también poca carne y, en la década de 1960, cuando cambiaron los hábitos dietéticos de una sociedad ya más rica, esa situación se convertía en un grave cuello de botella, y la importación de carne una seria sangría para un comercio exterior escaso.

La agricultura española, si se exceptúan las regiones privilegiadas, siguió siendo el pariente pobre. Nicolás Sánchez Albornoz sostiene que "técnicas rudimentarias que exigían escasa inversión de capital y abundante empleo de mano de obra subsistían desde tiempos inmemoriales y mantenían estancados los rendimientos por par de brazos aplicados a la tierra".[6]

6. N. Sánchez Albornoz, *España hace un siglo: una economía dual*, 1968, p. 8.

Abasteciendo los mercados locales y encerrada en un círculo vicioso, la agricultura española no podía proporcionar capital para inversiones industriales de la manera en que, en el siglo XVIII, los ahorros conseguidos en el campo catalán se unieron a los beneficios obtenidos por las exportaciones agrícolas para financiar la industria textil. Más aún, cuando se perdió el imperio, la industria se vio obligada a buscar la salida en un mercado rural interior empobrecido y con una capacidad limitada para adquirir productos fabriles. Esta dependencia continuaba todavía en la década de 1950. Así, el informe del Banco de Bilbao para 1948 decía que "un año de buenas cosechas es un año de prosperidad para la industria".

III

En los últimos años, los historiadores españoles de la economía se han interesado por el fracaso de España para industrializarse en un siglo en el que otras naciones de Europa occidental alcanzaban un cierto despegue industrial. A este respecto el título de un trabajo reciente de Jordi Nadal es suficientemente expresivo: *El fracaso de la Revolución industrial en España, 1814-1913*. Este fracaso se atribuye a varios factores: ausencia de una "auténtica" revolución agrícola como conclusión necesaria de la industrialización; pobreza del Estado español después de la pérdida de las colonias americanas; inversiones "equivocadas" en los ferrocarriles más que inversiones "adecuadas" dirigidas hacia la industria; venta a extranjeros de los recursos minerales. Todos ellos se han calificado de errores de un Estado liberal. Otros adoptan respuestas más sencillas: escasez de carbón barato; una geografía que hacía costosa y difícil la creación de un mercado nacional por medio de un adecuado sistema de transporte; la falta de espíritu de empresa en una sociedad tradicional católica.

Antes de intentar clasificar estas variables vamos a examinar la estructura y las realizaciones de la industria española desde 1870 hasta 1914.

El rasgo más sobresaliente es la persistencia en la mayor parte de España de talleres artesanos para abastecer un mercado local y la concentración de la industria en áreas escogidas: las provincias vascas (sobre todo Vizcaya), Cataluña (especialmente en la provincia de Barcelona) y, en menor medida en Asturias y en los alrededores de Zaragoza. Una concentración polarizada de esta manera es común a numerosas economías, en particular a las economías en desarrollo. Estas áreas más desarrolladas sangraron a las regiones más pobres de hombres y de capital, de la misma manera que la industria del norte de Italia convirtió el sur del país en una charca de pobreza y desempleo.

Barcelona y su área de influencia —en 1900 las dos terceras partes de la mano de obra catalana estaba concentrada en un radio de treinta kilómetros alrededor de la capital— a finales del siglo xviii se había convertido en un segundo Lancashire. La industria algodonera se basó en la prosperidad de la agricultura catalana y en las exportaciones a las colonias americanas. Las guerras napoleónicas y la pérdida del imperio le infligieron un golpe durísimo. A pesar de todo, en 1870 era aún la zona industrial más importante de España y en 1860 utilizaba la mitad de la energía a vapor instalada en el país. Junto con Vizcaya era la única región con mentalidad mercantil y con un proletariado industrial.

En la década de 1850, a la algodonera se añadió una industria de la lana —concentrada en Sabadell y Tarrasa— y las lanas producidas en fábricas propiciaron un duro golpe a los talleres artesanos ampliamente dispersos por el país. Los industriales catalanes eran conscientes de los peligros de esta estructura "mal equilibrada" basada en los textiles; los bienes de consumo no son necesariamente un "sector puntero" y la marca de una sociedad industrial avanzada la proporciona la producción de bienes de capital. Pero el intento por abrirse paso hacia una economía industrializada diversificada y moderna fue lento y penoso. La mayor empresa metalúrgica, La Maquinista Terrestre y Marítima, sólo con lentitud pudo ir más allá de la fabricación de maquinaria textil, pequeños navíos y motores de barcos.

Después de la pérdida de Cuba en 1898 la industria catalana quedó confinada y dependía del poder adquisitivo del mercado interior. De aquí, como ya hemos visto, el apoyo de los industriales catalanes a un proteccionismo agrícola que al menos pudiera mantener, si no aumentar, el poder adquisitivo. Los manufactureros ingleses querían comida barata; los industriales catalanes preferían un mercado interior seguro.

Dado el bajo poder adquisitivo de un pobre mercado interior, la expansión de la industria catalana estaba limitada, lo mismo que sus recursos para modernizarse. Si se exceptúan algunos gigantes modernos, creados en la década de 1890, la industria textil estaba dominada por pequeñas firmas conservadoras, lo que más tarde iba a llamarse "minifundismo industrial". Comparada con la de sus rivales británicos, era una industria de elevado costo —no obstante la baratura del trabajo— y su falta de competitividad la hizo depender de elevadas tarifas proteccionistas.

No hay nada más notable en la literatura proteccionista catalana que la insistencia en cifras que muestran la "inferioridad" de Cataluña: fábricas equipadas con la mitad en promedio del número de husos que el resto de Europa; rendimiento por trabajador inferior a la mitad que el de Estados Unidos. Para modernizar "nuestra pobre y débil" industria con el fin de convertirla en competitiva se defendió que había que despedir a la mitad de los obreros de la industria algodonera. Independientemente de lo justificable que sea este argumento desde el punto de vista humanitario y social difícilmente se tendría por el de una clase empresarial decidida.

No hubo crisis agudas, pero sí el continuo malestar de la superproducción, los pequeños márgenes de beneficio y los períodos de desempleo. Algunos vieron en la durísima competencia entre las pequeñas empresas el "individualismo atávico" del artesano catalán al que tanto incomodaban los defensores de las grandes empresas y de la economía a gran escala. A las fábricas algodoneras más importantes les fue difícil racionalizarse y modernizarse como en la década de 1890. Se enfrentaron a unos bajos beneficios debidos a una firme resistencia a las demandas salariales y por la improvisación de las instalaciones.

Aunque Cataluña continuó siendo el complejo industrial más grande de España, en la década de 1870 se estaba desarrollando un segundo centro en las provincias vascas, patria de una vieja y conservadora industria del hierro. Lo mismo que los catalanes, los vascos tuvieron lo que un escritor, también vasco, Ramiro de Maeztu (1875-1936) llamó "el sentido del respeto por el dinero". Los grandes industriales y banqueros vascos fueron los pilares financieros del despertar católico: pero en sus negocios fueron modernizadores y sensibles al clima económico de Europa.

La prosperidad vasca se basaba en las minas de hierro de Vizcaya. Fueron las leyes liberales sobre la minería de la Revolución de Septiembre, unidas a las demandas del proceso Bessemer para las "menas rojas" vizcaínas de bajo contenido en fósforo las que animaron la inversión extranjera, en particular británica, en las minas de Vizcaya. Las minas de hierro abiertas se encontraban próximas a la mar y había una abundante oferta de trabajo barato. En 1889 se exportaron al sur de Gales cinco millones de toneladas de mineral.

Como ya hemos visto, estas inversiones se contemplaban como una "explotación colonial". Pero fueron las rentas que se pagaban a los propietarios de las minas —y los fletes de regreso con coque barato— los que proporcionaron el dinero y el combustible barato para modernizar la industria del hierro vasca técnicamente atrasada (el primer horno de coque —horno alto— empezó a funcionar en 1865; el primer convertidor Bessemer en 1885). A finales de siglo apareció una industria astillera y de metalurgia pesada (la primera locomotora se fabricó en 1884). Por encima de todo, la Restauración fue testigo del establecimiento de los grandes bancos mixtos vizcaínos, junto con las compañías ferroviarias, las primeras corporaciones modernas de España. Iban a desempeñar un papel importante al inyectar ahorros para el crecimiento industrial. Cataluña, con toda su reputación empresarial, fracasó en desarrollar un sistema bancario privado comparable, quizá porque la tradición de empresa familiar estaba demasiado profundamente arraigada en el *seny* catalán (el sentido común) para el florecimiento de empresas corporativas. Mientras que los bancos vascos y de Madrid sobrevivieron a las crisis económicas, los establecimientos catalanes más pequeños se hundieron.

Ninguna otra región desarrolló complejos industriales comparables a los de Vizcaya y Cataluña. Durante un tiempo, antes del auge vasco, pareció como si quisiera desarrollarse una industria metalúrgica alrededor de las minas asturianas de carbón; pero los hornos altos marcharon hacia donde se encontraban las minas de hierro y la facilidad de conseguir coque galés barato. Aún más dramático fue el colapso del naciente industrialismo de Andalucía meridional cuyos hornos funcionaban con carbón vegetal. En 1844 Málaga producía el 72 por ciento del hierro español; en 1868 sólo un 5 por ciento.

Por todas partes, la industria estaba compuesta por pequeños establecimientos artesanos que abastecían a los mercados locales. Las pequeñas empresas textiles de Castilla y Aragón fueron decayendo gradualmente por la competencia de los productos catalanes más baratos. En Madrid no se dio un auténtico desarrollo industrial hasta el siglo xx: continuó siendo la capital administrativa, política y financiera, una ciudad de consumidores y de comercios de productos de lujo atacada por los catalanes como "artificial" y "parásita". Las ciudades castellanas siguieron siendo centros administrativos, militares y eclesiásticos dominados por intereses agrícolas; el único proletariado moderno existente en Castilla lo componían los dos mil empleados de la fábrica de material ferroviario de Valladolid. Córdoba y Sevilla eran capitales agrícolas (en 1906, La Cierva no pudo encontrar en Sevilla ni una sola máquina de escribir). La industria de la remolacha azucarera creó algunas grandes empresas en Aragón y en Granada, pero se trataba de islotes de industria moderna en lo que ahora podemos caracterizar como una economía subdesarrollada, menos próspera que la de su antigua colonia, Argentina, país que aparecía a los ojos de los campesinos pobres, que apenas podían encontrar algún empleo en la industria española, como una tierra cargada de promesas. Lentamente se fue desarrollando un mercado nacional. Durante la mayor parte del siglo XIX, en palabras de Fontana, la economía permaneció como un "agregado de células rurales aisladas, sin que entre ellas existiera un tráfico significativo", como una colección de "monopolios" locales autosuficientes.[7] Sólo después de que el año 1900 viera la apertura de sucursales de los grandes bancos en las provincias se creó un mercado financiero unificado.[8]

IV

¿De qué manera podemos relatar este titubeante desarrollo? ¿Era España un país de "arranque tardío" o se trataba más bien del caso de un país cuya incipiente industrialización de mediados de siglo se había visto frustrada por impedimentos estructurales y por una política errónea?

Una respuesta es ésta: los "despegues" industriales (como puede sostenerse en el caso del modelo inglés) dependen del poder adquisitivo del mercado rural. Agricultura pobre significa industria pobre. La agricultura española —continúa este argumento— era pobre a causa de que la modernización y la prosperidad agrícola se vio bloqueada por el mantenimiento del *ancien régime* en el campo. La desamortización liberal de las tierras fue "una revolución desde arriba", al estilo prusiano, que incrementó la concentración de la propiedad en pocas manos y detuvo la aparición de una comunidad rural próspera de agricultores medios con suficiente poder adquisitivo para comprar productos industriales. Nadal sostiene que "privada de una auténtica revolución agraria, la mayor parte de España no pudo coger el tren de la Revolución industrial". Aunque el manteni-

---

7. J. Fontana, "La primera etapa de la formació del mercat nacional a Espanya", en *Homenatge a Jaime Vicens Vives*, II, pp. 17, 18, 33.
8. J. L. García Delgado, *Orígenes y desarrollo del capitalismo español*, 1975, p. 95.

miento o la creación de pequeños propietarios puede ser social
o políticamente deseable, y aunque se pueda sostener que una
revolución agraria puede incrementar la capacidad adquisitiva
del mercado interior por lo que se refiere a productos industriales como los textiles, toda la historia del progreso agrícola, con-
cebido en términos de incremento de la producción, ha sido
una historia de concentración de propiedades. En cualquier
caso, dentro del marco del liberalismo era impensable un reparto. Para los liberales la propiedad privada era sacrosanta,
como opuesta a la propiedad corporativa. Jovellanos, si bien
muy claro por lo que se refiere a los defectos de los latifundios,
fijó los límites en la expropiación; sólo las fuerzas del mercado,
al deshacerse del cultivador poco eficaz, podían incrementar la
producción.

   ¿Fue la pobreza crónica de la hacienda española la responsable del fracaso del país para estar a la altura de sus rivales
europeos? Después de la pérdida de las colonias americanas,
el Estado se endeudó enormemente.[9] Al no haber ningún gobierno capaz de emprender la tarea de llevar a cabo la reforma
de un sistema impositivo injusto y no productivo, el Estado dependía de los préstamos. Esta situación animó la adquisición
de títulos de deuda en detrimento de inversiones más productivas, lo mismo que los críticos censuran la desamortización de
mediados de siglo por derivar escasos ahorros a la adquisición
de tierras "improductivas". Estos mismos críticos sostienen que
la principal y casi única tarea del Banco de España, cuando
era la institución financiera dominante, consistía en proporcionar fondos al gobierno más que en financiar empresas productivas. No fue hasta el año 1900 cuando se embarcó en inversiones industriales. Se sostiene que el gobierno hipotecó dinero
en el extranjero y que este endeudamiento exterior debilitó la
capacidad española para importar bienes de capital y materias
primas. Y por encima de todo, la pobreza del Estado le impidió
asumir el papel de promotor en medio de una economía atrasada. E incluso no podía cubrir las necesidades educativas de
una sociedad moderna, y mucho menos proporcionar la infraestructura social necesaria para su desarrollo. Cambó (véase
p. 63), como dirigente de la burguesía de una economía "atrasada", propuso en 1918 un ambicioso programa de intervención
estatal; pero la pobreza del Estado, unida a las vicisitudes por
las que atravesaban los partidos políticos, condujo su plan al
fracaso.

   9. Sobre esto véase J. Fontana, *La quiebra de la monarquía absoluta*,
1971.

Una cosa sí que podía ayudar el Estado a proporcionarla: nos referimos al sistema ferroviario. Su construcción, que había ido disminuyendo después de la crisis de 1866, comenzó de nuevo en 1877, si bien la manera en que se financió y se construyó ese sistema se ha considerado una de las "oportunidades perdidas" del siglo xix. Dependiente de los acreedores extranjeros —continúa ese argumento— el Estado ofreció concesiones que permitían a las compañías importar todo el material ferroviario; por ello, la industria española del acero siguió languideciendo hasta que la legislación proteccionista de finales del siglo le dio la oportunidad de beneficiarse de un sistema en cadena hacia atrás. Y más aún, durante un largo período, se canalizaron hacia los ferrocarriles demasiadas inversiones a expensas de la industria nativa. Las inversiones que se realizaron en ferrocarriles en España durante el auge ferroviario fue siete veces mayor que la que se canalizó hacia la industria, mientras que en Gran Bretaña sumaba algo así como un 30 por ciento.[10]

Este argumento de lo que podía haber sido descansa sobre dos falacias. En primer lugar los ferrocarriles se construyeron con dinero extranjero —en gran medida francés— porque no existía una alternativa española atractiva para los inversores extranjeros hasta el desarrollo de la minería y de las empresas públicas. Sin capital extranjero España hubiera tenido sus ferrocarriles mucho después y se hubiera retardado su indudable contribución al desarrollo económico en un país en el que los canales eran una imposibilidad física; se ha calculado que en 1878 los ahorros sociales en ferrocarriles igualaron las exportaciones totales y que en 1900 el transporte por ferrocarril costaba la mitad que el realizado por carretera. Se ha mantenido que las generosas concesiones a la importación de raíles y de otros artículos ferroviarios libres de impuestos inhibieron el crecimiento de la industria nativa del hierro; pero esa industria metalúrgica interior no habría podido llenar el vacío proporcionando equipamiento ferroviario durante las primeras etapas ya que sus costos eran demasiado elevados. Puede sostenerse con mayor convicción que, posteriormente, la falta de tarifas proteccionistas debilitaron los procesos en cadena hacia atrás y la expansión del sector metalúrgico a través de las demandas de las compañías ferroviarias.[11]

10.   Este argumento ha sido presentado con gran ingenuidad por G. Tortella Casares, *Los orígenes del capitalismo español*, 1973. Para una visión general, véase su "An Interpretation of Economic Stagnation in Nineteenth-Century Spain", en *Historia Ibérica*, 1 (1973), pp. 121-132.
11.   Sobre los ferrocarriles, véase R. Anis, "Relaciones entre el ferro-

Se afirma también que los liberales de mediados de siglo no sólo pusieron los ferrocarriles en manos de empresas extranjeras; la ley de 1868, resultado directo de las dificultades del tesoro, abrió las minas españolas a la inversión extranjera. Es evidente que la inversión exterior produjo resultados dramáticos allí donde los capitales españoles no habían desarrollado recursos: en diez años, el capital extranjero y los ingenieros británicos cuadruplicaron la producción de las minas de Río Tinto, convirtiendo a España en el mayor productor europeo de cobre, y empleando en 1889 a nueve mil obreros. Esta situación creó una serie de enclaves extranjeros en los que las compañías foráneas se conducían como si se encontrasen en estados casi soberanos, explotando España como una colonia, y en los que las decisiones se tomaban en Cardiff o en Glasgow, lugares a los que afluían los beneficios. En las minas de Tharsis "con sus salacots y sus blancas chaquetas, montados en caballos de los que se enorgullecían, aquellos escoceses en su imperio de las colinas evocaban la idea de un «rajá» no muy diferente de los de la India".[12] Lo mismo que las naciones latinoamericanas, España se había convertido en una economía exportadora que suministraba materias primas al Occidente desarrollado; sólo la décima parte del mineral vizcaíno iba a parar a los altos hornos locales.

Esta situación fomentó el nacionalismo económico, no sólo entre los historiadores de la economía sino también entre los industriales españoles. Hasta finales de la década de 1880 aquel tímido libre comercio introducido por los liberales en 1869 pareció obtener buenos resultados; fueron los años de la "euforia del algodón" y del crecimiento de una industria lanera que se había convertido en la tercera de Europa. Cuando esa prosperidad, a finales de esa misma década de 1880, se convirtió en depresión, los industriales catalanes y los metalúrgicos vascos presionaron para conseguir tarifas proteccionistas; lo mismo hicieron los debilitados cerealistas castellanos. En 1891, el Estado español, cediendo a las demandas de un grupo de presión tras otro, se embarcó en una oleada de proteccionismo. Los argumentos en favor de las tarifas proteccionistas eran esgrimidos por los industriales catalanes y, después, por los vascos con un único fervor. Argumentaban que el proteccionismo no era la exigencia interesada de una región o de una clase; se trataba

carril y la economía española (1865-1935)", en *Los ferrocarriles en España 1844-1943*, 1978, II, pp. 356 ss.
12. Citado en S. G. Checkland, *The Mines of Tharsis*, 1967, p. 177.

de una exigencia nacional. Los agricultores castellanos necesitaban protección al igual que los magnates de la industria textil catalana y los industriales vascos. La agricultura y la industria eran complementarias: los catalanes podían comprar el trigo castellano si los castellanos compraban los textiles catalanes —aunque en realidad probablemente fuesen los mismos catalanes y vascos quienes proporcionasen el principal mercado interior para los bienes de consumo—. Finalmente todos aceptaron el argumento proteccionista menos un puñado de doctrinarios liberales. "La economía política debe aceptar el concepto de patria y someterse a él. La patria es una asociación de consumidores y productores para su ayuda mutua con el fin de crear una vida propia de la misma manera que se crea una familia individual." De esta manera formuló Cánovas la metafísica de la autarquía en la década de 1890; otro conservador, Maura, le proporcionó ulterior amplitud mediante la legislación de 1907 que hizo obligatorios los productos nacionales en todas las industrias relacionadas con el Estado, en particular los ferrocarriles y las obras públicas. Así, España prefirió una costosa marina de fabricación nacional a los buques extranjeros, más baratos.

La autarquía se iba a convertir en el ideal de los dictadores: Primo de Rivera y el Franco de sus primeros años. A largo plazo demostró ser una filosofía falsa, por mucho que una valiosa ayuda estatal podría servir al establecimiento de industrias "que faltaban". Obligó a una intervención excesiva, a trozos, que fue contraproducente y dio como resultado una sucesión de cuellos de botella; más que a animar nuevos desarrollos tendió a proteger la industria existente; separó a España del mundo en general y de la economía europea en particular sin la que no podría sobrevivir. La revolución industrial llegó en los años 1960, no por el proteccionismo y la autarquía sino gracias a una economía más liberal.

En aquel momento, los españoles atribuían las pobres realizaciones de su país menos a un desarrollo histórico que habría creado un gran abismo entre ricos y pobres, o a causas estructurales en general (si bien las ventas de tierras habían sido criticadas por los liberales de la década de 1850), que a algún defecto racial inherente. Fue el período en el que los latinos eran comparados desfavorablemente con los anglosajones por su falta de sentido práctico y de espíritu de empresa, más dados a un consumo notable que a una producción eficaz. Maeztu se lamentaba de que los españoles carecían de amor por el dinero; Ortega decía que el español compraba un coche no para viajar en él sino para tenerlo con un chófer como símbolo de estatus;

posteriormente Américo Castro señalaba que los españoles habían producido un arte espléndido pero nunca una silla cómoda. Estos golpes de pecho son un rasgo del pesimismo nacional que descansa detrás del movimiento regeneracionista de los últimos años del siglo. Que se trataba de una exageración lo demostraron las realizaciones económicas de la década de 1960.

Durante el tiempo en que aquello en que, a pesar de la falta de precisión del término, podemos llamar sociedad tradicional satisfizo la mayoría de las necesidades humanas, los habitantes del país mostraron escasa inclinación a "coger el tren de la Revolución industrial" y a imitar los pasos marcados por Occidente. Sin embargo, sí que España estaba igualando en algo el modelo europeo ideal de los regeneracionistas. En el siglo XVIII el país se encontraba probablemente poco poblado (7,5 millones de habitantes). En 1900, con una población de 18,6 millones, sus índices de natalidad y de esperanza de vida se estaban aproximando a los niveles europeos. La queja del siglo XVIII fue que al país le faltaban "brazos"; España tenía ahora demasiadas bocas que alimentar y Andalucía podía verse aún azotada por los "queridos tiempos" del hambre (1898 había sido el último año de hambre grave). La válvula de escape residía en la emigración, desde el mismo momento en que la industria no podía absorber el excedente rural al que la agricultura era incapaz de dar empleo por más tiempo.

V

Aunque en términos relativos España era un país pobre, se iba moviendo ya por un lento camino que conducía a la industrialización. Por primera vez en su historia, en 1900 había registrados en el censo más obreros industriales que artesanos. La industria metalúrgica de las provincias vascas era moderna y tenía un auténtico proletariado industrial; los bancos y las navieras vascas eran empresas dinámicas. Los ferrocarriles estaban creando un mercado nacional, como lo muestra la convergencia y la equiparación de los precios por todo el país, proceso que se completaría con la aparición del automóvil y del camión en la década de 1920. El comercio exterior español crecía con mayor rapidez que el de Francia o Italia, al tiempo que su composición iba cambiando. Sin embargo, la relativa debilidad de la economía española y los efectos de los préstamos extranjeros eran aparentes en una balanza de pagos deficitaria con carácter crónico. Cuando durante la guerra de 1914-1918 (véase

p. 118) España se convirtió en suministrador de productos a Europa, las exportaciones españolas aumentaron rápidamente y el déficit se convirtió en fuerte superávit. Se ha sostenido que esto significó "la consolidación del capitalismo" en España. Es cierto que significó un aumento de los beneficios; pero éstos procedían de las horas extraordinarias y de la explotación de recursos infrautilizados más que de la modernización a través de nuevas inversiones. De cualquier manera, cuando las importaciones quedaron cortadas por la guerra, la necesidad de encontrarles sustitutivos condujo a la creación de nuevas industrias. Sería el comienzo de un desarrollo industrial que, aunque seriamente interrumpido por las recesiones y los reveses de la Guerra Civil, iba a seguir un proceso continuado; pero todavía era lento. La Revolución industrial, el gran éxodo del campo a las ciudades, llegaría en la década de 1960.

CAPÍTULO III

UNA SOCIEDAD EN TRANSICIÓN, 1875-1914

I

En 1921, el filósofo Ortega y Gasset publicó uno de sus libros más famosos: *España invertebrada*. La falta de cohesión de la sociedad española que Ortega consideraba como una característica psicológica era buen reflejo de una economía compartimentalizada, fragmentada. La "deformidad" de la sociedad española era a su vez reflejo de un estadio particular de desarrollo económico: la coexistencia separada de sociedades que se desarrollaban a diferentes niveles fue característica del primer desarrollo industrial europeo.

En la economía fragmentada del siglo XIX, el localismo y el regionalismo, enraizados en el proceso histórico de la unificación española, eran fuerzas sociales inevitablemente poderosas. Se ha observado con frecuencia que la lealtad del español es —o, al menos, era— inversamente proporcional al área de aplicación, es decir, se concentraba en primer lugar en la *patria chica* del pueblo, la ciudad o la región. Se trata de una exageración, pero un español todavía hoy visitará siempre que pueda su pueblo, aún se identifica como catalán, vasco, gallego o andaluz. Los reformistas vieron en este patriotismo localista un medio de volver a dar vida a los gobiernos locales y, a través de un despierto sentido de ciudadanía enraizado en la tierra, una brecha abierta hacia la regeneración política. ""El amor adolescente a la patria chica —declaraba Maura— madurará en un amor de ciudadano adulto por el país." [1] La existencia de lealtades y de economías locales significaba que, en buena medida, podían coexistir diferentes estructuras sociales, reflejadas en un provincialismo persistente y en la mentalidad típica de las ciudades provincianas descrita en todas las novelas so-

---

1. Citado en J. Tusell, *La reforma de la administración local en España 1900-1936*, 1973, p. 111.

ciales de la época, por ejemplo en el retrato que Clarín hace de Oviedo en la obra más grande de este género cargado de desánimo: *La Regenta* (1884).

II

Esta sociedad produjo una clase gobernante que numerosos historiadores, siguiendo a Costa, han descrito como una oligarquía. En un país en el que la mitad de la población activa se encontraba empleada en la agricultura, su núcleo estaba formado por propietarios de tierras. El rasgo más notable de la sociedad española fue la unión en una clase única de la aristocracia y los propietarios no pertenecientes al estamento nobiliario. La burguesía liberal no atacó los intereses de la tierra; se convirtió en parte de ellos, formando una élite terrateniente que asumió su forma clásica en el sur y el sudoeste. Allí comprendía desde los arrendatarios de grandes fincas (los "labradores" de Andalucía) hasta los grandes propietarios de extensos latifundios. Más que un grupo relativamente homogéneo con intereses en tierras en el sentido inglés, se trató de una clase terrateniente: los intereses de los propietarios de olivares y viñedos eran muy distintos de los de quienes poseían campos de trigo de cultivo extensivo; había pocas cosas en común entre un magnate del jerez y el propietario de centenares de pequeñas explotaciones, a menudo tierras monásticas vendidas durante la desamortización y entregadas en arriendo a una multitud de pequeños granjeros.

La mayor parte de los grandes terratenientes eran absentistas que vivían en la ciudad próxima, en la capital provincial o en Madrid. Éste fue en concreto el caso de la más alta aristocracia: en la década de 1930 casi un 70 por ciento de los grandes de España habían nacido en Madrid. Al contrario que sus homólogos ingleses, como no tenían campos de deportes ni interés por una agricultura científica que les mantuviese en el campo, formaban "una élite terrateniente en virtud de la posesión de la tierra más que por su residencia rural permanente".[2] Sin embargo, la aristocracia absentista representaba algo más que una preferencia por la vida urbana. Un gran latifundio contenía numerosas explotaciones dispersas; su cultivo directo era imposible y la única solución al problema de su administración consistía en entregarlas con arrendamientos a corto plazo.

2. R. Herr, en D. Spring, ed., *European Landed Élites in the Nineteenth-Century*, 1977, p. 103.

La cumbre de la élite la formaba la aristocracia con títulos. En el siglo XVIII había perdido buena parte del poder político pero su prestigio social se mantenía intacto y el poder económico era aún considerable, aunque con posterioridad a 1830 las grandes casas aristocráticas habían vendido en el sudoeste algunos de sus cortijos a compradores sin título nobiliario.[3] Lo mismo que la Iglesia, su influencia fuera de los círculos cortesanos entró en cuarto menguante en la década de 1860 y, también como la Iglesia, se incrementó con la reacción conservadora que siguió a los levantamientos revolucionarios de 1868-1874. Cánovas era un habitual de los salones aristocráticos. La influencia política directa de la aristocracia pareció haber disminuido durante el reinado de Alfonso XIII. Aunque sus diversiones habían tomado por modelo las de la más poderosa aristocracia inglesa —Alfonso XIII era uno de los mejores tiradores de Europa—, la frivolidad de su vida social, centrada en la corte, imitaba a los sectores menos responsables de la aristocracia francesa.

Conformista y religiosa en las formas, la aristocracia podía imponer sus valores y la tediosa rutina de su vida social a las capas más elevadas de la sociedad —un buen ejemplo fue la práctica del veraneo, hábito originalmente cortesano y aristocrático, que se extendió a capas sociales inferiores con los ferrocarriles y el coste cada vez menor de los viajes—. Toda la historia de la aristocracia blasonada del siglo XIX ha sido la de un crecimiento a través de la incorporación a sus filas de militares con éxito, de políticos, de financieros y, a finales de siglo, de industriales. A lo largo del siglo, ennoblecimientos masivos doblaron el número de la aristocracia con título. Lo mismo que Eduardo VII, Alfonso XIII mostraba inclinación a la compañía de millonarios. La guerra incipiente entre la vieja nobleza y "los brutales *conquistadores*" de la industria moderna, que Unamuno detectaba en el Bilbao de la década de 1890, se vio suavizada por el ennoblecimiento de los brutos.

Por debajo, en la escala de la élite terrateniente, venían los "poderosos" de las pequeñas ciudades. Versión a menudo modernizada del viejo hidalgo, atrapado ahora por la política local y el gobierno municipal, el "poderoso" estaba expuesto a las satisfacciones de una preeminencia reconocida en el ejercicio de sus influencias como cacique. Los menos benévolos eran los pequeños tiranos.

Ya hemos hablado bastante del proletariado rural formado

3. Cf. M. Artola, *Los latifundios*, 1978.

por los campesinos sin tierras y por los pequeños propietarios de una diminuta explotación familiar (véase pp. 24, 38-40). Pero hay algo que necesita subrayarse. Solamente había un pequeño sector medio de agricultores acomodados; una estimación aproximada contabilizaba en 1930 un 96 por ciento de los agricultores entre los pequeños propietarios y un 3,1 por ciento entre los agricultores con propiedades de tamaño medio. Si comparamos España con Gran Bretaña, lo más sorprendente es la relativa ausencia entre aquéllos de un agricultor arrendatario acomodado cooperando —es cierto que en ocasiones con inquietud— con el terrateniente en la realización de mejoras en la agricultura (forman un caso aparte los grandes arrendatarios andaluces, los *labradores*); y tampoco había una clase de campesinos medios como en Francia. Esta comunidad agrícola compuesta en buena medida por campesinos sin tierras o por otros que trabajaban tierras a niveles de subsistencia, en la mayor parte de España permanecía sumergida en el mundo introspectivo del pueblo, con un único contacto con un mundo más ancho proporcionado por el recluta que regresaba a casa, por el recaudador de contribuciones o por el buhonero ocasional. Así se explican las reacciones repentinas de la "ignorancia" rural a la intrusión del mundo exterior: en 1907 los campesinos de Roquetas (Cataluña) se pusieron de acuerdo para destruir la estación meteorológica local y para matar al director basándose en que la estación traía la sequía.[4]

La población rural —en particular la del interior de Castilla— se vio azotada con dureza por la crisis agrícola de la década de 1880. La emigración era la única escapatoria de la miseria rural. Se llevó a cabo una emigración ultramarina a Latinoamérica, con su punto más alto en 1912, año en que salieron 133.994 personas. A largo plazo fue más importante la emigración a Madrid, a Barcelona y a las zonas mineras del norte, especialmente a Bilbao. Las nuevas oleadas de emigración desde las zonas rurales sobrepobladas, con sus fértiles familias, dan cuenta ellas solas del rápido crecimiento de ciudades en las que la tasa de natalidad era baja. En 1914, el Gran Madrid crecía a un nivel de diez mil habitantes por año, y sólo la mitad de sus ciudadanos eran madrileños de nacimiento. El demógrafo catalán Vandellós, que escribía en la década de 1930, temía la extinción del modo de vida catalán sumergido por una inundación de inmigrantes pobres y analfabetos. Esa corriente rompió los límites de las viejas ciudades:

4.   J. Romero Maura, *op. cit.*, pp. 48-49.

en Madrid los más afortunados se trasladaron desde el viejo centro a los nuevos "ensanches", llenos de bloques de picos uniformes; los obreros se fueron al extrarradio, formado por suburbios sombríos plagados de enfermedades, sin agua ni calles en condiciones. La expansión urbana significó nuevos edificios y ampliación de calles (la Gran Vía de Madrid se comenzó en 1905, flanqueada por bancos y oficinas; la Vía Layetana de Barcelona en 1910). El nuevo urbanismo afectó incluso a ciudades de provincias como Cartagena; en la década de 1890 se derribaron las murallas medievales que aún conservaba. Todo esto quiere decir que las actividades de la construcción proporcionaron trabajo a los obreros emigrantes no cualificados; los obreros de la construcción se convirtieron en el sector mayoritario de la clase obrera madrileña. La huelga que llevaron a cabo en junio de 1936 fue la más impresionante manifestación de poder proletario que había presenciado nunca la capital.

Este cambio en la tendencia demográfica, que iba a asumir proporciones dramáticas en la década de 1960, ya era notable en los últimos años del siglo xix e iba a acelerarse con posterioridad a 1914, según muestra el siguiente cuadro de porcentajes de la población activa empleada en la agricultura y la industria:

	Agricultura	Industria
1877	70	11
1887	66,5	14,6
1900	66,34	15,99
1910	66	15,82
1920	57	22
1930	46	27

Pero España era aún un país de pequeñas ciudades, de pueblos y de aldeas: en 1900 la mitad de la población vivía en comunidades de menos de cinco mil habitantes.

III

Numerosas ciudades españolas, incluso algunas de gran tamaño como Córdoba, eran capitales agrícolas y administrativas. La mayor parte de la población estaba compuesta de artesanos, tenderos y empleados. A finales de la década de 1870, la tercera parte de quienes pagaban impuestos industriales eran molineros o panaderos. En la mayoría de los casos, los funcionarios y los oficiales del ejército de las mayores ciudades eran aves de paso que daban tono a los casinos locales y que formaban, junto con los propietarios de tierras, la élite de la ciudad provinciana. Con el fin de escapar a los límites impuestos por la vida en provincias, los hijos que prometían iban a Madrid para conseguir un "título" (certificado necesario para ingresar en la administración civil) en la universidad o en las escuelas especializadas. Casi todos los grandes políticos del siglo xix fueron hombres de orígenes relativamente modestos, nacidos en provincias y que murieron en Madrid: muchos de ellos eran abogados que habían aprendido trabajando con un político de renombre. Mientras que los inmigrantes que se derramaron por Barcelona eran obreros, aquellos que llegaban a Madrid formaban una escala que iba desde los aguadores gallegos a los intelectuales universitarios.

La pequeña burguesía era la que había proporcionado los militantes a los partidos radicales de mediados de siglo; ésta engendró una subespecie, una "burguesía de la agitación" formada por periodistas combativos. A partir de 1876, si se hace excepción de algunas ciudades como Barcelona y Valencia, sus miembros participaron de la reacción conservadora general de la década de 1870. El desastre colonial de 1898 (véase p. 76) les proporcionó unas "señas de identidad" como clase cuyos dirigentes fracasaron a la hora de consolidar.[5] En 1909, y en particular después de 1919, comenzaron un proceso que iba a dividir sus lealtades políticas y sociales. Había conformistas para los que descender hasta la clase obrera seguía siendo la última degradación social en una sociedad que tenía en mucha estima las apariencias —su palabra clave era la "decencia"—; otros rechazaban el conformismo conservador como obstáculo a la emergencia de una "moderna" clase media, y estaban preparados para aliarse o para unirse a los socialistas: esta situación era particularmente cierta entre los intelectuales y los profesionales. Azaña, que dirigió la izquierda burguesa durante la Segunda República, era escritor y secretario del Ateneo; los socialistas ganaron la lealtad de profesores como Besteiro, Fernando de los Ríos y Jiménez de Asúa. Había una división entre pesimistas y optimistas, entre quienes pretendían conservar los valores tradicionales y aquellos otros que miraban hacia Europa. El último jefe de gobierno de la República, Negrín, se unió al Partido Socialista porque se trataba de un partido "europeo".

5. M. Martínez Cuadrado, *op. cit.*, p. 357.

Mayor importancia cuantitativa tuvieron los miembros reclutados por el partido entre la clase media baja: hincharon el voto socialista durante la Segunda República. En los bordes de la clase obrera y compartiendo con ella los problemas de vivienda y de seguridad en el empleo, a menudo estuvieron más dispuestos que los mismos obreros a adoptar una actitud radical.

IV

En 1900, las únicas auténticas burguesía y clase obrera industrial estaban confinadas en Cataluña y las provincias vascas. La *haute bourgeoisie* catalana —magnates del textil y de las navieras, banqueros— estaba dominada por una veintena de familias. Aunque la industria catalana estaba siguiendo un proceso de concentración —quince firmas textiles poseían en 1900 el 80 por ciento de la industria—, había aún una gran cantidad de pequeñas empresas. Los empresarios catalanes eran capaces de lanzar una ofensiva contra la capital "parásita", es decir, Madrid, al estilo de los ataques de Cobden al *establishment* político británico; pero les faltaba la fe de este último en la capacidad de sus empresas para prosperar bajo un régimen de libre comercio. Eran fuertemente proteccionistas, y luchaban constantemente por conseguir tarifas más elevadas que protegieran lo que ya no era una industria balbuceante. El representante más señalado de esa alta burguesía catalana, Cambó, creía que los catalanes continuaban siendo una nación de tenderos cuyo miedo a unirse en grandes empresas como medio para conquistar mercados mucho más amplios derivaba del deseo del artesano de ser dueño de su propia empresa; y también Cambó era defensor de las tarifas elevadas. La reacción de los catalanes a las organizaciones obreras fue asimismo defensiva; en 1919 estuvieron decididos a destruirlas utilizando el *lock-out* y el ejército.

Si en 1900 Madrid se había convertido en la capital financiera, administrativa y educativa de España (su universidad era la única que concedía doctorados), Barcelona era una ciudad que poseía una civilización autónoma de clase media, basada en el comercio y la industria, y abierta a influencias del exterior. Al igual que Madrid tiró abajo una buena parte de la zona vieja para abrir avenidas flanqueadas por árboles y barrios residenciales para las nuevas clases altas. La arquitectura de vanguardia (en Gaudí tuvo Cataluña un arquitecto genial) expresaba la confianza de sus millonarios, mientras que los nuevos ricos madrileños se hacían construir palacios convencionales. Barcelona representó las obras de Ibsen y las óperas de Wagner tan pronto como en cualquier otra gran ciudad. Su mundo bohemio inspiró al primer Picasso. Pero si se exceptúa esto, en términos de vida social y de pautas familiares, Barcelona era conservadora y "respetable": un palco en la ópera o una butaca en el teatro del Liceo era la estampa del éxito social; fue con el fin de golpear el templo de los valores burgueses por lo que los anarquistas arrojaron una bomba en el Liceo en 1893. Gaudí construyó casas para millonarios, pero su obra más espléndida la constituye la catedral inacabada.

El conservadurismo general era reflejo del paternalismo de los industriales catalanes: sus fábricas eran las *casas* de los patronos con los obreros formando una familia extensa. Algunos empresarios vivían de acuerdo con este ideal, proporcionando todo tipo de cosas, desde juguetes navideños y socorros de enfermedad hasta alojamientos baratos. La relación que se establecía entre los patronos y cada uno de los empleados era directa; ni los sindicatos ni el Estado podían interferirla. De aquí su determinación "a romper el pacto" con los sindicatos y a mantener a los inspectores del Estado a distancia de la fábrica. Numerosos empresarios eran amos crueles. Federico Rahola, entusiasta de la recristianización de la clase obrera, atacó a sus compañeros de la industria por descuidar sus responsabilidades para con los obreros en su intento por conseguir "grandes beneficios".[6]

Debido en parte a que las empresas vascas eran mayores que las firmas familiares catalanas, en términos empresariales se puede afirmar que la burguesía vasca era más moderna, más abierta y más poseída por lo que Maetzu llamaba el "sentido del respeto por el dinero". Como hemos visto los bancos catalanes estaban concebidos como empresas familiares, mientras que los vascos se convirtieron en las instituciones financieras dominantes en España. Esta expansión más allá de las fronteras de las provincias vascongadas ayuda a explicar la indiferencia o la hostilidad de los ricos industriales vascos ante el nacionalismo de su región. Los industriales catalanes, generados en el mundo más estrecho de la industria del Principado, patrocinaron la Renaixença y apoyaron las demandas de autonomía catalana. El interés común que unió a los industriales vascos con sus colegas catalanes no fue el regionalismo sino el proteccionismo y una firme determinación a resistir las reivindicacio-

6. Federico Rahola, *Catecismo de Ciudadanía*, 1919, p. 51.

nes de las organizaciones obreras. Ambos comenzaron a organizar federaciones de patronos para luchar contra las fuerzas del trabajo y presionar al gobierno en demanda de tarifas proteccionistas más elevadas. En 1914 se fundó la Federación de Patronos española para conservar la "libertad" de los empresarios de cara a hacer presión sobre los sindicatos y a conseguir concesiones económicas de Madrid.

V

En 1884, el gobierno patrocinó una encuesta sobre las condiciones de vida de la clase obrera. Sin duda era una señal de la creciente preocupación por la "cuestión social", preocupación que es reveladora de las actitudes de la clase obrera. Se contemplaba la pobreza como el defecto de una sociedad fundamentalmente sana; y las reivindicaciones de las organizaciones obreras como una interferencia ilegítima en la libertad individual tanto de los patronos como de los obreros. Para Cánovas los derechos de propiedad eran sagrados y el ejército el último baluarte contra "la bárbara invasión del proletariado". Numerosos conservadores se aferraban a la idea de que "el problema social" derivaba de la secularización progresiva de una sociedad que había producido una clase obrera atea. *Razón y Fe*, periódico de los jesuitas, sostenía en 1909 que "si no se respeta la autoridad de Dios no se respetará ninguna otra autoridad", *luego* la clase obrera debía ser recristianizada. Normalmente la recristianización tomaba la forma de una caridad ingenua en sus presupuestos: los padres del Hospital de San Pedro recomendaban la utilización de la música para "dulcificar" a los obreros y una "cultura religiosa" como el único remedio seguro de las huelgas.[7] Los socialistas rechazaban estos aires paternalistas como degradantes de la dignidad de los obreros. No hay nada más sorprendente que el rechazo de la religión tradicional por parte de la clase obrera española; se la veía como algo hipócrita (los prestamistas iban a la iglesia), y los líderes obreros como Pablo Iglesias (véase p. 84) se sentían orgullosos de su moralidad en la vida privada y familiar que eran independientes de la "farsa" de la religión organizada.

Mientras que el fundador del sindicalismo católico, el padre Vicent (véase p. 69), podía creer que las protestas de la clase obrera derivaban de las herejías gemelas del protestantismo y

7.   A. Elorza y M. C. Iglesias, *Burgueses y proletarios*, 1973, p. 400.

el liberalismo y que su única cura consistía en la resignación cristiana, los liberales confiaban en "la armonía entre el capital y el trabajo". Por tanto, para los patronos y los obreros era legítimo crear sus propias asociaciones, pero ilegítimo que el Estado interviniese en el equilibrio armonioso que podía surgir del proceso de la puesta en práctica de los convenios. Sin embargo, y a finales de siglo, algunos políticos conservadores habían comenzado a abandonar la recatolización como solución a la cuestión social y los liberales el miedo a la intervención del Estado. El dirigente liberal Moret, cuya tesis doctoral había versado sobre la armonía del capital y el trabajo, creó en 1883 la Comisión de Reforma Social que posteriormente se convertiría en el Instituto de Reforma Social. Su misión era responsabilizarse de la elaboración de informes sobre las condiciones de trabajo, material inestimable para los historiadores. El conservador Dato comenzaría con la Ley de Compensación de los Trabajadores de 1900 una serie de leyes que culminarían con la declaración de la jornada de ocho horas del liberal Romanones en 1918. Como ya veremos (p. 127) en los intentos de los políticos por hacer frente a "la batalla contra el sindicalismo" de la Federación de Patronos catalana, el Estado no fue una mera "herramienta de la burguesía", según sostenía Pablo Iglesias. Pero los patronos se opusieron o sabotearon toda la legislación como un ataque ilegítimo a sus libertades, y a un Estado empobrecido le faltaban recursos para poner en práctica cualquier programa extenso de seguridad social o incluso para pagar a un cuerpo de inspectores de fábrica eficiente.

VI

Lo mismo que la auténtica burguesía sólo podía encontrarse en Cataluña y en las provincias vascas, el proletariado industrial se hallaba concentrado en esos lugares y en las minas asturianas. Las minas de hierro vizcaínas empleaban a obreros permanentes locales, los *fijos*, y a inmigrantes temporales procedentes de Castilla y León, aislados en el campo, que vivían en barracas y dependían de los comercios de las propias compañías; el proletariado semirrural de las minas se vio sustituido por un verdadero proletariado urbano, a partir del desarrollo de las industrias metalúrgicas y navieras en las factorías y muelles de Bilbao. Si se hace excepción de las grandes papeleras, la industria estaba mucho más dispersa en Guipúzcoa. Pero ni Asturias ni las provincias vascas poseían una tradición asociacionista y de militancia proletaria como existía en Barcelona (en el año 1900, en Asturias no existía todavía un auténtico sindicato).

Los obreros industriales de Cataluña estaban concentrados en la ciudad de Barcelona y en las ciudades textiles de los valles del Ter y el Llobregat. Dado el predominio de la industria textil, un tercio de la fuerza laboral de la provincia barcelonesa estaba formada por mujeres. Los hombres se oponían al trabajo femenino, pero para numerosas familias se había convertido en una auténtica necesidad: en 1913, una familia con dos hijos necesitaba para sobrevivir 5,75 pesetas cuando el jornal medio de un obrero era de 3,85 pesetas. Las mujeres se mostraban reacias a un sindicalismo dominado por los hombres y las organizaciones católicas mantenían menos relaciones con las obreras de las fábricas que con la salvación religiosa de la servidumbre doméstica y de las víctimas de los pequeños talleres textiles.

En Barcelona, algunos trabajadores vivían todavía en las calles superpobladas del centro de la ciudad vieja, separado de los nuevos barrios de la burguesía por el Paralelo, calle flanqueada por teatros y cines baratos que contribuía a integrar en la vida urbana al "nuevo proletariado" inmigrante. La mayor parte de los obreros habitaban los en otro tiempo ayuntamientos independientes, incorporados ahora a la ciudad de Barcelona. En 1910 se habían convertido en suburbios, sin agua ni alcantarillado y con una tasa de mortalidad napolitana.

La clase obrera madrileña estaba concentrada en el ramo de la construcción, los comercios de artículos de lujo y el transporte; su aristocracia la formaban los impresores, organizados muy pronto en una "sociedad de resistencia" dirigida por Iglesias. Una característica de Madrid era el gran número de sastres, zapateros y sombrereros que utilizaban máquinas de coser compradas siguiendo el sistema de venta a plazos. La encuesta pública de 1884 mostraba las pésimas condiciones de vivienda, con las clases trabajadoras habitando aún en buhardillas del centro de la ciudad vieja y una masa de enfermos en la base de una vida urbana reminiscente de la Inglaterra de Dickens. Tanto en Barcelona como en Madrid, cada vez con mayor frecuencia, los enfermos de la clase obrera (la tasa de mortalidad de los barrios obreros doblaba la de los barrios "respetables") eran trasladados a los suburbios donde no se veían aliviados por la caridad católica que se hallaba concentrada en las parroquias de los centros de las ciudades viejas. La prostitución, a menudo practicada por niñas, era el síntoma visible de la miseria social. Los socialistas consideraban la caída en la prostitución no como un defecto individual, según acostumbraban a hacerlo los católicos, sino como una necesidad económica que obligaba a las familias a las que se les negaba un salario decente.

Todas las evidencias que poseemos muestran la naturaleza precaria de los presupuestos familiares de la clase obrera. Incluso la lucha diaria por la supervivencia (simbolizada en la compra de vestidos y de zapatos a plazos pequeñísimos) se veía amenazada por el desastre total que suponía la pérdida del trabajo durante un período de recesión, trabajo que proporcionaba el salario diario. Iglesias calculó que a comienzos de la década de 1880 perdieron su trabajo más de un tercio de los impresores de Madrid; en Cataluña hubo despidos masivos después de 1900 y otra vez después de 1919. Aquellos que habían sido puestos en la calle no tenían otra alternativa que recurrir a los usureros (quienes les prestarían una peseta a devolver en una semana y a un interés del 10 por ciento), a los comedores de beneficencia del ayuntamiento o de las parroquias o a la mendicidad. Como eran bajos, los salarios reales se mantuvieron estables o incluso aumentaron con posterioridad a 1900, y esto puede explicar los niveles también relativamente bajos de militancia obrera. La preocupación principal la constituía el desempleo (o el subempleo crónico en el caso de los obreros del campo del sur). Los visitantes franceses o ingleses quedaban impresionados por el enjambre de mendigos de expresión seria que se encontraban por las calles de cualquier ciudad.

VII

Cualquier tensión de la sociedad española quedaba reflejada en el prisma de la situación religiosa. La reacción conservadora de 1870 se vio acompañada por un resurgimiento católico. La revolución debía extirparse desde sus raíces, es decir, había que acabar con la irreligiosidad. España debía volver a hacerse católica. Esa vuelta al catolicismo disparó la respuesta anticlerical. Tanto el catolicismo militante como el anticlericalismo fueron reacciones defensivas ante una supuesta amenaza. Los católicos imaginaban que la sociedad y la religión se veían ambas amenazadas por el avance de un ejército secular de librepensadores y masones engendrados por el liberalismo. *Razón y Fe* incluía a los judíos (de los que no quedaban muchos en España) como responsables de la ruina del país. El conservadurismo intransigente y medieval de la Iglesia española quizá se explique por el hecho de que la mitad de los obispos procedían de Castilla la Vieja. El liberalismo era la herejía. La monarquía parlamentaria era "intrínsecamente mala y perversa", rechazada *in toto* por los integristas (véase p. 77) y sólo aceptada como "mal menor" por los eclesiásticos más moderados hasta que se impusiese la unidad católica bajo la forma de un Estado confesional. Para los liberales el intento de recatolizar España significaba entregar la nación "al enemigo irreconciliable de las instituciones modernas, el reconocimiento de las fuerzas del pasado como elemento dirigente de la sociedad". Para los católicos, la Institución Libre de Enseñanza (véase p. 72) era un paso hacia una España atea; para los anticlericales España se encontraba ya en peligro de caer en manos de los jesuitas.

El resurgir católico de la época de la Restauración fue algo que concernió a la aristocracia y a la clase media alta. Su instrumento característico estaba formado por "el elegante grupo de beatas" compuesto por damas aristocráticas. Su patrocinador *par excellence* fue el marqués de Comillas, magnate naviero catalán; financió una peregrinación de obreros a Roma (1894) y utilizó pretendidamente su influencia como director de una empresa ferroviaria para llevar a su fin los objetivos de la Asociación de Padres Católicos evitando que en los kioskos de las estaciones se exhibiese una literatura peligrosa. Este resurgimiento fue morbosamente puritano y, lo mismo que muchos otros movimientos religiosos contemporáneos, estuvo relacionado en buena medida con mujeres caídas. Comillas alcanzó éxito al conseguir que la bailarina La Bella Chiquita fuese prohibida en los escenarios de Madrid.

Los socialistas, los republicanos y los liberales de izquierdas profesaban la creencia de que los recursos financieros de las organizaciones católicas —los millonarios vascos destinaban dinero a institutos y colegios católicos y crearon una universidad dirigida por los jesuitas en Deusto— les permitiría a estos últimos competir por el apoyo de la clase obrera utilizando para ello una caridad pródiga, el establecimiento de institutos en los barrios obreros y la organización de sindicatos católicos. No obstante, sería la dirección aristocrática del resurgimiento católico lo que paralizó sus esfuerzos por volver a ganarse la lealtad de la clase obrera. Comillas tuvo éxito al bloquear cualquier forma de sindicalismo que pudiese hacer una declaración efectiva en apoyo de la clase obrera. Insistió en la creación de sindicatos confesionales en los que estuviesen representados los patronos. Los sindicatos confesionales "mixtos" podían ofrecer poco más que caridad, y el sindicalismo católico se convirtió en una poderosa fuerza sólo en el País Vasco y en el corazón agrario y católico de Castilla y Navarra, donde tomó la forma de un cooperativismo agrícola con el fin de adquirir semillas y fertilizantes y asegurarse contra el fracaso de las cosechas. La actitud patrocinadora de los magnates del movimiento fue amargamente sentida por sacerdotes como los padres Gafo, Gerard y Arboleya que deseaban un sindicalismo "libre" como única arma efectiva de penetración en la clase obrera. Arboleya llegó a considerar a Comillas el "obstáculo insuperable" de un movimiento democrático y genuinamente cristiano de gran atractivo. La insistencia en la exigencia de una profesión de fe católica para entrar en un sindicato era tan absurda como exigir "tabernas católicas o bailes católicos".

La identificación del resurgir católico con los intereses de las clases elevadas intensificó el sentimiento entre las clases urbanas bajas y los agricultores pobres de Andalucía de que la Iglesia era parte esencial de la vida de la clase alta. Para Pablo Iglesias, el padre Vicent, jesuita valenciano y fundador de los Círculos Obreros Católicos, era un "celoso servidor de la burguesía". De esta manera, las clases obreras de Valencia y Barcelona, en agudo contraste con la piedad popular campesina de Castilla y Navarra, fueron atraídas por una rama vulgar y violenta del anticlericalismo. Las masas obreras que incendiaron las iglesias en 1909 creían que estaban quemando los templos de los ricos —de la *gent de bé*— habitados por jesuitas que utilizaban el secreto confesional para proporcionar a los patronos informaciones sobre sus empleados. A este resentimiento le fueron dando una estructura tosca e ideológica hombres como el periodista republicano Nakens, y Ferrer (véase p. 90) cuyas escuelas laicas eran para el obispo de Barcelona una amenaza a la moral más seria que los burdeles. Un representante más respetable lo encontraría en el novelista Pérez Galdós de cuyo drama anticlerical *Electra* se vendieron diez mil ejemplares en dos días.

Los políticos liberales estaban dispuestos a apelar al anticlericalismo popular cuando se presentara la ocasión, pero no era una de las bases de la política liberal. Los liberales se opusieron a la influencia de la Iglesia en dos campos. Eran lo que en el siglo XVIII se llamaban regalistas —"erastianos" que creían que la Iglesia debía estar sometida a las leyes del Estado—. También creían que si la Iglesia conservaba el monopolio sobre los centros de enseñanza media, entonces la futura élite gobernante sería educada en "seminarios de jóvenes fanáticos". Las dos conclusiones incluían a las órdenes regulares, pues escapaban al control del Estado y a sus leyes de sociedades, y dirigían los institutos de enseñanza media de la Iglesia. Por tanto, el objetivo de la legislación liberal consistía en controlar el crecimiento de esas órdenes regulares surtidas con un nuevo "proletariado de sotanas" que había huido de la "persecución" en Francia.

Los gobiernos liberales eran débiles y sus esfuerzos carecían de ánimo, lo que contribuía tanto a unir como a desunir el partido; tampoco el anticlericalismo proporcionó al partido una base de masas. Fue el demócrata liberal Canalejas, jefe de gobierno en 1910-1912, quien decidió finalmente "presentar batalla al clericalismo" con su *Ley del Candado*. No fue mucho lo que consiguió esa ley —simplemente limitó de manera temporal el crecimiento de las órdenes— por el mero hecho de que el intento por parte del Estado español de limitar unilateralmente los privilegios de la Iglesia provocó una reacción católica de violencia e intensidad sin precedentes. Canalejas se vio difamado en los salones aristocráticos de Madrid y enfrentado a protestas y manifestaciones que en las provincias vascas bordearían la guerra civil; enviaría a San Sebastián una cañonera y setecientos guardias civiles.[8]

¿Por qué, a pesar de los repetidos intentos, fracasaría la creación de un gran partido católico, comprometido con la defensa de la Iglesia y de los intereses conservadores en general? La respuesta reside en que, a pesar de los ruidos anticlericales, la Iglesia nunca estuvo en peligro durante la Restauración. Alarmado por la nueva legislación liberal, Ángel Herrera, periodista capaz y editor de *El Debate* (1911), esperaba encontrar un partido católico que atrajese los intereses conservadores; su élite debería nutrirse en la Asociación Católica de Propagandistas (la ACNP), el brazo combativo de Acción Católica. El gran partido católico conservador fue un fracaso; tampoco hizo el último esfuerzo por formar un partido cristiano demócrata de corte europeo (el PSP se fundó en 1922) con un programa social "avanzado" extraído desde la base. Herrera tuvo que esperar al asalto de la Segunda República sobre la Iglesia —ofensiva mucho más peligrosa que la suave legislación de Canalejas— para conseguir que la opinión conservadora cerrara filas tras el grito de "la Iglesia en peligro".

8. J. Andrés Gallego, *La política religiosa en España 1889-1913*, 1973, pp. 385-386.

Una monarquía constitucional cuyo rey había dedicado España a la Inmaculada Concepción no suponía una amenaza tal. Pero, con todos los compromisos y vacilaciones que embrollaron la política liberal, ésta se basaba en una visión del mundo que no podía reconciliarse con la del catolicismo tradicional que contemplaba la unidad católica que podía legitimar el Estado. Moret, quien, como jefe de gobierno, preparó solamente el más débil ataque contra la Iglesia, había recibido influencias del liberalismo tolerante de 1868 y de la Institución Libre de Enseñanza creada en 1875 por profesores que habían perdido sus cátedras en la reacción que siguió a los primeros días de la Restauración. La Institución se dedicaba a realizar el ideal de una educación no dogmática y moderna que nutriría a la élite necesaria para crear las precondiciones intelectuales de una democracia moderna. Fracasó como institución universitaria libre, pero tuvo éxito como instituto de la élite burguesa. Su genio dirigente fue el distinguido filósofo Francisco Giner; apolítico hasta el fanatismo, "presentando la aconfesionalidad como la única merecedora de fe", insistió en que el niño debería ir formando su espíritu él mismo. Para los católicos, más que el respeto por cualquier tipo de creencia, esto era el ataque contra una, la suya propia. La educación "neutral" se trataba de un intento por introducir la moral de la atea Tercera República francesa. Los católicos del ala derechista veían con horror las actividades de la Institución, con su moderno programa (los contenidos dogmáticos de la religión católica iban emparejados a sus arcaicos métodos pedagógicos) e innovaciones tales como excursiones al campo, deportes y visitas a las galerías de arte.

La Institución, al tratarse de una empresa minoritaria con relaciones directas entre profesores y alumnos, no podía cambiar la faz de España. Y, por otra parte, el Estado tampoco podía aportar fondos para financiar un sistema de enseñanza media independiente de la Iglesia; el dominio de las órdenes regulares sobre la enseñanza secundaria de las clases acomodadas era resultado de la pobreza del Estado y de los superiores recursos financieros de la Iglesia. La dotación de capital de las órdenes regulares en edificios, las contribuciones de los ricos piadosos y el hecho de que tanto los frailes como las monjas no cobrasen por dar clases, convertía a la enseñanza religiosa en casi gratuita. A finales del siglo XIX se extendió rápidamente (en 1908 había cuarenta mil alumnos en colegios religiosos contra catorce mil en los institutos secundarios estatales), pasando más tarde a la enseñanza técnica. Las asociaciones de ex alumnos mantenían la influencia de, y el interés por, el colegio en su vida adulta. Para las clases medias que buscaban una movilidad social para sus vástagos a través de un título otorgado por un instituto de enseñanza media, la solución educacional era, a comienzos del siglo XX, *la* solución. Además dividió a esas clases medias. Para los lectores de *Razón y Fe* la educación laica conducía a la revolución y al socialismo. Para los intelectuales y progresistas atraídos por los republicanos reformistas (véase p. 80) sólo un sistema moderno y laico podía conseguir que España se integrase en el mundo moderno.

Los estrechos horizontes de la Iglesia española no se ganarían a las mejores mentes. En 1875 la literatura española estaba en su momento más bajo. En el resurgir literario del último cuarto de siglo —la conocida como "generación del 98"— la mayoría de los escritores eran indiferentes u hostiles a la religión organizada. Las novelas de Galdós muestran las desastrosas consecuencias personales del fanatismo —tesis refutada por José María de Pereda, escritor del que muy bien puede decirse que su defensa del catolicismo desfiguró el talento que poseía—. El enciclopédico Menéndez y Pelayo fue el único escritor de talla que llegó a defender, no el clericalismo, sino una forma de patriotismo que identificaba España con la defensa del catolicismo. Elevó a los filósofos españoles de segunda fila al rango de genios universales. Se convirtió en el héroe del catolicismo de derechas, reverenciado como un gigante intelectual cuando no era más que un investigador erudito con una gran dote para los escritos polémicos.

Miguel de Unamuno (1864-1936) fue el único escritor católico eminente, pero su catolicismo era tan excéntrico y personal (había escrito por ejemplo para la prensa socialista) que los intolerantes le consideraban un hereje. Con algunas excepciones, los poetas y novelistas más jóvenes fueron liberales "europeístas" que continuaron siendo rechazados por la simulación de los políticos de la Restauración y por la piedad burguesa. Pero los escritores modernistas *fin de siècle*, llevando la imaginación a la literatura, rechazaron el moralismo y el realismo utilizando los medios con los que una generación anterior había criticado o apoyado los valores tradicionales; más aún, los simbolistas rompían cualquier conexión con el mundo real. Ortega defendió el elitismo consciente en la *Deshumanización del arte*: la literatura "difícil" se justificaba precisamente porque separaba la élite de las masas. El elitismo de Ortega llegó a extenderse más allá de la crítica literaria hasta convertirse en una crítica de la democracia de masas como tal. Esta postura antidemocrática —desarrollada de manera más radical en *La rebelión de las masas* (1930)— abrió una perspectiva que conduciría a toda una generación a hacer una literatura social y políticamente comprometida.[9]

VIII

Después de las conmociones de mediados del siglo XIX la sociedad española no sufrió modificaciones radicales porque la infraestructura económica iba cambiando sólo lentamente. Después de 1900, los efectos acumulativos de un lento proceso de industrialización ya eran visibles; durante la Gran Guerra de 1914-1918 los cambios fueron dramáticos y, a largo plazo, irreversibles. Incluso ya con anterioridad a la guerra, Barcelona fabricaba automóviles y aviones.

Entre 1900 y 1913 un millón y medio de personas abandonaron el campo por las ciudades o para irse a América Latina. La disminución de la importancia relativa de la tierra se reveló en un rápido descenso en los impuestos sobre la tierra como proporción de la renta presupuestaria: del 40 por ciento en 1900 al 14 por ciento en 1918. Entre 1910 y 1930 la proporción de la población activa empleada en la agricultura descendió al 20 por ciento, con el consiguiente incremento en los sectores industrial y servicios. En la década de 1920, Barcelona pasó de los 750.000 habitantes a casi el millón. Con el descenso en la emigración a Latinoamérica, ciudades como Zaragoza o Sevilla crecieron hasta pasar del estadio de capitales provincianas al de modernas ciudades. Con la depresión de la década de 1930 se cerraron las puertas de América Latina y se contrajeron las oportunidades de la industria; el éxodo rural se estancó hasta finales de la década de 1950. Demográficamente se puede hablar de la existencia de un período intermedio de reruralización.

El lento crecimiento de la industria alteró tanto el carácter de la clase obrera como el de las clases medias. Hasta dónde esto tiene relación con la clase media queda reflejado en el aumento del número de estudiantes de las escuelas técnicas y de las universidades con posterioridad a 1900. Probablemente los profesionales doblaron su número entre 1920 y 1930. La élite estaba todavía compuesta por los funcionarios organizados en

9. Para una presentación radical de este punto de vista, véase J. Butt, *Writers and Politics in Modern Spain*, 1978, pp. 20-25.

poderosos cuerpos para proteger sus intereses y conseguir privilegios extraordinarios. Los funcionarios consideraban sus cargos como propiedad privada; los sueldos bajos animaban el absentismo y el pluriempleo. Pero la estructura y los valores de la clase media "tradicional" estaban cambiando; en 1930 el sector servicio privado doblaba el número del sector público. Estos nuevos funcionarios del comercio y la industria, si tomamos como guía los periódicos que leían, eran más optimistas y abiertos, más "europeos" que sus predecesores. En Barcelona, al lado de los formales negocios familiares del siglo XIX, se había ido extendiendo una clase de nuevos ricos que se habían beneficiado de la guerra.

A largo plazo lo más importante sería el incremento en el tamaño de la clase obrera. En la década de 1920 y en la provincia de Barcelona, parecía haber doblado su número. Madrid dejó de ser una capital "parasitaria" de políticos y funcionarios de la administración civil para convertirse en una ciudad de banqueros, secretarios, hombres de negocios, y obreros de fábricas y talleres. En 1930, el 70 por ciento de su población activa estaba clasificada como obrera.

Todos esos cambios iban a tener manifestaciones políticas cuando se salió del invierno que para el mundo político había significado la dictadura de Primo de Rivera. La política de la Segunda República iba a estar determinada por ese aumento de la clase obrera. Enfrentada con una clase obrera organizada y poderosa (en tiempo tan lejano como el año 1918, el *Herald of the Middle Class* se quejaba de que "las clases medias" eran "menospreciadas" porque no podían organizarse como habían hecho los obreros), las clases medias iban a dividirse entre quienes regresaron a la alianza radical con la clase obrera de mediados del siglo XIX y aquellos otros que buscaron la seguridad en un resurgir del partido conservador católico, partido que ya se había tenido en mente, pero que nunca se había creado en los años anteriores a la dictadura y que bajo ella había sido innecesario. La década de 1920 fue un buen momento para los tecnócratas gracias a los planes y a los organismos gubernamentales de Primo. La recesión significó el final de estos ambiciosos planes y los cargos se fueron con ellos. La República estuvo apoyada por periodistas y profesores universitarios más que por ingenieros. Fue el fracaso de su lucha como empresario del transporte para conservar la respetabilidad de la clase media el que convirtió a Manuel Hedilla, el futuro dirigente de Falange, en un contrarrevolucionario.

Capítulo IV

EL REGENERACIONISMO
Y LAS CRÍTICAS AL RÉGIMEN

I

El año 1898 fue el del "desastre". España perdió los últimos vestigios del en otro tiempo gran imperio colonial: Cuba, "la Perla de las Antillas ... la colonia más rica en el ancho mundo", Puerto Rico y Filipinas. Los separatistas cubanos se habían sublevado en 1895; una vez que se les unieron los Estados Unidos, la madre patria no tenía ya ninguna opción a la victoria. En mayo de 1898 el almirante Dewey barrió del mar la flota española del Pacífico; el 3 de julio del mismo año, la flota del Atlántico mandada por el almirante Cervera fue destruida causándoles una baja a los norteamericanos. Aislado en Cuba por el desastre naval más completo de los tiempos modernos, el ejército se rindió; había perdido 2.129 hombres en combate y 53.000 por enfermedades. En el Tratado de París, España perdía su imperio al mismo tiempo que otras potencias exigían colonias.

A medida que los restos enfermos y harapientos del ejército regresaban a España, la responsabilidad de la derrota a manos de los "salchicheros" americanos se echó mucho más encima de los políticos que de los soldados y los marineros. Años más tarde, el general Mola, organizador del alzamiento de julio de 1936, escribiría: "Qué responsabilidades habían de caer sobre los hombros de los políticos de esa época. Con su improvisación y su negligencia comenzaron las operaciones sin cubrir las más elementales necesidades de la tropa".

Para sus enemigos y críticos, el desastre demostraba la "incapacidad" de la "monarquía de Sagunto" (se la llamaba así por la ciudad en la que Martínez Campos se había levantado para restaurar a Alfonso XII); la única alternativa para culpabilizar al sistema político consistía en reincidir en el pesimismo racial que negaba a las naciones latinas la capacidad para enfrentarse al mundo moderno. Es importante advertir que no era nueva la crítica a la monarquía constitucional por corrupta y no representativa: el desastre hizo simplemente subir el tono al tiempo que los críticos, buscando una audiencia más amplia, asumían el grandilocuente título de regeneracionistas. "La Regeneradora —escribía un satírico—, tonificante para países debilitados. Recomendada por los mejores doctores, apóstoles y salvadores."

Los republicanos rechazaban la monarquía por ser una forma de gobierno ilegítima y anticuada; los carlistas rechazaban la rama alfonsina de la dinastía y las instituciones liberales que simbolizaba. Los socialistas contemplaban la monarquía como una institución reaccionaria que debía convertirse en una democracia burguesa como paso siguiente en el proceso histórico que debía conducir hasta la sociedad socialista. Los anarquistas rechazaban éste —y cualquier otro Estado— *in toto*. Para los regionalistas, el aparato de los partidos dinásticos ahogaba los intereses locales. Aquellos a los que podemos llamar regeneracionistas radicales creían que debía haber una reforma completa previa al resurgimiento nacional.

La cuestión que se nos plantea es la siguiente: ¿Por qué fracasaron los movimientos de protesta en derribar, o en reformar radicalmente, un sistema político desacreditado? La respuesta es triple. Los movimientos de protesta se dividían por escisión, estaban también desunidos por la táctica a seguir y tan desgarrados por disputas personales como los "corrompidos" partidos a los que atacaban. En segundo lugar, el sistema político era mucho más abierto y flexible de lo que sus críticos admitían. Finalmente, la apatía y la situación regionalista (véase p. 93) inhibieron la creación de partidos de protesta de masas *de ámbito nacional*.

II

Los carlistas permanecieron fieles a la verdadera dinastía, a los herederos de don Carlos, el que les había dirigido en su lucha contra los ejércitos liberales en la década de 1830. El carlismo, dejando aparte su fanatismo dinástico, era una protesta "populista" contra el liberalismo urbano. Los carlistas eran teocráticos utópicos que anhelaban una sociedad preindustrial: Bilbao, con sus industrias y sus bancos, era la Babilonia que había que tomar y destruir. El carlismo era "un clamor de la sociedad tradicional en desintegración contra la evidencia visible del cambio y la modernidad".[1]

Había dejado de ser una amenaza militar después de la derrota del pretendiente en 1876. Pero los carlistas continuaron sin asimilarse, y en sus consistentes ataques contra el orden establecido eran regeneracionistas a su modo: la regeneración podía proceder del inevitable colapso del "sistema" y con el entronizamiento de la verdadera dinastía; estaban dispuestos a contribuir a la marcha de la historia utilizando la conspiración. Por fortuna para la monarquía alfonsina, los carlistas se encontraban paralizados por disputas internas. Los integristas acusaban al pretendiente, al duque de Madrid, de desviacionismo liberal y proclamaron la monarquía de Cristo Rey. Con un joven orador gallego, Vázquez de Mella, el carlismo ortodoxo experimentó la reparación doctrinal que tanto necesitaba, pasando del raquítico fanatismo dinástico a ser una doctrina de resurgimiento regional bajo una monarquía patriarcal "social". La receta carlista de la regeneración adquirió una cierta forma de corporativismo católico.

Los integristas (no todos ellos procedían del carlismo) eran una facción pequeña pero vocinglera. En cualquier caso, su inflexible catolicismo tridentino constituía una amenaza para el ideal de comprensión de Cánovas. Cualquier católico que aceptase la monarquía liberal incluso como "mal menor" era un "descastado". La influencia integrista sobre el catolicismo español fue desastrosa y lo condujo hacia la derecha. Ni el Vaticano ni la jerarquía podían moderar su fanatismo.

El carlismo decía ser un movimiento nacional; sus "círculos" nacieron para condolerse o felicitarse con los miembros de la dinastía auténtica en las ocasiones familiares. Su fuerza real sólo como movimiento antiliberal descansaba únicamente en las provincias vascas y en la Cataluña rural. El carlismo entró en decadencia después de 1876, viviendo sólo de los recuerdos del pasado, únicamente para resucitar cuando la Segunda República atacó la unidad católica de España.

III

Por definición, los republicanos no podían aceptar la monarquía como forma legítima de gobierno. Una vez que se alejaban las esperanzas de una república instalada por el descon-

1. M. Blinkhorn, *Carlism and Crisis in Spain 1931-1939*, 1975, p. 16.

tento general, lo único que quedaba era la mística y la memoria de la República de 1873. Sus dignatarios supervivientes adoptaron sin esfuerzos la capa de una superioridad intelectual y moral. No necesitaban un programa: el republicanismo triunfaría sobre un mundo malvado como una verdad evidente por sí misma. Había continuado existiendo un ala conspiradora que se nutría en la verborrea de los periodistas bohemios; pero un movimiento que se reproducía por escisión y dominado por profesores es improbable que sea capaz de organizar una revolución. Los periódicos republicanos y los casinos fueron cambiando de manos entre los distintos grupos enfrentados y el trabajo que se realizó tras estos cambios en las lealtades fue el mal en que tuvieron que ocuparse los notables republicanos locales.

Después de un resurgimiento en 1900-1903, el futuro del republicanismo descansó en dos direcciones divergentes: Alejandro Lerroux (1864-1949) y sus republicanos radicales representaban la tradición revolucionaria basada en una alianza con la clase obrera. Los republicanos reformistas, dirigidos por un grupo de intelectuales universitarios, eran evolucionistas: la forma de régimen, que estaba en el corazón del republicanismo histórico, era menos importante que la ejecución de un programa práctico de reformas democráticas y sociales.

Lerroux era hijo de un veterinario militar, que se había ganado un nombre en el mundo del periodismo republicano. Denunciado como un demagogo cargado de cinismo (cuando se le sorprendía bebiendo champaña se envanecía de estar bebiendo hoy lo que los obreros iban a beber mañana), fue el único dirigente republicano que, aunque de manera temporal, creó una alianza efectiva con la clase obrera.[2] Su llamamiento al proletariado barcelonés, más que en un programa específico, descansaba en el reconocimiento del abismo cultural que separaba a los obreros de la *gent de bé*, de la burguesía de Barcelona satisfecha de sí misma y que despreciaba a los "incultos" obreros y a quienes buscaban sus votos. Las *Casas del Pueblo* de Lerroux —casinos provistos de modestas bibliotecas— mantuvieron una subcultura de la clase obrera, principal ingrediente de lo que era una rama violenta de anticlericalismo como el medio de ataque más inmediato contra los valores de la burguesía: "Jóvenes bárbaros de hoy —exhortaba Lerroux a sus seguidores— entrad a saco en la civilización decadente y mise-

---

2. Para una revaloración de Lerroux, véase J. Romero Maura, *op. cit.*, pp. 270 ss.; y Octavio Ruiz Manjón, *El Partido Republicano Radical 1908-1936*, 1976, esp. caps. 2-4.

rable de este país sin ventura, destruid sus templos, acabad con
sus dioses, alzad el velo de las novicias y elevadlas a la categoría de madres".

Lerroux no se limitó simplemente a hacer un llamamiento
a "la virginidad de la adolescencia, a la crueldad del niño"
entre sus jóvenes bárbaros. Era una máquina política dispuesta
a derrotar el caciquismo de Barcelona por medio de una organización rival basada en ayudantes voluntarios. Sus partidarios
más acérrimos se estuvieron orinando en la habitación en la
que se llevaba a cabo el recuento de votos, como símbolo de
la derrota de los caciques de la *gent de bé*. Iba a dominar la
política de Barcelona desde 1901 hasta la Gran Guerra.

El lenguaje del republicanismo radical (el jefe del partido
en Valencia declaró en una ocasión que una automática
Browning era la verdadera garantía de los derechos individuales), sus ataques a "la religión, la propiedad y la familia"
al descansar en "concepciones erróneas y en leyes absurdas",
convirtieron el partido en inaceptable para los burgueses respetables comprometidos con el catalanismo (véanse pp. 93 ss.).
Entre 1900 y 1914 los radicales de Lerroux y los burgueses
regionalistas libraron una dura batalla electoral. Pero en 1914
Lerroux había perdido el apoyo de la clase obrera barcelonesa.
Los republicanos radicales entraron por la senda de la respetabilidad; el "viejo león" fue domesticado y acabaría su carrera
como el mesías de los conservadores atemorizados durante la
Segunda República.

En 1914, lo que quedaba de la tradición revolucionaria en
el republicanismo histórico no ofrecía una alternativa seria al
sistema que denunciaba. "Nunca he creído —escribió Baroja—
que el Partido Republicano fuese a hacer la revolución. Nunca
lo he considerado como un organismo de progreso y cultura,
ni he podido convencerme de que sus hombres tengan alguna
superioridad ética sobre los caciques monárquicos que van de-
vorando a España."

Los republicanos reformistas rechazaron por completo la
tradición revolucionaria, desechando su violencia verbal. Los
republicanos burgueses moderados siguieron el liderazgo de
Azcárate y de Melquíades Álvarez en el Partido Republicano
Reformista, fundado en 1912 como un grupo separado. La fuerza reformista radicaba en la calidad intelectual de sus dirigentes; el partido nunca consiguió más de veinte escaños, pero
se atrajo a la nueva promoción de intelectuales: Ortega y Gasset
—como era de esperar, sólo por un corto período— se unió al
partido, y el joven Azaña fue candidato reformista. El parecido

más cercano al de estos reformadores, tanto por lo que se refiere al programa como por su manera de ser, nos lo proporciona el ala radical del Partido Liberal que alcanzó el poder en Inglaterra en 1906. De principio a fin, su ideal fue el gobierno parlamentario a la inglesa, con o sin monarquía.[3]

La visión reformista consistía en una España modernizada, tolerante, gobernada de manera democrática, con una legislación social y educacional puesta al día. Los reformistas eran hombres prácticos y, ya desde un principio, aspiraron a ser "un partido de gobierno"; su programa fabiano tenía muy poco en común con la fraseología habitual del revolucionarismo republicano. Para Melquíades Álvarez, el republicanismo consistía más en una fuerza para obligar a la monarquía a seguir por el sendero de la democracia y la modernización que un fin en sí mismo. Si el rey reconocía ser "el esclavo de la opinión", si reinaba por y mediante un parlamento elegido honestamente, no había razones para oponérsele. De no ser así, en su camino se encontraría con "el espectro de una república".

Hasta 1931, el republicanismo constituyó una amenaza para la monarquía, menos por su fuerza como partido organizado o por el peligro a él inherente como amenaza revolucionaria, que por sus constantes ataques cada vez que el régimen tenía un fracaso o sufría una derrota, ya fueren los desastres militares de Marruecos o las malversaciones de fondos de un alcalde de pueblo de Andalucía. Su razón de ser política descansaba en la protesta contra las "barbaridades del sistema", contra la corrupción electoral que les denegaba cualquier representación si se exceptúan las grandes ciudades. Al tiempo que la fuerza republicana crecía muy lentamente, sus victorias en Madrid, Valencia y Barcelona alarmaron a los políticos monárquicos y "probaron" la afirmación de los republicanos de que ellos eran los representantes de la Ilustración y de la fuerza numérica contra los votos manipulados de la necedad rural. El programa mantenido por los republicanos erosionó los fundamentos morales de la monarquía. Azcárate parecía justificado en sus profecías: "Creo que una especie de fatalidad veda a esta dinastía la posibilidad de resolver los problemas sociales y políticos que surgen en el momento presente; se me ocurre que la única forma de gobierno susceptible de traer una solución es la república".

3. Sobre los republicanos reformistas, véase M. García Venero, *Melquíades Álvarez*, 1954.

IV

La carrera de Joaquín Costa (1846-1911), la figura más destacada del regeneracionismo radical de los intelectuales, lleva inherente su principal debilidad. Fue tarea fácil para intelectuales como Costa preparar un ataque devastador contra los males de la "vieja" política; pero demostró la imposibilidad de movilizar una alternativa democrática para corregirlos.

Costa era hijo de un campesino aragonés cuya vida fue una larga lucha contra la pobreza y la distrofia muscular. Enciclopedista autodidacta y escritor y trabajador compulsivo (con un ritmo de trabajo diario de diecisiete horas produjo cuarenta libros y quinientos artículos), sufrió y se sintió amargamente agraviado por los desaires de un *establishment* conservador que no reconocería sus realizaciones. Fracasó en el intento por conseguir una cátedra en Madrid y su mejor obra, *Colectivismo agrario*, publicada en 1898, fue rechazada por el jurado de un premio literario por demasiado "socialista". Una visita a París, financiada por el cacique local, le convenció del retraso de España. En todos los primeros escritos muestra la obsesión por la búsqueda de las raíces de ese atraso. En 1896 había confeccionado un programa para la regeneración nacional.

Este programa debía sustituir la política trivial de la Restauración, desechada como una fachada retórica vacía que protegía los intereses de una oligarquía, por "realizaciones prácticas": carreteras nuevas; una "política hidráulica" que coordinase un vasto esquema de regadíos; escuelas; la creación de un campesinado próspero por medio de darle la vuelta a la desamortización de los liberales en favor de una nueva distribución de las tierras que habían pertenecido en otro tiempo a la Iglesia y a los municipios; el momento del cooperativismo que Costa lo creía enraizado en las tradiciones comunales españolas.

Este ambicioso programa debería ponerse en práctica por la movilización de las "masas neutras". En febrero de 1899 organizó la Liga de Productores y en marzo de 1900 unió sus fuerzas con el movimiento de las Cámaras de Comercio de Basilio Paraíso para formar la Unión Nacional de Productores. Mientras Costa representaba la protesta de la agricultura, Paraíso (propietario de una modesta fábrica de espejos en Zaragoza) canalizaba el descontento de las clases medias. No hubo ningún terrateniente que apoyara a Costa, y los industriales vascos y catalanes acogieron con frialdad a Paraíso.

El movimiento fracasó en su intento por lograr algún impacto sobre la política española. Y no fue únicamente porque la determinación de las "clases productivas" por asegurarse reducciones de impuestos (a través de un ahorro en los presupuestos militares y en el gasto público) era difícilmente reconciliable con el programa de Costa de incrementar los gastos en educación y en agricultura; la Unión de Productores presentaba intereses divergentes y perseguía tácticas contradictorias. Costa quiso hacer de la Unión un nuevo partido político independiente capaz de "romper la nefasta tradición de los partidos políticos". Si los partidos gobernantes rehusaban cambiar de modo de actuar y poner en práctica el programa de la Unión, entonces ésta asumiría el poder bajo la forma de gobierno nacional; el mismo Costa abrigó durante un corto período de tiempo la absurda esperanza de que se le invitaría a formar parte de un gabinete ministerial. Paraíso se opuso consecuentemente a la conversión de su movimiento en un partido político. Eligió las armas de una petición respetuosa a la corona apoyada por la amenaza de una huelga en el pago de impuestos. Costa advirtió que el gobierno descartaría el regeneracionismo de la clase media como una protesta de tenderos egoístas y nada patriotas. La huelga en el pago de impuestos se convirtió en un miserable fracaso.

Este fracaso es muy significativo porque expone la debilidad del regeneracionismo del que Costa era el apóstol. Fue la víctima de un mito: el de creer en la existencia en la sociedad española de un "rico" substrato aprisionado por el aparato ortopédico de un sistema político corrupto. Lo único que se encontraba bajo la superficie de la política era la apatía. Al final, Costa se desesperó y sus ataques contra la política y los políticos, y el vocabulario con el que los revestía, se convertirían en las herramientas de cirujanos de hierro autoritarios que, lejos de desear la modernización de la sociedad española, se dispusieron a encerrarla en una camisa de fuerza.

V

En 1914 la protesta republicana se estaba convirtiendo cada vez más en la de la clase media y la de la clase media baja. A continuación vamos a estudiar la protesta de la clase obrera.

La fascinación de la temprana historia del movimiento obrero español ha oscurecido su insignificancia. Durante la reacción conservadora de 1875 se declararon ilegales todas las organizaciones obreras y estuvieron en esa situación hasta 1881, e incluso después de esa fecha operaron bajo severas limitaciones legales. En 1907, España era aún el único entre los principales países europeos sin un diputado obrero en el parlamento.

El movimiento obrero español iba a verse debilitado (como lo había sido el republicano) por la división y las luchas intestinas; y de la misma forma, por el dilema entre actuar utilizando la violencia revolucionaria o los medios pacíficos legales. La rama revolucionaria estaba representada por los anarquistas y por el sindicato anarcosindicalista, la CNT, fundado en 1910-1911; la tradición más gradualista por el Partido Socialista, el PSOE, fundado en 1879, y por el sindicato socialista, la UGT, que le seguiría en 1882. Cada uno de esos movimientos iba a verse desgarrado por luchas intestinas: entre los sindicalistas dispuestos a recorrer el largo camino hacia la victoria convirtiendo la CNT en una organización poderosa y los activistas anarquistas para los cuales la revolución estaba a la vuelta de la esquina; entre los moderados burócratas de la UGT y los jóvenes militantes inclinados a la retórica de la violencia proletaria.

Hasta su muerte ocurrida en 1925, el Partido Socialista y la UGT estuvieron dominados por la personalidad de Pablo Iglesias (n. 1850). Iglesias, hijo de una lavandera pobre, convirtió un anticuado gremio de artesanos impresores en un sindicato militante. Él y su amigo Mesa, periodista en París, imprimieron en el PSOE la impronta de los marxistas franceses y de su dirigente, Guesde. De este último tomó Iglesias su rígida oratoria y su hostilidad doctrinaria a los políticos burgueses, en especial a los republicanos. Austero y ascético, controlando el partido con su amplia red de correspondencia, Iglesias le imprimió su especial calvinismo proletario.

El programa del partido se redactó en 1886; el primer punto hablaba de la conquista del poder político por la clase obrera; el segundo de "la transformación de los instrumentos de producción en propiedad común de la nación". Su crecimiento fue lento y conseguido con dificultades. Por la izquierda el partido se veía atacado por los anarquistas que rechazaban la lucha por el poder *político* que aparecía en el primer punto; por la derecha, los trabajadores urbanos podían verse atraídos todavía por republicanos como Lerroux, que rechazaba la destrucción del capitalismo como tal, apelando a "una fórmula armonizadora de los intereses sociales" que "dignificaría" el trabajo, pero que estaba dispuesto a explotar los resentimientos de la clase obrera.

Muchos de los dirigentes socialistas, en particular los intelectuales, se habían educado en la tradición liberal republicana.

El partido atrajo a intelectuales debido a la lucha socialista contra las impurezas del sistema —sobre todo por lo que se refiere al gobierno municipal—. Utilizando la expresión de Ortega, se convirtió en "emblema de pureza", sobre todo en los ayuntamientos, al tiempo que los radicales lerrouxistas llegaban a ser expertos en la manipulación de las clientelas de las ciudades. Fernando de los Ríos (1879-1949), profesor de derecho público en Granada, rechazó el "materialismo", el duro odio de clases y el violento anticlericalismo. Conferenciante infatigable ante públicos obreros, creía que la "redención moral" de los trabajadores debía preceder a su "redención económica". El uso de un vocabulario cristiano es característico de su "socialismo humanista".

La posibilidad de una alianza electoralista con los republicanos burgueses como único camino para irrumpir en la vida política obsesionó a los socialistas cuando el partido dejó de crecer. Intentada de manera repetida, a nivel local en los consistorios municipales y como política de partido, la alianza se hundió inevitablemente. La Obra, una sociedad obrera granadina, no pudo salvar la distancia entre los casi anarquistas y el dirigente republicano Duarte, rico oculista que "fumaba puros e iba en carruaje".[4] En 1909, Iglesias abandonó la "pureza" por una "conjunción" electoral que le daría al partido su primer escaño parlamentario. Pero no sería hasta 1918 cuando los socialistas avanzaron de nuevo; en 1923 había siete diputados socialistas por once republicanos.

Hasta 1914 fluctuó el número de afiliados tanto de la UGT como del partido. La afiliación aumentó a finales de la década de 1890 para descender fuertemente en 1907, subiendo de nuevo hasta 1913 cuando el PSOE alcanzó la cifra de 14.729 afiliados. Continuó siendo un partido de obreros de la industria, dominado por la aristocracia del trabajo de Madrid y con su fuerza en las minas asturianas y en las empresas mineras, del acero y astilleros de Vizcaya. En los pueblos de la deprimida Castilla la Vieja de la década de 1880, se rompieron "siglos de silencio" con la creación de "sociedades de resistencia" de influencia socialista. Con la oposición de los grandes propietarios "como un insulto a los patronos", el movimiento se agotó. No sería hasta la década de 1930 cuando los trabajadores del campo afluyeron a la UGT, infundiendo al movimiento un radicalismo nuevo.

4. Para La Obra, véase A. M. Calero Amor, *Historia del movimiento obrero en Granada 1909-1923*, 1973, pp. 143-149.

La fuerza y la debilidad del socialismo puede quedar ilustrada a partir de la historia laboral de su fortaleza en el norte: Vizcaya. A pesar de la existencia de grandes establecimientos industriales (Altos Hornos de Vizcaya, con 7.000 trabajadores en sus fundiciones era la mayor empresa del país), el PSOE y la UGT eran mucho más débiles de lo que uno pudiera esperar. El número de afiliados fluctuaba enormemente, aumentando durante las huelgas coronadas con éxito y hundiéndose inmediatamente después. Con anterioridad a 1890, en Vizcaya hubo "paz social"; entre 1890 y 1923 se dieron una serie de huelgas, primero en las minas y después en la industria. Estas huelgas estuvieron caracterizadas por la violencia, lo que era más una señal de debilidad que de fuerza organizada.

El clima laboral de Vizcaya estuvo condicionado por la actitud de los patronos. Se opusieron al reconocimiento de los sindicatos socialistas; los obreros debían presentar sus quejas individualmente. Las organizaciones empresariales prepararon "listas negras" de militantes socialistas a quienes no se daba empleo como "elementos inmorales y criminales y por significar un serio peligro para los patronos". Alentaron y financiaron el sindicalismo católico que rechazaba la lucha de clases como concepto y la violencia como táctica. La intransigencia de las agrupaciones empresariales convirtieron la negociación con los sindicatos socialistas en una forma imposible de relación laboral.

Por ello, hasta 1911, las huelgas siguieron en Vizcaya un modelo peculiar creado por los mineros en 1890. Una huelga "espontánea" podía ser dirigida por militantes del PSOE. Podía quizás utilizarse la violencia contra los esquiroles y verse amenazado el "orden público". Esta situación obligaba a la intervención del gobernador civil y de las autoridades militares; en contrapartida, las autoridades forzaban un acuerdo entre patronos y obreros.

Por tanto, la violencia era un sustitutivo de la fuerza organizada para apoyar una huelga larga. "En Bilbao el socialismo se hacía en las tabernas. Las organizaciones sindicales eran un mero esqueleto, con muy pocos afiliados que cotizaran; los hombres de acción paralizaban la vida de la región cuando les venía en gana." [5] Los violentos encontraron su dirigente en Facundo Perezagua, cuya estridente oratoria y sus tácticas del empleo de la fuerza le convertían en difícilmente distinguible

---

5.   Andrés Saborit, citado en Ignacio Olabarri Gortazar, *Relaciones laborales en Vizcaya 1890-1936*, 1978, p. 91.

de los anarcosindicalistas comprometidos con la acción directa y con el rechazo de cualquier alianza con la izquierda burguesa. Los esfuerzos de los moderados, como Indalecio Prieto (cuyas relaciones con los republicanos se fueron estrechando cada vez más) por crear un proletariado disciplinado y educado —Zugazagoitia, lugarteniente de Prieto, aconsejaba a los obreros que leyeran dos horas diarias y que evitaran las tabernas— eran contemplados por Perezagua como medios utilizados para integrar a los trabajadores en un sistema capitalista que se habían comprometido a destruir. Al final, Perezagua abandonó el socialismo por las tácticas revolucionarias de los comunistas.

Prieto dependía de tratos "corruptos" con políticos monárquicos y de los votos republicanos para conservar su escaño por Bilbao. "No soy un doctrinario —escribía en 1920—. Soy un realista." [6] Y la realidad era el poder.

El conflicto entre "realistas" como Prieto y violentos como Perezagua iba a caracterizar la historia no sólo del socialismo vasco sino también del socialismo español. Fueron los organizadores como el "Padre" Iglesias los que marcaron su impronta en el movimiento. Enfrentados siempre a la amenaza de deserciones hacia el anarcosindicalismo, los socialistas utilizaron a menudo un lenguaje más violento que el de sus homólogos británicos, a quienes admiraban dirigentes como el profesor Besteiro; el movimiento dio incluso algún giro hacia la acción revolucionaria, como en 1917. Pero eran reformistas, formaban un sindicato de burócratas opuesto a arriesgar en empresas temerarias una organización construida con tantas dificultades. La "gimnasia revolucionaria" había que dejársela a los anarcosindicalistas. Como buenos revisionistas (Iglesias escribió un prólogo a la traducción española de Kautsky) consideraban que una democracia burguesa (y en España eso sólo podía significar una república) era el siguiente paso en el camino hacia el socialismo, y en 1923 muchas veces parecían menos un partido obrero que los sucesores de los republicanos como críticos morales de una monarquía "feudal" condenada por las fuerzas del progreso.

---

6. J. P. Fusi, *Política obrera en el País Vasco*, 1975, p. 483.

VI

El anarquismo se había implantado en el movimiento obrero español por la llegada en 1868 de Fanelli como introductor de las ideas de la Alianza de la Democracia Socialista revolucionaria de Bakunin, una sociedad casi secreta en el interior de la Primera Internacional. Sin saber una palabra de castellano, Fanelli convenció a un grupo de obreros madrileños a que se unieran a la Alianza bakuninista; los miembros españoles de la Internacional se vieron así comprometidos a una lucha contra los marxistas "autoritarios", quienes finalmente alcanzaron el triunfo al expulsar a Bakunin y a su Alianza de la Primera Internacional. De ahí en adelante, anarquistas y socialistas entraron en competencia por ganarse a los obreros españoles. Fracasaron todos los intentos por unificarlos en una poderosa organización obrera, fracaso que habría de tener resultados trágicos para el movimiento obrero español. La rivalidad entre ambos movimientos era endémica en la distribución geográfica de sus fuerzas. La capital anarquista era "la rosa de fuego", la industrial Barcelona. La segunda fortaleza estaba en la Andalucía rural, y tenía también algún enclave en Aragón, Levante y Galicia. Madrid constituía el centro organizativo del socialismo: su apoyo de masas estaba en las minas y fábricas de Vizcaya y Asturias.

¿Cómo dar cuenta de esta persistente división? Y, en particular, ¿cómo explicar la razón de que sólo fuese en España donde el anarquismo, bajo la forma del anarcosindicalismo de la CNT, alcanzase éxito en su objetivo de convertirse en un movimiento de masas? No se tiene en pie el argumento de que se debió al atractivo de las ideas libertarias (centrales en el anarquismo) sobre el que se supone exagerado individualismo de los españoles. Como sostuvo el historiador catalán Vicens Vives, los patronos tienen los sindicatos que merecen, y fue precisamente el exagerado individualismo victoriano de esos empresarios, que se negaron a admitir cualquiera de las reivindicaciones de las organizaciones laborales, lo que convirtió al sindicalismo reformista en una táctica que parecía inútil, quedando sólo el sindicalismo revolucionario como la única estrategia viable. Mientras el sindicalismo socialista tendía a arraigar entre los obreros establecidos, el anarquismo iba siempre a atraer a los *nuevos* reclutas de la industria, a los obreros rurales apresados por un mundo extraño e impersonal y a los artesanos desplazados y empobrecidos por la industrialización. (El anarquismo parece a veces una edición española del luddismo, una protesta de los miembros de una sociedad tradicional ante la invasión del capitalismo.) Según la expresión de Víctor Serge, hubo "un vasto mundo de desordenados, de parias, de pobres y de delincuentes" atraídos por Barcelona y su puerto; elementos marginales que no podían encontrar una salida sino en un deseo de violencia.

La diferencia entre anarquistas y socialistas siguió siendo temperamental y de tácticas. Existía un tipo de energúmeno revolucionario, criado en el fermento de 1869-1873, para quien la doctrina marxista y las tácticas gradualistas no podían tener ningún atractivo. Unirse a los socialistas era "ir a marcar el paso de la oca en un regimiento prusiano".

Todos los anarquistas, incluso los moderados, utilizaban el lenguaje de la revolución, tanto si contemplaban esa revolución como la culminación de una lucha organizada o como el regalo casual de una lucha callejera coronada por el éxito o por una campaña terrorista. Iglesias era un victoriano eminente. Los socialistas consideraban a los anarquistas una colección de pistoleros vegetarianos maniáticos con los que no se podía llegar a ninguna alianza por su inveterada inclinación a la gimnasia revolucionaria y a las huelgas sin sentido. La sociedad se transformaría por medio de una serie de victorias parciales, y no por la versión anarcosindicalista de la huelga general revolucionaria de Sorel. Los anarcosindicalistas eran conscientes de la necesidad de apoyar las quejas concretas de la clase obrera; pero el estado de guerra contra los patronos era permanente, y la "acción directa" impidió la intervención del Estado burgués de la manera que deseaban los socialistas, buscando satisfacciones a través de "pequeñas victorias" que, de forma gradual, legalmente (pero de manera irreversible), deberían transformar la sociedad.

Ya desde sus comienzos las diversas organizaciones anarquistas se dividieron tanto por la naturaleza de la futura sociedad anarquista como por los medios que se deberían utilizar para destruir la sociedad burguesa: los comunistas libertarios se alinearon contra los colectivistas, los terroristas y los revolucionarios profesionales contra los organizadores sindicales y los educadores. La represión puso al movimiento en manos de los violentos educados en la clandestinidad. En la década de 1890 una oleada de atentados horrorizó a la opinión pública burguesa; las barbaridades de la policía pusieron en marcha los mecanismos de represalia a los que hay que atribuir el asesinato de tres jefes de gobierno.

El terrorismo nunca pasó de ser una teoría minoritaria; paralelo a él funcionaba otra tradición anarquista: la del autoperfeccionamiento y la educación racionalista. Un terrorismo sin éxito produjo una sensación de letargo y, en este pozo de desesperación, los anarquistas organizaron debates sobre el amor libre, la propiedad, la ciudad del futuro y enviaron a sus hijos a las Escuelas Modernas de Ferrer.

Francisco Ferrer (1849-1909) empezó su vida como revolucionario y conspirador republicano. Inveterado feminista que tuvo tres compañeras "oficiales", heredó una pequeña fortuna de un alumno. Una vez convertido al anarquismo, ese dinero le permitió establecer una familia anarquista extensa y adquirir, como un rey-filósofo benévolo, una poderosa influencia en los círculos anarquistas: financió escuelas y periódicos. Sus actividades coincidieron con el período de decadencia del terrorismo, cuando los clásicos anarquistas constituían el patrimonio común intelectual de los espíritus más audaces del proletariado barcelonés.

En sus primeros años, el crecimiento de las organizaciones anarquistas fue variable: eso es particularmente cierto para Andalucía, donde descansó la fuerza numérica del movimiento hasta la década de 1890. Mientras que en una sociedad industrial compleja la utopía anarquista supone un anacronismo inconcebible, en la sociedad cotidiana de los pueblos en que todo el mundo se conoce, cuando se ha eliminado al rico, el sueño de una sociedad libertaria puede concebirse como una posibilidad. Pero el anarquismo se extendió con rapidez por Andalucía, sólo en parte porque el evangelio de Bakunin coincidía con las tradiciones mesiánicas de esa sociedad primitiva; los apóstoles anarquistas más importantes estaban preparados para adoptar como propias las demandas *específicas* de los trabajadores andaluces, incluso aunque éstas estuvieran teóricamente en conflicto con los principios del movimiento. Estas demandas habían incluido durante largo tiempo la abolición del trabajo a destajo, salarios más elevados y, detrás de todo ello, el "socialismo indígena" del *reparto*, "palabra mágica que ha electrizado a las masas" con el lema de la división de las grandes fincas.

A veces este anarquismo rural se autoestructuraba o caía, más bien, bajo la influencia de pequeños grupos organizados, derivando entonces hacia movimientos de protesta social o de acción huelguística. Por el sur se extendieron grandes ráfagas cíclicas de violencia campesina, con incendio de cosechas, matanzas de perros guardianes y asesinatos de guardias rurales;

a comienzos de la década de 1880, un pequeño grupo terrorista, la Mano Negra, convenció a los terratenientes de que se enfrentaban a una "colosal máquina de guerra". Se arrestó a quinientos "anarquistas" y su proceso se utilizó para romper el movimiento.[7] La represión y el fracaso llevó a los entusiastas a lo que esa historiadora del anarquismo andaluz ha denominado "apatía mora". Pero el anarquismo fue algo más que la protesta primitiva de los desheredados o una forma rural de revivalismo religioso; y las áreas clásicas de los grandes latifundios tampoco se correspondían netamente con las fortalezas del anarquismo rural. El anarquismo unió una protesta contra la desintegración de una sociedad tradicional, una fe visionaria en la transformación moral del mundo en "el día", y un movimiento sindical comprometido con reivindicaciones específicas.

Con la creación de su sindicato, la CNT, en 1910-1911, la fuerza organizada del anarcosindicalismo tuvo su centro en Cataluña, sobre todo en Barcelona con su larga tradición de asociacionismo obrero. Declarado ilegal en 1912 (por consejo claro de la patronal de Barcelona), la CNT iba a desplegar unos poderes extraordinarios en el reclutamiento rápido si se lo compara al lento crecimiento de la UGT. En consecuencia, la CNT hinchó las cifras de afiliación; en cualquier caso, la afirmación de que el número de afiliados a la CNT catalana pasó de 14.000 en 1914 a 700.000 en 1919 habla de un aumento notable.

Las diferencias más importantes dentro del propio movimiento anarquista y, sobre todo, entre anarcosindicalistas y socialistas, se centraba en la función y la naturaleza de la revolución y en el papel de los sindicatos obreros. Los enemigos de la CNT (y numerosos observadores extranjeros) afirmaron la persistencia de una tradición anarquista pura. Para los anarquistas, la sociedad capitalista burguesa estaba sentenciada, no por algún proceso histórico ineluctable, por las "condiciones objetivas" del análisis marxista, sino por su decrepitud moral. Con un pequeño empujón caería en una revolución que sería un acto de masas espontáneo. La revolución no puede ser dirigida desde arriba; solamente puede ser sentida y comprendida por un dirigente dotado. Tales puntos de vista conducían con facilidad a una mística de la violencia y a un culto del superhombre revolucionario (numerosos anarquistas leían a Nietzsche). De ahí la canonización anarquista de hombres como Durruti, atracador de bancos en sus comienzos. La atracción

7. Véase C. E. Lida, "Agrarian Anarchism in Andalusia", *International Review of Social History*, XIV (1969), pp. 315-352.

de la violencia se contradecía con la creencia en el poder redentor del amor; de ahí también la preocupación dovstoievskiana por la redención del criminal, a un tiempo revolucionario y útil y hombre despreciado por una sociedad indiferente a sus sufrimientos.

Los llamados "moderados" de la CNT rechazaron la revolución espontánea y el terrorismo como táctica. Influenciados por el sindicalismo francés, siguieron la tradición anarquista del apoliticismo y el desprecio por la política burguesa. En la práctica significaba la abstención en las elecciones a la consigna de "No votes". La urna era un artilugio para esclavizar a los obreros, y la democracia burguesa en ningún caso podía ser un estadio histórico en la transición hacia el socialismo. "La república no vale ni una gota de sangre obrera." La táctica del sindicalismo revolucionario consistía en la acción directa: una guerra constante contra los patronos sostenida por poderosos sindicatos que produciría resultados en forma de convenios salariales. Aunque su visión última era la de una nueva sociedad basada en grandes sindicatos y sin pasar por el estadio histórico de la democracia burguesa, y aunque de forma habitual rechazaban las inclinaciones socialistas a una alianza con los republicanos, algunos dirigentes anarquistas como Seguí (véase p. 127) estaban preocupados por la construcción de un sindicato poderoso para enfrentarse en la batalla diaria con los patronos. Tras un largo debate, en 1918 la CNT abandonó las viejas sociedades de oficios por el *sindicato único*: el sindicato de industria. De implantación imperfecta, serían los sindicatos únicos quienes iban a librar la gran ofensiva laboral de 1919 (véase p. 128).

Los moderados organizadores del Partido Socialista y de la UGT menospreciaban a los anarcosindicalistas a quienes consideraban como una mezcla de sentimentalismo y de revolucionarismo infantil que daba oportunidades a los espías y a los agentes provocadores. Esto no quiere decir que los anarquistas fueran contrarios a la organización hasta el punto de que en numerosos congresos casi no hablaban de otra cosa. Al igual que los federalistas extremados de la década de 1870 afirmaban que la revolución debía hacerse de abajo arriba; mediante una estructura organizativa extraordinariamente complicada trataron de conciliar —y fracasaron— las exigencias contradictorias de una acción conjunta eficaz y la libertad individual de elección. Mientras Largo Caballero dotaba al principal centro socialista de secretarías y mecanógrafas remuneradas, la complicada organización anarquista la mantenían funcionarios tempo-

rales sin sueldo. Los congresos anarquistas continuaban siendo
órganos soberanos, sin orden del día fijo ni comités de dirección;
los de la UGT estaban firmemente controlados por los comités
y las cuestiones que podían poner en dificultades a la dirección
se eliminaban del orden del día. Por último, todo sindicato
integrado en la CNT conservaba el sagrado derecho a la acción
directa individual.

Tanto los socialistas como los anarcosindicalistas desempe-
ñaron un importante papel en la educación del proletariado
español; a comienzos del siglo xx, las Casas del Pueblo socialistas, con sus rudimentarias bibliotecas y centros de lectura,
sustituyeron a los casinos republicanos como centros de difu-
sión cultural. Los socialistas estaban decididos a proporcionar
a los trabajadores beneficios inmediatos: la mayor parte de la
obra inicial de Largo Caballero estuvo dedicada a crear sociedades para entierros, seguros de enfermedad y cooperativas.
Los anarquistas proporcionaron a los obreros la visión de una
ciudad celestial basada en la armonía y la justicia. En 1898 un
congreso anarquista esbozó la sociedad que surgiría de la gran
destrucción revolucionaria de lo pasado: grandes edificios de
apartamentos provistos de electricidad, ascensores automáticos
y servicios de limpieza, alojarían a unos trabajadores que se
limitarían a ser supervisores libres de las máquinas; una sociedad en la que la madera sería sustituida por el acero y las
prisiones por "Casas de Corrección Médica", el dinero por
vales, y el Estado por una oficina de estadística que coordina-
ría el "trabajo armonioso". Algunos autores han considerado el
anarquismo como un carlismo de izquierdas, con la mirada
vuelta hacia un pasado perdido. El anarquismo estaba a menudo muy cerca de la ciencia ficción y, de hecho, muchas obras
de este tipo de literatura alcanzaron éxito entre los círculos
anarquistas.

VII

Los movimientos de protesta catalanes, vascos, gallegos y
valencianos eran parecidos a otros regionalismos periféricos de
la Europa de los siglos xix y xx. Un sentimiento preexistente
de identidad regional o nacional se convierte en un movimiento
regionalista que exige alguna forma de tratamiento especial
—por ejemplo, el reconocimiento *político* de lo que se ha llamado el "hecho diferencial" de Cataluña, o el restablecimiento
de las "antiguas libertades" en el caso de las provincias vas-

cas—. Un sentimiento de identidad cultural diferenciada, distinta de la del Estado central dominante del que forman parte las regiones se basa en una lengua regional y en una experiencia histórica única. Sobre este sentimiento de identidad cultural e histórica se han injertado injusticias de tipo económico, una convicción de la existencia de especiales intereses económicos en la región, de pérdidas relativas; una creencia en que la estructura política y administrativa del Estado centralizado discrimina a las regiones. La intensidad del sentimiento regional, lo mismo que los programas regionalistas subsecuentes, puede variar. El "catalanismo" podía fluctuar entre el cultivo de las tradiciones folklóricas y el separatismo, pasando por la devolución administrativa.

Además de las tensiones entre las regiones y el Estado, el regionalismo plantea un problema político particular. Debilita la estructura política al impedir el desarrollo de partidos *de ámbito nacional*; los partidos regionalistas se resistieron a convertirse en meras "sucursales" de un partido con centro en Madrid. Los socialistas tuvieron que luchar contra los sindicatos nacionalistas en las provincias vascas y nunca tuvieron éxito en la creación de un partido fuerte en Cataluña; durante la Segunda República, la Lliga defendió los intereses conservadores catalanes (véase p. 97) mientras que la CEDA lo hacía en el resto de España, y la izquierda catalana estaba organizada en la Esquerra, partido distinto de la izquierda republicana española, aunque aliado con ella. De cualquier manera, no debe concedérsele más importancia de la que tiene al efecto regionalista en la complicación del sistema político y, por tanto, en el debilitamiento de la estructura política.

El catalanismo

La lengua catalana fue el centro vivo del catalanismo. Los primeros héroes de los nacionalistas catalanes fueron poetas, filólogos e historiadores. Para Mañé y Flaquer, partidario de Cánovas y de un regionalismo conservador, "el uso de nuestra lengua" era "la más elocuente manifestación de nuestra personalidad. Puesto que existe lengua catalana, cualquier intento de unificación será un acto de tiranía". El objetivo del "renacimiento" catalán de las décadas de 1840 y 1850 consistió en resucitar el catalán como la lengua literaria que había sido en la época medieval. Este renacimiento fue algo hinchado artificialmente, y para salvar el abismo existente entre el catalán popular, cotidiano y el lenguaje de los artífices del renacer lingüístico fue por lo que el poeta Verdaguer, en palabras de su seguidor Joan Maragall (al que Unamuno consideraba el mejor poeta de su tiempo) se convirtió en "el maestro de todos nosotros, en el poeta que *creó* nuestra lengua". Los catalanes tuvieron la suerte de que su idioma, al contrario que el vascuence, era un lenguaje flexible que podía utilizarse como vehículo del pensamiento moderno.

El renacimiento catalán participó con su historia del movimiento romántico europeo (del que formaba parte). Los catalanes escarbaron en la memoria de su gran imperio colonial de la Edad Media y en sus instituciones políticas independientes destruidas en 1716 por los "conquistadores castellanos". Sólo el derecho civil catalán escapó a la imposición de la unificación castellana por la monarquía borbónica. Los liberales del siglo XIX eran partidarios tan ardientes de la centralización como los monarcas absolutos del siglo XVIII; en 1812 habían dividido el principado histórico en cuatro provincias uniformes modeladas sobre los *départaments* franceses; en 1867 prohibieron el uso del catalán excepto para papeles menores y de carácter cómico en las obras de teatro. A partir de su visión de la historia como una nación conquistada, los catalanes llegaron a contemplar el Estado nacional español como "un asunto castellano"; los castellanos entendían España como un Estado unitario, los catalanes como una "pluralidad de naciones", cada una de ellas con una historia y una cultura propias. Los castellanos eran los enemigos de las libertades catalanas: gobernaban Cataluña desde Madrid como si se tratase de un país conquistado. Prim, el más famoso de los generales políticos catalanes, se quejaba ya de que el pueblo catalán era tratado por los castellanos "como colonizado y esclavo", víctima de la manía castellana de la uniformidad en la unidad, "una unidad vacía, una unidad sin contenidos —como declaraba Unamuno—, unidad por la vía de la unidad".

La manifestación más evidente de lo que una generación anterior ha descrito con la anodina frase de "el hecho diferencial de Cataluña" fue la campaña en favor del proteccionismo de la industria textil catalana de alto coste contra la "injusta" competencia británica. En la reducción tarifaria de los presupuestos de Figuerola de 1869, los industriales catalanes vieron una amenaza a su existencia. Aunque las nuevas tarifas no "arruinaron" la industria catalana —la década de 1870 fue además la de los años de la "fiebre del oro"—, la perspectiva de unas tarifas más bajas sumió a la burguesía industrial catalana en una prolongada y exacerbada agitación defensiva. Para los españoles hostiles a las exigencias catalanas, el conflicto creó la imagen de una Cataluña dispuesta a luchar por sus pretensiones egoístas en contra de cualquier interés nacional. Para los catalanes, el "menosprecio" convirtió la defensa de un interés en la conciencia de una comunidad catalana, vinculada por los procesos fortuitos de la historia a "algo muerto", y condenada a la calculada indiferencia del Estado "castellano". Tal creencia no era totalmente infundada. Moret —el más anticatalán de los jefes de gobierno liberales— le dijo al embajador británico en 1891 que, a cambio de algunas concesiones sobre los derechos de importación de uvas secas y de otros productos agrícolas, "ustedes pueden conseguir de nosotros lo que quieran". Al preguntarle el embajador qué sucedería con Cataluña, Moret contestó: "¡Oh!, concedednos buenas condiciones comerciales en las pocas cosas que pedimos [es decir, concesiones tarifarias para productos agrícolas no catalanes] y ya sabremos cómo acallar a los fabricantes de esa provincia". La sospecha de la existencia de tales actitudes provocaba en Cataluña un sentimiento de virtud ultrajada.

La década de 1890 fue testigo de la aparición del catalanismo político. Este movimiento estuvo dividido a lo largo de su historia. Por la derecha, el obispo Torras i Bages en su "Tradición catalana" (1893) definió Cataluña en términos tomistas; Cataluña era "entidad verdadera, capaz de vida propia, *indivisum iuse et divisum ab aliis*". El espíritu de Cataluña era conservador; el regionalismo era, por tanto, un vehículo para conservar una civilización católica amenazada por la civilización urbana del hombre sensual. El catalanismo, en sus manifestaciones derechistas, estaba próximo al carlismo y podía contar con el apoyo de integristas resueltos como el padre Sardà, martillo de herejes liberales. La restauración del monasterio de Poblet (1893) fue una manifestación no solamente de recuperación del pasado catalán sino también de la fuerza del resurgimiento católico. Para el canónigo de Ripoll, Collel, el regionalismo era "decididamente católico".[8]

Para la izquierda, en especial para los republicanos, el espíritu de Cataluña era progresista, positivista y práctico, abierto a la influencia europea. Para los catalanistas el problema consistía en unir ambas tendencias en una fuerza irresistible; el catalanismo político lo consiguió en muy raras ocasiones, sólo para ver a la izquierda y a la derecha divididas de nuevo,

8. J. Massot i Muntaner, *L'església catalana al segle XX*, 1975, pp. 20 ss.

siguiendo cada una de ellas caminos separados y enfrentados. El objetivo de Valentín Almirall (1840-1904) era crear un partido que tuviera como "única bandera nuestro amor a Cataluña". Llegado al catalanismo desde la izquierda —en sus orígenes había sido republicano federal— Almirall advirtió que "prostituir" el catalanismo asociándolo a la violencia y a los fracasos de 1873 le cerraría el apoyo burgués y campesino. El gran partido catalán de Almirall fue un fracaso. Sería su discípulo Prat de la Riba (1870-1917) quien, a sus veinte años, resucitó la idea de un partido de todos los catalanes, pero basado en la derecha conservadora que podía actuar legalmente y pedir satisfacción a las demandas catalanas "dentro de España".

Aunque Prat estaba convencido de que sólo un partido conservador podía conseguir concesiones de Madrid, no obstante fue dejando atrás el lenguaje del regionalismo para usar otro de carácter nacionalista. Su tono estridente estaba difícilmente calculado para inspirar confianza entre los no catalanes. Además de la verdadera patria de todos los catalanes, el Estado español era "una de las grandes estructuras mecánicas formadas mediante la violencia", que mantenía a Cataluña en una esclavitud tan vil como el dominio de los turcos sobre los griegos. Si "la vida en común desde antiguo" ha creado vínculos con el Estado opresor que no pueden romperse, ese Estado debe ahora transformarse en un Estado federal de todas las "naciones ibéricas". Expurgado de sus exageraciones lingüísticas, el programa, trazado más tarde en líneas generales en el *Catecismo* (1894) de Prat, se había convertido en el programa esencial del catalanismo, plasmado en una serie de resoluciones conocidas como las Bases de Manresa (1892): gobierno autónomo para un Estado que tendría el catalán como lengua oficial y con cargos reservados a los catalanes, de nacimiento o por haberse nacionalizado. El objetivo de Prat consistía en unir a todos los partidos detrás de las bases y, al arrancar el movimiento de las manos de los intelectuales y los republicanos, ganarse a la conservadora gente del campo.

El desastre colonial que le robó a Cataluña su mercado cubano le ofreció la perspectiva de conseguir una gran audiencia entre las clases medias. El catalanismo podía poner en práctica la estrategia de Manresa: acceder a la política española como partido. El primer intento a través del conservador Polavieja (véanse pp. 105-106) fue un fracaso; pero la coalición que había conseguido una sorprendente victoria electoral en 1901 fue transformada en la más poderosa y efectiva fuerza creada por el catalanismo: la Lliga Regionalista.

La Lliga fue una organización conservadora autocrática, a la que se oponían duramente los radicales de Lerroux. Gobernada en Cataluña por Prat y sus amigos, Francisco Cambó (1876-1947), imagen del millonario que se había hecho a sí mismo y estadista nato, era su representante en Madrid. Prat y Cambó eran dos pragmáticos que deseaban sustituir los extremismos de la nostalgia nacionalista —Cambó decía que los poetas exageraban las exageraciones de los historiadores— por un programa concreto y claramente definido de autonomía regional, que esperaban poner en práctica mediante la tarea diaria de propaganda y la actividad política en Madrid. En sus manos, la Lliga se convirtió en un grupo de presión rico y altamente organizado que utilizaba propagandistas electorales y ficheros. Organizaba giras propagandísticas con las que sus personalidades más destacadas trataban de conquistar simpatías para la causa regionalista en toda España.

Para la izquierda catalana la Lliga era doblemente sospechosa: se trataba de una organización conservadora dirigida por hombres de negocios, inadecuada para competir eficazmente con Lerroux, quien podía calificarla de partido clerical "irlandés"; y se trataba de una organización de hombres prácticos, preocupados por los resultados. Sus dirigentes estaban dispuestos a sacrificar la pureza nacionalista a la *realpolitik* de conseguir la autonomía negociando en Madrid.

En 1904, el primer intento de Cambó por lograr una solución "dentro de España" consiguió únicamente escindir la Lliga y condujo a la organización de un partido nacionalista republicano hostil a cualquier solución de compromiso. Fue la concesión en 1906 por parte de un débil gobierno liberal de la Ley de Jurisdicciones —que concedía al ejército el derecho a juzgar los ataques a su honor por parte de la sociedad civil— la que abrió el camino a la organización de la concentración de fuerzas más poderosa y extensa que Cataluña había visto nunca: Solidaridad Catalana. La defensa de las libertades permitió la formación por parte de la Lliga de una coalición que incluía desde los republicanos hasta la derecha carlista. Su programa era una versión suavizada de las resoluciones autonomistas de Manresa. En las elecciones de 1907 consiguió una aplastante victoria. Con cuarenta y un diputados de Solidaridad en las Cortes, Cambó abrigaba la esperanza de llegar a un acuerdo "dentro de España" que habría de ser "esencialmente conservador".

El optimismo de Cambó se basaba en la esperanza de que Maura, el jefe de gobierno conservador, llevase su celo por la reforma del gobierno local hasta la simpatía por las demandas regionalistas. Esto ocultaba un malentendido, tanto por parte de Maura como por la izquierda catalana. Para Maura la cuestión catalana era un problema de gobierno local; para Cambó el reconocimiento de una "personalidad". Cambó no podía sujetar a la izquierda utilizando para ello las modestas concesiones que Maura, defensor de la soberanía del Estado español, estaba dispuesto a hacer. En 1908 Solidaridad fue derrotada en las urnas y con ella se acabó cualquier esperanza de colaboración entre Maura y Cambó.

La Lliga se salvó gracias al disparate de la izquierda catalana al aliarse con los republicanos radicales de Lerroux. Por tanto, bajo la Lliga, Cataluña consiguió su única victoria sustancial: la Mancomunidad que, en 1913, unió en un órgano común los poderes *preexistentes* de las cuatro provincias, restableciendo un reflejo geográfico de la principalidad histórica sin disminución alguna de los poderes soberanos de la nación española. Prat, como primer presidente de la Mancomunidad, potenció sus prerrogativas al máximo. Los catalanes se enorgullecían de su estatus de "europeos" progresistas. La Mancomunidad dedicó la mayor atención a la educación técnica y a la mejora del sistema de la red viaria y de los teléfonos. Por encima de todo, fue el mejor instrumento de lo que el nacionalista Rovira i Virgili había denominado "renacionalización": el resurgimiento y la protección de la cultura catalana como símbolo de la renovada vitalidad de Cataluña en el "Estado desierto". El sucesor de Prat como presidente fue el historiador del arte catalán, Puig i Cadafalch.

La Mancomunidad quedó muy lejos de alcanzar la autonomía; cuando la Lliga trató de extender sus funciones hacia el campo de la autonomía, las viejas discusiones estériles sobre la soberanía impidieron todo progreso. Cambó, con el fin de alcanzar la autonomía, se dispuso en 1917 a aliarse con la "revolución" en el "Movimiento Asambleísta" que abarcaba a republicanos y socialistas y que mantenía contactos con conspiradores militares (véase p. 123). Cambó era un conservador que jugaba con la amenaza revolucionaria pero que, como "hombre de gobierno" comprometido con "realizaciones", detestaba la revolución. Corrió la suerte de todos los autonomistas moderados. En Madrid se le acusaba de una falta de escrúpulos táctica que ocultaba un proyecto "que haría pedazos la nación"; en Barcelona se le consideraba un traidor cuando pasaba de las amenazas de "concesiones" a la cooperación. Los denodados esfuerzos de Cambó por presentar su campaña en favor de la autonomía como parte de la visión de una Gran España, basada en gobiernos regionales fuertes, no lograron acallar las suspicacias. La Lliga perdió terreno después de 1919: el fracaso de los moderados por alcanzar resultados reforzó a los nacionalistas radicales de la izquierda que aceptaban el separatismo como consecuencia lógica de la derrota a manos de la raza dominante.

Para los nacionalistas catalanes, la Lliga se había convertido en "un apéndice del conservadurismo monárquico". Su insistencia en una solución "dentro de España" no había conseguido nada, mientras que su conservadurismo, propio de hombres de negocios, poseía escaso atractivo para las clases medias de Barcelona o para los arrendatarios del campo. Por tanto, el catalanismo se orientó hacia la izquierda. El acercamiento entre catalanismo y republicanismo fue obra de jóvenes entusiastas de Acció Catalana (1922). Según Acció, España era "un país opresor en un estado moralmente inferior a la nación que oprime". Cambó era todavía el hombre fuerte de Cataluña, pero el dirigente espiritual del nacionalismo catalán era Francesc Macià (1859-1933), quien llegó a creer que la política de Cambó de arrancar concesiones "prácticas" era estéril y que Cataluña debía luchar por su reconocimiento como república libre dentro de una república federal española. Rechazó el monarquismo de la Lliga, su moderación y su nacionalismo ambivalente. Pidió para Cataluña una representación propia en la Conferencia de Paz de 1919.

Oficial del ejército que había abandonado su carrera por el catalanismo, renunciando a su escaño en las Cortes en protesta contra la "frívola ligereza" con que España se ocupaba de Cataluña, Macià poseía el aspecto, la austeridad y la sencillez personal de un héroe nacionalista —un papel que Cambó habría despreciado porque creía que el poder efectivo reside en los gobiernos, no en los ideales—. En política, sencillez significa violencia, y fue violencia lo que, este hombre tranquilo, Macià, llevó a los jóvenes y a los intelectuales catalanes muy cansados del realismo de la Lliga. La alarma inspirada por la violencia separatista de los nacionalistas catalanes más jóvenes fue lo que ayudó a que los políticos más viejos de la Lliga se convirtieran en partidarios pasivos de un golpe militar en 1923. Pagaron estas locuras con la derrota electoral de su partido en 1931. El catalanismo se apartó de sus orígenes conservadores y se dirigió a engrosar los crecientes torrentes de la izquierda.

¿Cuál es la razón de que el catalanismo consiguiera tan pocas cosas después de cuarenta años de luchas y de agitación? Hasta la década de 1930 su base era reducida. El nacionalismo incluso había producido escasa empresión entre las clases trabajadoras, la mayor parte de cuyos componentes eran no catalanes. En un primer momento los obreros siguieron a Lerroux, el mayor enemigo local del catalanismo, como si fuera un mesías; después se vieron atraídos por el anarcosindicalismo revolucionario. Para el dirigente de la CNT Salvador Seguí los nacionalistas eran "señores que pretenden monopolizar la política catalana, no para alcanzar la libertad de Cataluña sino para poder defender mejor sus intereses de clase. Y puedo aseguraros que estos reaccionarios que se autodenominan más catalanistas que nadie, temen el resurgir nacional de Cataluña, por si Cataluña no les siguiese estando sometida".

Los nacionalismos vasco, gallego y valenciano

Mientras que, como se lamentaba Romanones, la cuestión catalana pesaba como una losa sobre los gobiernos de Madrid, el nacimiento del nacionalismo vasco fue más una irritación local que un problema nacional. Ésta es la razón por la que ese nacionalismo, en sus orígenes, se tratase de un movimiento conservador, campesino; aunque los industriales vascos estaban dispuestos a oír los alegatos de Cambó en favor del proteccionismo, al contrario que sus colegas catalanes eran monárquicos y conservadores, reacios a financiar un movimiento nacionalista que repudiaba al Estado español y que consideraba a esos mismos industriales, responsables de la prosperidad de Vizcaya, como malvados que habían destruido la sencillez rural y la economía campesina de la sociedad vasca al traer obreros de otras regiones que "corrompían" la pureza de la raza vasca y proporcionaban reclutas a un movimiento socialista "internacionalista" ateo.

Mientras que el nacionalismo catalán podía atraerse a lo mejor de la sociedad catalana, el vasco parecía algo arcaico, "salvaje" y primitivo. No produjo una literatura ni siquiera remotamente comparable con la de la *Renaixença* catalana; sus cristalizaciones culturales se mantenían en el nivel de las baladas, el folklore y la exaltación a la categoría de mística de los "principales deportes" de la región. El idioma vascuence fue rechazado como instrumento literario por los más grandes escritores vascos —Maeztu, Baroja y Unamuno—. Además perdía gradualmente más terreno frente al castellano, en particular entre las clases medias, y fue esta sensación de activo decreciente —el declive del idioma vasco unido a los reveses de la industria— lo que empujó el nacionalismo vasco a los extremos de lo que Unamuno llamaba la "absurda virginidad racial".

Este sentimiento de "degradación" y decadencia se exacerbó por la revancha liberal tras la rebelión carlista; en 1876 fueron abolidos los restos de los "fueros" vascos —los privilegios medievales que habían proporcionado instituciones independientes a las provincias vascas—. El "foralismo", la defensa y la romantización de estas instituciones en la forma de una democracia popular, fue convertido por el profeta del nacionalismo vasco, Sabino de Arana (1865-1903), en una reivindicación de un Estado independiente que él llamó Euzkadi.

Sabino de Arana era un populista rural. Veía las bases de una patria en la religión y la lengua vasca, las características de una raza distinta, cuya existencia estaba amenazada por el liberalismo y la industrialización urbana. Fue precisamente ese recurso a la raza por parte del nacionalismo vasco, que le distinguía del catalanismo, el que influyó en 1894 en la fundación del Partido Nacionalista Vasco (PNV). Euzkadi (nombre acuñado por Sabino de Arana para las provincias vascas entendidas como entidad nacional) sería un Estado racial con la lengua vasca como idioma oficial. En la propaganda de los primeros tiempos, el PNV desaconsejaba el matrimonio con los no vascos: "Que el PNV purifique su raza, que se aísle del mundo exterior en su carácter y en sus costumbres". Los nacionalistas tronaron contra los *maketos*, inmigrantes pobres procedentes de Castilla que se fueron a trabajar a las minas y las fábricas de los alrededores de Bilbao y que fueron responsables de la dramática revolución demográfica en Vizcaya (la población se dobló entre 1857 y 1900), que amenazaba con engullir a la raza vasca, adulterar su cultura y enterrar su lengua, llamándolos "bienes podridos". Sabino de Arana consideraba Euzkadi como un Estado teocrático del que quedarían excluidos los no católicos. El PNV era fervientemente católico y le apoyaban sacerdotes vascos que consideraban su cultura como cordón sanitario contra el liberalismo. "No enseñéis a los vuestros el castellano, el idioma del liberalismo."

Este vehemente programa difícilmente podía esperar encontrar apoyo en una región en la que el idioma nacional estaba en decadencia y donde el PNV tenía que enfrentarse con partidos enemigos poderosos y arraigados. Los carlistas, fuertes en Navarra, detestaban su separatismo radical. Los socialistas, poderosos en Bilbao, denunciaban su catolicismo reaccionario y sus ataques a la clase obrera formada por los *maketos*. El partido fracasó fundamentalmente en su intento por ganarse el apoyo de los nuevos ricos vascos: los industriales no podían digerir su decidido ruralismo; los banqueros, figuras importantes en los salones aristocráticos de Madrid, no simpatizaban con los asaltos a la monarquía española. Pese a todo, el PNV envió siete diputados a las Cortes de 1918. En los debates de los años que siguieron, su tinte de nostálgica melancolía dio más fuerza a la protesta catalana.

El PNV iba a modificar su primitiva violencia reaccionaria; pero nunca giró hacia la izquierda como hizo el catalanismo. Continuó siendo un partido católico conservador con un ala cristianodemócrata.

Mientras que los regionalismos catalán y vasco eran los movimientos de protesta de regiones desarrolladas, el gallego significó la protesta de una región deprimida, abandonada por el Estado central. Los catalanes deseaban proteccionismo para su industria; los gallegos querían subvenciones estatales para la construcción de la red ferroviaria, lo único que podía llevar la prosperidad a una región atrasada y al margen del mercado nacional. A partir de la década de 1860, un grupo de intelectuales hizo suyas las reivindicaciones de Galicia sólo para verse ignorados por unos diputados que no tenían interés por, o relaciones con, sus electores, y los fondos económicos que llegaban se los tragaba la corrupción del gobierno local y la benevolencia de los caciques para con su clientela.[9]

Todo lo que el Estado liberal, pervertido por el caciquismo, llevó a Galicia fueron contribuciones que dejaron más desmantelada la región y que cayeron sobre un campesinado casi menesteroso cuyas condiciones de subsistencia se habían hecho aún más precarias después de las grandes ventas de tierras que los liberales efectuaron a mediados de siglo. Los campesinos habían perdido sus derechos comunales al pastoreo y la recogida de leña: su ciega protesta tomó la forma de incendios de oficinas de contribuciones, casas de funcionarios y de "poderosos" locales. Su respuesta contra la otra imposición del liberalismo —el reclutamiento— fue también consecuencia de la desesperación: automutilaciones y emigración.

Los regionalistas gallegos nunca alcanzaron la fuerza de la protesta catalana, en buena medida porque el dominio de los caciques sobre una población rural diseminada y empobrecida era completo. Aunque los poetas gallegos fueron quienes produjeron la primera "poesía social" de España, los periodistas y los intelectuales fracasaron en su empeño por conseguir una

9. María Rosa Saurín de la Iglesia, *Apuntes y documentos para una historia de Galicia en el siglo XIX*, 1977, pp. 229-309.

alianza efectiva con los agravios de los campesinos propietarios, agravios fuertemente encubiertos aunque fueran una realidad. Tampoco consiguieron que la burguesía conservadora se interesara por las protestas de la región; para las "clases respetables", el gallego era un dialecto del campesinado que ningún ciudadano con dignidad desearía usar.

Sin la base social que había creado el nacionalismo catalán, el intento llevado a cabo en 1906-1907 de formar en Galicia algo similar a Solidaridad Catalana fue un fiasco, lo mismo que los sindicatos campesinos que se extendieron por la misma época.[10] El regionalismo de la Lliga Regional Gallega continuó siendo una protesta literaria en manos de intelectuales, que lamentaban la pérdida de gallegos por la emigración ultramarina (otro hecho que el Estado liberal tendía a considerar como parte de una economía que se autorregulaba más que como signo de miseria). Esos escritores se refugiaron en las glorias del reino medieval y en un confuso "celtismo" —que no dejaba de estar relacionado con la polémica, entonces en boga, sobre la inferioridad de los latinos a los germanos—. Al menos, como celtas, los gallegos no eran latinos. No fue hasta la década de 1930 cuando el nacionalismo gallego se convirtió en una fuerza política seria. Encontró su voz más elocuente en los escritos del artista y periodista Castelâo, cuya *Sempre en Galiza* es la biblia del nacionalismo gallego.

El regionalismo valenciano, como el vasco, fracasó en su intento por ganarse el apoyo entusiasta de la próspera burguesía agraria local. Con una oposición enconada por parte de los republicanos radicales —dirigidos por el escritor y periodista Blasco Ibáñez, una de cuyas novelas realistas más leídas describe la miseria de los pobres del campo de la región— siguió siendo un asunto de intelectuales relacionados con el cultivo del dialecto local del catalán. Emergió en la década de 1920, lo mismo que el catalanismo, dividido entre una izquierda republicana y una derecha católica. El regionalismo andaluz existía sólo en la mente de unos cuantos excéntricos hasta que fue resucitado en la década de 1970 por los padres fundadores de otra comunidad autónoma. El folklore flamenco de Andalucía, la dieta corriente de las salas de espectáculos de música ligera de Madrid, fue presentado como una atracción turística por aquellos dos grandes enemigos de las autonomías regionales: los generales Primo de Rivera y Franco.

10. Para Solidaridad Gallega y el movimiento campesino, véase J. A. Durán, *Agrarismo y movilización campesina en el país gallego*, 1977, pp. 140-278.

Capítulo V

LA POLÍTICA, 1898-1917:
EL FRACASO DE LA REVOLUCIÓN DESDE ARRIBA

I

Los más inteligentes de entre los políticos dinásticos, atrapados como estaban en los mecanismos de la alternancia de los partidos turnantes, advertían no obstante los defectos del parlamentarismo liberal español y eran conscientes de las oleadas de críticas hostiles desatadas por el desastre de 1898. Aunque había quienes no deseaban alterar el sistema que les proporcionaba sus escaños, otros consideraban el caciquismo un cáncer que amenazaba la existencia de la monarquía constitucional. El sistema parlamentario sólo podía sobrevivir si se convertía en más auténticamente representativo.

El nuevo liberalismo y el nuevo conservadurismo de finales del siglo xix adoptaron diferentes planteamientos ante el problema de cómo revitalizar la política. Los conservadores concentraron sus esfuerzos en "un campo de desguace del caciquismo", atacando sus raíces en la corrupción local por medio de una reforma del gobierno municipal. Ésta llevaría el "pueblo" al gobierno y haría posible elecciones "sinceras": como los reformistas conservadores creían que el país era conservador, la "revolución desde arriba" aseguraría su supervivencia política y un orden social estable. Los reformistas del bando liberal buscaban reorganizar el entusiasmo popular detrás de un partido por medio de un programa democrático; como uno de los puntos fundamentales de este programa era el ataque a los privilegios de la Iglesia, los regeneracionistas liberales se vieron desechados como agitadores de masas que intentaban desesperadamente inyectar savia nueva en un partido moribundo más que esforzarse por modernizar España.

El primer ensayo de regeneracionismo conservador llegó con el gabinete Polavieja-Silvela. Llegó al poder (en marzo de 1899) inmediatamente después del desastre colonial, cuando las críticas al sistema político se hallaban exacerbadas al máximo y cuando católicos del ala derecha, como el cardenal Cascajares, se estaban haciendo eco del pesimismo de Costa. El cardenal profetizó nada menos que la disolución nacional a menos que se destruyese el viejo sistema de partidos. "Sólo una espada, ayudada por un civil, puede salvarnos." El salvador apareció bajo la forma del "general cristiano", Camilo Polavieja (1838-1914). Polavieja participaba del resentimiento del ejército contra los políticos que habían permitido que los soldados se pudrieran en Cuba; jugaba con la idea de una dictadura militar y expuso su programa regeneracionista el 1 de septiembre de 1898 con el habitual llamamiento a los "elementos de opinión neutrales" contra los viejos partidos corruptos. En ningún lugar del país existía una "opinión neutral" más crítica hacia el sistema político que en Cataluña, donde la Unión Catalanista recogió la referencia de Polavieja a la descentralización administrativa: los catalanistas "apoyaron" el programa de Polavieja a cambio de la promesa de alguna forma de autonomía para Cataluña —un gesto "colaboracionista" repudiado inmediatamente por el "todo o nada" catalanista al que hubieron de enfrentarse todos los gobiernos españoles—.

Si Polavieja esperaba hacerse él solo con el poder se vio desanimado por la reina regente (Alfonso XIII era menor de edad), que quería salvar el sistema a través de la normal administración de la corona. Polavieja hubo de aceptar las condiciones del dirigente del "nuevo conservadurismo", Francisco Silvela (1845-1905), eminente abogado. El gabinete de Silvela incluyó a Polavieja como ministro de la Guerra, y a un representante de los amigos catalanes del general, el abogado Durán y Bas.

La reina regente era consciente de que al llamar a Silvela no estaba nombrando a un político curtido en las prácticas del turno canovista. Silvela no hacía secretos de su aborrecimiento de las costumbres políticas de Cánovas; había abandonado al dirigente del partido en 1891 no por un problema menor sino por "una total divergencia en la manera de gobernar al pueblo y las cosas del Partido Conservador". Católico ferviente —llevaba su gobierno a misa—, su repugnancia por los "bajos fondos" de la política de la Restauración era la de un aristócrata moral. Debían purificarse por medio de una reforma radical del gobierno local como condición previa de unas elecciones "sinceras".

La regeneración ministerial de Silvela fue un fracaso: el regeneracionismo tenía que salir de una elección de recetas en conflicto. Polavieja, que quería un ejército costoso, dimitió cuando Villaverde, ministro de Hacienda, insistió en hacer rígidas economías y unas modestas contribuciones para "liquidar el desastre colonial" y pagar una deuda pública que consumía el 60 por ciento del presupuesto. Silvela nunca hubiera podido esperar que su partido apoyase la autonomía catalana, y la tributación de Villaverde provocó una revuelta de los tenderos de la clase media en Barcelona y en otros lugares. Durán y Bas dimitió: "Nunca nos entenderemos" fue el epitafio colocado en el primer esfuerzo de conciliación entre Madrid y Barcelona.

El segundo gobierno de Silvela resultó también ineficaz: las economías de Villaverde imposibilitaban la adquisición de una marina de guerra respetable, en tanto que para el jefe del gobierno una nación que prefería el "materialismo" a la dignidad nacional no podía salvarse. "Ante ustedes tienen a un hombre que ha perdido la fe y la esperanza."

El heredero de Silvela como expositor del regeneracionismo conservador, y su sucesor como dirigente del partido, fue Antonio Maura (1853-1925), político y abogado autodidacta mallorquín. Lo mismo que Silvela era un devoto católico que dejaba de fumar si su examen de conciencia diario le revelaba una falta. Lo mismo que Silvela se trataba de un personaje "austero", que creía que la moralidad privada y pública coincidían. Al contrario que Silvela poseía unos nervios políticos de acero. Su altura política, su aplastante superioridad en el debate, su determinación para exponer sus ideales en forma legislativa polarizó la política. Según Lerroux, la política española podía reducirse a una fórmula: "Con Maura o contra Maura".

El objetivo de Maura consistía en revitalizar la política por medio de una reforma del gobierno local y de las leyes electorales que podían "hacer efectiva, sincera, honesta y total la representación política y la presencia de todas las fuerzas políticas españolas en el gobierno del país". La presunción que subyacía a esta situación era que la "España oficial" —la España de la élite política, la España del caciquismo y la corrupción— acallaba a la "España real"; esa sociedad era sana y la supresión de una estructura política deficiente permitiría que "las masas neutrales" entraran en la política y la revitalizaran. Ésta era la gran ilusión del regeneracionismo. Según la frase de Ortega "las masas neutrales" eran "inertes" y no la materia prima de la que nacen los resurgimientos nacionales.

Para sus admiradores, Maura sigue siendo el gran reformador frustrado en su intento por políticos de cortas miras.

Sin embargo, a sus críticos no les faltaban argumentos. Los resultados de su ataque contra el caciquismo por medio de una ley electoral que barriese la corrupción eran ineficaces o ambiguos. El artículo 29 declaraba a un candidato elegido sin oposición, como premio al turno local y al comportamiento que, paradójicamente, beneficiaba a los liberales. La originalidad de las reformas del gobierno local de Maura se han sobre-estimado: la Ley de 1907 era un resumen complicado —tenía 409 cláusulas— de los anteriores borradores liberales y conservadores; y sus medidas de autonomía local tampoco eran excepcionalmente generosas. Más aún, los liberales tenían razón cuando sostenían que la introducción de un sufragio corporativo en las elecciones municipales era "anticonstitucional y antidemocrática" y entregaría a los municipios españoles en manos de "una oligarquía social" de caciques locales. Los liberales rechazaron por completo la premisa en que se basaba la reforma de Maura: la existencia de una esclavizada "España real". El demócrata liberal Canalejas sostenía que "la vida local no podía ser una fuerza para nada". El electorado, observaba, debiera ser educado antes de que pudiera convertirse en una efectiva fuerza política. En 1907, el 40 por ciento del electorado era analfabeto y en las provincias más atrasadas del sur la proporción se elevaba al 70 por ciento.

La revolución desde arriba conservadora de Maura daba por sentado que las masas neutrales que quería liberar eran votantes naturales conservadores. Maura declaraba que la opinión pública marcaba su norte político y, sin embargo, lo que los liberales llamaban opinión, él lo rechazaba como la creación de unos demagogos y de una prensa vanal —"el tintineo de un sonajero"—. Nunca se enfrentó con el problema de lo que podía ocurrir si la masa neutral votaba —con sinceridad— por los republicanos y los socialistas "disolventes" y "antipatriotas". Su propia elección en abril de 1907, manipulada por su ministro de la Gobernación, La Cierva, se cuenta entre los hechos más sucios de la historia española. Su desprecio por la "opinión" hostil era la de un *tory* de alta alcurnia; al final de su carrera sostuvo, con tanta firmeza como el duque de Wellington, que el deber de un gobierno era gobernar y que aquellos que pretendían evitar que gobernase organizando a la opinión pública contra él debían ser descartados por calumniadores o, en el caso de que la protesta alcanzase a las calles, suprimidos en nombre del orden público.

La originalidad de la Ley de 1907 de Maura reside en que se trata de un intento por incorporar las demandas autonómicas catalanas dentro de una reforma del gobierno local comprensiva. Aquí la violenta oposición de los doctrinarios centralistas liberales al reconocimiento de una "región" contribuyó a derrotar cualquier perspectiva de arreglo de la cuestión catalana por medio de un acuerdo entre Cambó y Maura (véase p. 98). Los liberales creían que un acuerdo de ese tipo convertiría a Cataluña en un coto. En cualquier caso, las posibilidades de un arreglo fueron desechadas porque el deseo de Maura de revitalizar la política desmantelando la centralización "jacobina" no podía abarcar la determinación de Cambó de que a Cataluña se le debía conceder autonomía porque se trataba de una región "viva". Y tampoco el propio Cambó podía evitar la disolución de Solidaridad Catalana (véase p. 98), formación en la que se basaba su influencia política. La izquierda catalana del "todo o nada" consideraba los acercamientos de Cambó a Maura como una colaboración ilícita con un conservador clerical. La frase de los diputados catalanes referida al "absurdo Estado español" animaba a los centralistas liberales a sostener que "cuando vosotros [los catalanes] habláis de vuestra región y relatáis su historia no estáis planteando un problema regional sino un problema de independencia", es decir, se estaba diciendo que eran separatistas bajo la piel.

El proyecto de Maura, después de tres mil intervenciones y de mil trescientas ochenta y siete enmiendas, nunca se convirtió en ley. A los ojos de los liberales parecía comportarse cada vez más como un dictador parlamentario dispuesto a destruir las "conquistas liberales". Durante su primer gobierno (1903-1904) los liberales se unieron a los republicanos en una violenta campaña anticlerical, por medio de la prensa y de manifestaciones callejeras, en contra del nombramiento de un monje para la sede episcopal de Valencia, ciudad republicana.

Fue la reacción de Maura ante los atentados terroristas de Barcelona lo que uniría a la izquierda contra él al grito de "¡Maura, no!". Su Ley sobre el Terrorismo condujo a la formación en noviembre de 1908 del Bloque de la Izquierda, en la que los líderes dinásticos y los republicanos antidinásticos se unieron con el único propósito de obligarle a dejar el poder. Para Maura, esta alianza de los liberales dinásticos y las "cloacas" de la política callejera estaba muy cerca de la traición: si los liberales se colocaban "fuera de la órbita monárquica", la monarquía debía negarles el poder.

Sus seguidores atribuyeron —y todavía atribuyen— la derrota del intento de regeneración desde arriba de Maura a las ciegas pasiones de partido de sus oponentes. Sin embargo, hubo un defecto fundamental en el regeneracionismo conservador. La "revolución desde arriba" concebida en términos puramente políticos como una operación de limpieza fue moralmente impecable; pero sin una reforma de la anticuada estructura social que apoyaba el caciquismo estaba condenada al fracaso. A pesar de sus críticas a la "deformidad" de la sociedad española, Maura fue un conservador social; creía que unas elecciones honestas en una sociedad conservadora aseguraría una mayoría conservadora permanente, acabando con la irrupción en la vida política de un Partido Liberal sostenido por la corrupción electoral y por poco más.

Las mismas críticas se aplican al programa de Cambó de regenerar España desde Cataluña (véanse pp. 98-99): la regeneración de España tenía que conseguirse sin poner en peligro la estructura de clases de la base catalana.

II

La crisis final que empujó a Maura fuera de la dirección de un Partido Conservador unido, negándole la posibilidad de gobernar y exponiendo el conservadurismo de la Lliga, llegó con la Semana Trágica de 1909. Maura se había visto arrastrado a una guerra colonial de segundo orden para defender de un ataque de las *harkas* nativas las concesiones españolas en Marruecos. Un llamamiento de reservistas mal dirigido desencadenó una revuelta que recordó las jornadas revolucionarias de mediados del siglo XIX.

En Barcelona y otras ciudades de Cataluña, la Semana Trágica fue un asunto confuso y embrollado de manifestaciones callejeras, unido a una huelga y al incendio de iglesias; casi una revolución ni originada ni tampoco dirigida por aquellos elementos cuya política había contribuido a desatarla. Todos los complicados estuvieron dominados por "la eterna obsesión de atraerse a la población obrera". La protesta de los obreros contra el llamamiento proporcionó un mar de fondo de resentimientos que había que explotar. A Maura se le advirtió de que "ir a Marruecos era ir a la revolución".

Como ya hemos visto (p. 79) el gran logro de Alejandro Lerroux consistió en organizar a los obreros barceloneses en un Partido Republicano Radical. En particular, después de 1903, cuando las propias organizaciones obreras habían quedado debilitadas por las huelgas y deshechas por un *lock-out* patronal, los anarquistas se fueron hacia el partido de Lerroux, radicalizando sus posiciones revolucionarias. No obstante, en 1907, los dirigentes de la clase obrera, influidos por el éxito de Solidaridad Catalana y del sindicalismo francés, formaron una federación independiente de sindicatos, Solidaridad Obrera, una organización *obrerista* apolítica; endurecidos ante la respuesta salvaje de la patronal a la recesión, los dirigentes de Solidaridad vieron en la impopularidad del llamamiento de reservistas un pretexto para la huelga general.

El domingo, 25 de julio de 1909, socialistas, anarquistas y Solidaridad Obrera, con las simpatías de los nacionalistas de izquierda, convocaron a una huelga general para el lunes siguiente. Comenzó a las cuatro de la mañana, dedicándose los organizadores a parar a los obreros por las calles y a las puertas de las fábricas. La huelga tuvo éxito en Barcelona y en otras ciudades catalanas pero no se extendió fuera de Cataluña.

La confusión y la indecisión por arriba (cuando se declaró la ley marcial, el gobernador civil, Ossorio y Gallardo, seguidor de Maura y el único político dispuesto a salpicar su jerga con gotas de ingenio, hizo las maletas y se retiró a su casa de la zona alta de la ciudad) se vio equilibrada por abajo debido a la falta de dirección. "La sedición —escribió Ossorio haciéndose eco de Tocqueville en 1848— no poseía unidad de pensamiento, ni homogeneidad de acción, ni un dirigente para personificarla, ni tribuna para influirla ni un grito de guerra para consolidarla." Una huelga de protesta se convirtió en una rebelión armada que cayó en manos de *meneurs* revolucionarios abandonados por los dirigentes —se llegó a afirmar que Iglesias, diputado lerrouxista, se había tomado un laxante para no tener que ir a las barricadas—.[1]

De esta manera, la huelga revolucionaria degeneró en una guerra de barricadas sin dirección y sin objetivos y en una quema de iglesias. Fueron los incendios los que convirtieron a la Semana Trágica en un fenómeno único: fueron quemadas veintiuna iglesias y cuarenta conventos por radicales entusiastas y anarquistas alimentados en la contracultura del anticlericalismo.

La Semana Trágica no fue una revolución social. Fue una revuelta, cuyas consecuencias, tanto para Cataluña como para España, fueron de orden político. La burguesía conservadora, "los ciudadanos honorables y pacíficos", no hicieron nada por salvar sus iglesias de la quema; después, fueron quienes exi-

1. J. Connelly Ullman, *The Tragic Week*, 1968, p. 203.

gieron venganza por encima de todo, y la Lliga apoyó a La Cierva como ministro de la Gobernación en su determinación de liquidar a los "elementos revolucionarios". Este hecho marcó a la Lliga como una institución conservadora, acabándose así cualquier esperanza de resucitar la alianza con la izquierda en otra Solidaridad Catalana.

Para el poeta catalán Joan Maragall, para quien Solidaridad Catalana había sido una fuerte experiencia emocional, una resurrección nacional, la Semana Trágica y la venganza de la reacción conservadora fueron profundamente desalentadoras. En magníficos artículos, maltratados o rechazados por la prensa de la Lliga, pedía comprensión y gracia. La burguesía catalana era cobarde por partida doble y la cobardía sólo servía para inyectarle vida al lerrouxismo moribundo. "Cataluña —escribió Maragall— aún no existe." [2]

Si la Semana Trágica desacreditó el catalanismo burgués, sus consecuencias para España significaron el fin de "la revolución desde arriba" de Maura, arruinada por la *hubris* de Maura y por la firme determinación de los liberales de echarle del gobierno. Asumió la responsabilidad por la ejecución de Francisco Ferrer ocasionada por su ambigua participación en las jornadas de 1909. Esa ejecución desató la protesta unánime de la izquierda europea: hubo manifestaciones y asalto de embajadas desde Londres a Budapest. Alfonso XIII se alarmó por la fuerza de esta reacción en España y en el exterior. "Despidió" a Maura y llamó en su lugar al dirigente liberal, Moret. Maura nunca se lo perdonó al rey y organizó una huelga política: se negó a alternar con los liberales, que estaban "inhabilitados" para gobernar y que, como aliados de la revolución desde abajo, sólo podían ser tratados con "implacable hostilidad". Los conservadores que no aceptaron el punto de vista catastrofista se agruparon bajo la dirección de Eduardo Dato (1856-1921); continuar en huelga no le negaba únicamente al partido la oportunidad de gobernar sino que "dejaba a la monarquía indefensa", sin ninguna alternativa a los liberales. El resultado del orgullo político de Maura fue la división del Partido Conservador y el debilitamiento de todo el sistema político.

En 1913 Maura había dejado de ser el dirigente de un partido y se había convertido en jefe de un movimiento, el maurismo. Atrajo a la juventud conservadora, especialmente

2.   Para esta actitud, véase Josep Benet, *Maragall y la Semana Trágica*, 1966.

a estudiantes, y se dedicó a denigrar al "traidor" Dato y a sus cómplices como "oligarcas" que sacrifican el principio conservador al poder. El maurismo, como declaraba, al igual que su jefe, la abstención de la política (sin organización de partido hizo escasa mella en el electorado), acabó degenerando en un "maurismo callejero". El maurismo fue la primera señal de un fenómeno inquietante: la aparición de movimientos juveniles bastante violentos. Con sus paradas y mítines monstruos centró en un estadista parlamentario el descontento de hombres y jóvenes violentos; aplaudido por tales entusiastas, Maura sintió por fin que se le "despertaba el sentimiento ciudadano". Comenzó a apelar a la verdadera España católica que trascendía a la política, a la "España esencial" que *debía* ser aceptada por *todos* los que deseasen participar en la vida pública —llamamiento que más tarde reiterarían la Unión Patriótica de la dictadura de Primo de Rivera y la Falange, intentos ambos de sustituir los partidos políticos democráticos por un movimiento que incluyese a todos o, con otro nombre, por una "comunión" nacional—.

Maura desengañaría a sus seguidores: a pesar de su fracaso en el intento de realizar la revolución desde arriba dentro de la monarquía constitucional, en el estadio final de su metamorfosis política dio un brusco giro; nunca hubiera llegado a ser un dictador antiparlamentario ni hubiera permitido que ese lugar lo ocupase cualquier otro. Por ello no se convirtió, como esperaba el carlista Vázquez de Mella, en "un Mussolini antes de Mussolini". Su destino fue ser presidente del Consejo en gobiernos "nacionales" en momentos de crisis, cuando los partidos ortodoxos que él había colaborado a destruir se encontraban inmersos en una confusión a todas luces impotente.

III

A la muerte del "Viejo Pastor", Sagasta, en 1903, las disputas entre los dirigentes liberales por hacerse con la dirección del partido provocaron una increíble confusión. Se le dejó al rey sortear estos obstáculos eligiendo a un jefe de gobierno entre los líderes de las diferentes facciones, ejemplo notable de hasta qué punto se expuso a la monarquía por la ruptura del sistema bipartidista "artificial".

José Canalejas (jefe del gobierno desde marzo de 1910 a noviembre de 1912) fue el hombre fuerte del liberalismo, que

deseaba unir a un partido moribundo tras un programa regeneracionista. Su proyecto de democratización y revitalización
del liberalismo fue mucho más amplio que una mera explotación del anticlericalismo —postura a la que se había visto
forzado por la absoluta violencia de la reacción clerical—. Más
importante aún: esperaba ganar la confianza de una clase obrera que todavía no estaba irremediablemente comprometida con
el socialismo o el anarquismo, para un Partido Liberal paulatinamente alejado del *laissez-faire* y dispuesto a aceptar al Estado como un instrumento de justicia social. Por tanto, favoreció el arbitraje estatal en los convenios salariales, la legislación sobre las condiciones de trabajo, los seguros obreros y
las compensaciones por accidentes. Fue el primer político en
lanzar un ataque contra los latifundios con la noción de expropiación basándose en la utilidad pública.

No obstante, Canalejas fracasó en su intento por convertirse en el Lloyd George del liberalismo español. Enfrentado
a movimientos huelguísticos graves, su instinto de hombre de
orden, que le ganó una cierta simpatía concedida de mala gana
por Maura, le hizo perder cualquier credibilidad entre los
socialistas. Mientras que los conservadores criticaban su debilidad ante un motín naval y una explosión de violencia primitiva en el actual centro de veraneo de Cullera, para los socialistas era un "asesino". En noviembre de 1912 fue asesinado
cuando miraba el escaparate de una librería. Como había esperado el rey, no había conseguido absorber la amenaza radical; el radicalismo no le había dado "otra cosa que algunas
migajas".

Los dos últimos gobiernos de la monarquía antes de la
Gran Guerra estuvieron formados por lo que quedaba de los
viejos partidos del *turno*: el conde de Romanones (1863-1950)
y sus seguidores, entre los liberales; y Dato con los conservadores antimauristas. Ambos fueron blanco de los ataques de
periodistas e intelectuales que tanto hicieron para desacreditar
el sistema parlamentario. A Romanones se le despidió como a
un dirigente arquetípico de partido, experto en las trivialida-
des de la maniobra política, como un hombre que advertía
las inmoralidades del sistema, pero que "en lugar de refor-
marlas, se aprovechaba de ellas". A Dato se le despidió como
a un rico abogado, como a un "doctor melifluo", sin política
excepto su supervivencia política.

Tales juicios son rigurosos, si no injustos. Romanones no se
limitó únicamente a tomar un serio interés por la educación;
como su oponente en la dirección del partido, García Prieto,

mantuvo abierta entre los liberales la noción de regeneracionismo procedente de la izquierda, conservando su papel de "pararrayos". Sería esta apertura hacia la izquierda la que llevó a Santiago Alba a formar parte del gabinete de Romanones de 1912-1913. Alba tenía una visión política derivada de la versión del regeneracionismo de Costa. Para Alba —aunque era un político astuto— el poder no era un fin en sí mismo sino un instrumento para la modernización de España, un canal para la influencia de los "productores" como opuestos al "proletariado de abogados" que dominaba el aparato político. Quería inversiones productivas en la agricultura (representaba los intereses cerealistas castellanos) y en la industria. Para financiarlas, el ejército y la burocracia debían ser reducidos a un tamaño justo, así como también había que reformar el sistema tributario. No se trataba de una proposición atractiva para la clase media a la que Alba esperaba cortejar. El destino de su guerra por las tasas de beneficio (véase p. 119) le demostró que las clases medias conservadoras eran reacias a conseguir la paz social "al precio de un pequeño sacrificio ... ellas, como en muchas otras ocasiones de la historia española, no eran capaces de ver más allá de sus narices".

De todas maneras, "el programa de realizaciones de Alba" consiguió apartar paulatinamente de la conjunción republicano-socialista a los reformistas republicanos aparecidos de nuevo. Los notables reformistas solicitaron una entrevista al rey y se convirtieron en "republicanos gubernamentales". Si la monarquía aceptaba la reforma práctica, entonces sobreviviría. Esta "gran traición" señaló el eclipse temporal del republicanismo histórico. Incluso Ortega vio con optimismo la perspectiva de que alcanzase el poder un partido que era la nueva casa de sus jóvenes intelectuales. Sustituiría a los partidos del *turno*, "partidos monstruosos que aún se mantienen en pie, como se dice de los elefantes que aún se sostienen después de morir".

Uno de estos elefantes que aguantaban en pie era Dato. Como "hombre de la vaselina" apareció descolorido al lado de los toques de trompeta de Maura. No obstante, fue a Dato a quien España le debió su primera legislación laboral, que comenzaría con su Acta de Compensación de los Trabajadores de 1900 y que culminaría con la jornada de ocho horas de Romanones en 1918 y la creación de un Ministerio de Trabajo en 1920.

El fracaso de las modestas ambiciones de políticos como Dato y Romanones no se debió sólo a sus ataduras con, y a su aprisionamiento por, la "vieja política". Es evidente que su precaria posición parlamentaria, el hecho de que tanto Dato como Romanones debieran el poder al rey más que al electorado, debilitaba cualquier "política de realizaciones". Pero el verdadero obstáculo fue la pobreza del Estado español: Romanones no podía sacar dinero de ninguna parte para construir escuelas y pagar a los maestros; la legislación laboral de Dato consiguió escasos resultados porque el Estado no podía pagar más que a algunos inspectores. No fue tanto la calidad de los políticos españoles como una incapacidad para reformar el sistema tributario y reducir los gastos en burocracia lo que dejó cojo cualquier esfuerzo "europeizador". Las clases medias españolas querían la modernización sin pagarla. "No soy uno de esos —declaró Villaverde— que ve en la tributación un instrumento para corregir la desigualdad social. Creo que esas desigualdades no deberían ser corregidas. La desigualdad social es necesaria y beneficiosa, lo mismo que es a las desigualdades a lo que la naturaleza debe su desarrollo." No obstante, incluso la modesta reforma tributaria de Villaverde desató una huelga en el pago de impuestos por parte de las clases medias.

Capítulo VI

LA CRISIS DE LA MONARQUÍA PARLAMENTARIA, 1917-1923

Los políticos, con sus partidos debilitados y fragmentados por las consecuencias de 1909, tuvieron que hacer frente a la prolongada crisis que iba a llevar desde 1917 hasta la destrucción de la monarquía parlamentaria en septiembre de 1923 por un golpe de la guarnición de Barcelona. España no fue un caso único. En todos los países del sur y el este de Europa, las tensiones impuestas por la Gran Guerra de 1914-1918 fueron demasiado grandes para los regímenes democráticos y semidemocráticos; si se hace excepción de Checoslovaquia, todos ellos experimentaron alguna forma de gobierno autoritario.

Entre 1914 y 1923 el sistema parlamentario se vio puesto a prueba de manera extrema por un complejo de desafíos; además, durante largos períodos, se prorrogaron las Cortes, se censuró la prensa, se suspendieron las garantías constitucionales y el país fue gobernado por decreto. El auge alcanzado durante la época de la guerra y la Revolución rusa de 1917 aumentaron la fuerza y la militancia de las organizaciones obreras. La cuestión catalana siguió sin resolverse. Una "sucia" guerra colonial en Marruecos nos proporcionaría una derrota desgraciada en 1921. El sistema político podía haber sobrevivido a estas tensiones si el ejército no hubiera reasumido su intervención en la política y si el rey no hubiera abandonado a los políticos. El golpe de 1923 fue el último episodio de una serie de incursiones militares. El político liberal Romanones declaró en 1917 que las fuerzas armadas se habían convertido en "los amos de España". Alfonso XIII, enfrentado a la incapacidad de los partidos políticos para proporcionarle un gobierno fuerte (y sólo si lo hacían así podía la corona evitar el convertirse en el balompié de los partidos), se vio obligado a transformarse en un fabricante de gabinetes —ocupación por la que adquirió cierto gusto pero que le hizo desilusionarse de los mecanismos del sistema constitucional

del que él era la cumbre como "poder moderador"—. Se vio
tentado cada vez más por ciertos ensayos de gobiernos fuertes
y en 1923 apostó por uno de esos gobiernos fuertes.

I

El efecto más inmediato de la guerra en Europa fue la
división de la clase política: los conservadores, los oficiales del
ejército y la derecha en general apoyaban a Alemania y a la
"autoridad" contra "la decadencia"; la izquierda, particularmente los intelectuales, apoyaban a la "civilización" contra la
"barbarie" alemana. Ambos elevaron la temperatura política
utilizando para ello los mítines masivos. El enfrentamiento, que
fue duro, agitó la superficie de la política; los efectos económicos y sociales de la guerra y de sus consecuencias inmediatas fueron profundos y duraderos.

La neutralidad española fue la clave de la prosperidad de
tiempos de guerra. Una vez pasado el desconcierto inicial, la
demanda de los beligerantes se hizo insaciable, alimentando
un auge exportador en un país que poseía un débil mercado
interior. Este mercado interior se encontraba ahora "protegido"
por la guerra con mayor efectividad que por las barreras aduaneras; a cambio, esta situación condujo a un proceso "efímero"
de sustitución de importaciones (por ejemplo, en las industrias
químicas y eléctricas cuando cayeron las importaciones alema-
nas). Se trató de una era de beneficios conseguidos sin esfuerzo
y de elevados dividendos para la industria naval, la siderúr-
gica y la minería. Tal situación potenció al máximo el dominio
de los bancos vascos. La prosperidad no se mantuvo confinada
a las provincias vascas. Las fábricas catalanas trabajaron a destajo para aprovisionar a los ejércitos franceses. Los precios
agrícolas se elevaron. La ostentación de una nueva raza de
explotadores de la guerra, los "nuevos ricos" con su "lujo estridente", fue una afrenta "a las costumbres tradicionales de
la clase media y un insulto a los obreros".[1]

Para el español medio, desde el momento en que todos los
intentos del gobierno por controlar los precios acabaron en
cuellos de botella y en mercado negro, la guerra significó precios elevados. Como siempre, la inflación trastornó el equilibrio social existente. Al mismo tiempo que "las sufrientes clases

---

1. Cf. A. Hurtado, *Quaranta anys d'advocat. Història del meu temps*,
1956, I, p. 266.

medias" y los obreros no sindicados se vieron afectados por los elevados precios, los obreros industriales vieron la oportunidad de llevar a cabo huelgas con éxito contra unos patronos que tenían carteras de pedido llenas. Existe una interpretación en el sentido de que los conflictos de los años de guerra —y esto se aplica también a los obreros agrícolas del sur, entusiasmados por los rumores que llegaban de una gran revolución en Rusia— formaban parte de una revolución de expectativas crecientes.

Las excepcionales ventajas de que España disfrutó como productor neutral se desvanecieron con la paz. La "normalidad" puso al descubierto la debilidad de una prosperidad basada en la explotación de una capacidad infrautilizada. Ahora se consumieron las ganancias de tiempos de guerra. Las navieras vascas se hundieron, sus astilleros quedaron vacíos. Las minas que habían sobrevivido a la penuria de los tiempos de guerra cerraron. Las nuevas empresas siderúrgicas pasaron a trabajar media jornada; cerraron ciento cuarenta fábricas textiles catalanas, poniendo en la calle a unos veinte mil obreros. Terratenientes que habían roturado tierras marginales permitieron que se convirtieran en pastizales de mala calidad, bajaron los salarios y despidieron hombres. Los desocupados de la agricultura no pudieron seguir emigrando por más tiempo para buscar trabajo en una industria deprimida. Se ha culpado a los industriales por su falta de visión de futuro al no invertir los beneficios de guerra en la modernización como mejor manera de hacer frente al hundimiento posbélico. Más aún, se obsesionaron por conseguir frágiles beneficios de guerra y se enredaron por su incapacidad para importar bienes de capital de los países beligerantes.

Los industriales catalanes reaccionaron ante el auge provocado por la guerra y el hundimiento de posguerra de una manera que les etiquetó una vez más como individualistas endurecidos reacios a sacrificar la tradicional independencia de los patronos del primer momento a las ventajas de la concentración y la modernización. El repentino empeño por crear asociaciones patronales representaba en menor medida un ataque a las desventajas de una competencia ruinosa que una respuesta a la militancia obrera y un medio de resistir la "interferencia" de un gobierno incompetente. En 1916, Alba, ministro de Hacienda liberal, propuso un impuesto sobre los beneficios extraordinarios producidos por la guerra. Se encontró con una tormenta de protestas orquestada por los industriales catalanes y vascos contra "una muestra de legislación tiránica", otro intento más de la Castilla agraria por "castigar" a las clases productivas.[2] Los industriales catalanes hicieron frente a la depresión posbélica con su reacción habitual a los tiempos difíciles: el proteccionismo y la ofensiva contra las organizaciones obreras. Parecía como si los patronos catalanes (como sostienen ahora críticos del ala izquierda del capitalismo español) prefiriesen las comodidades del proteccionismo a los riesgos de la modernización; y que se preocuparan menos del regionalismo *per se* que de su uso como arma para arrancar concesiones económicas.

II

La política iba a estar dominada por la nueva entrada en escena del ejército a partir de 1923. Cánovas había acabado con éxito la era de los pronunciamientos de partido a la antigua usanza. Los militares volvieron a aparecer en la arena política no ya como políticos amotinados dirigidos por un general sino en forma de grupo de presión de jóvenes oficiales que actuaban abiertamente como salvadores de la nación.

Lo mismo que en otras esferas, en las raíces del descontento se encuentra el desastre cubano de 1898. Los militares culparon de la derrota a la negligencia de los políticos —"pseudopadres de la patria"—. Apareció una nueva nota de mesianismo militar que reclamaba para el ejército una "función nacional dinámica" como "la única fuerza sana" de una sociedad corrupta.

En el orden estructural el ejército estaba muy lejos de ser un elemento sano. Se trataba en mucha mayor medida de una monstruosidad sedentaria y burocrática que de una máquina de guerra; los intentos de reforma de la década de 1880 habían chocado contra los intereses creados. El cuerpo de oficiales estaba hinchado artificialmente —en 1915 había un oficial por cada cinco soldados; el 60 por ciento del presupuesto del ejército iba destinado a pagar a los oficiales—. Este cuerpo de oficiales se hallaba dividido. Los cuerpos "especiales", artillería, ingenieros y estado mayor, impusieron a través de juntas de oficiales la estricta promoción por la antigüedad, es decir, el ideal burocrático; la infantería y la caballería no quedaban tan protegidas contra la promoción "política" o por "méritos".

Para este ejército de clase media, sedentario y burocrático,

2. S. Roldán *et al., La consolidación del capitalismo en España*, 1973, I, p. 275.

lo único importante eran la perspectiva de paga y promoción y el estatus ocupado por la oficialidad en la sociedad. La pobreza del Estado español se encuentra en la base del problema militar. Sólo los grados más elevados disfrutaban de un nivel de vida decente y se encontraban formando parte del *establishment* político. Comandantes y capitanes trabajaban a menudo a jornada incompleta en ocupaciones relativamente modestas en su lucha para mantener las apariencias, para comprar el uniforme que en una guarnición de provincias era símbolo de estatus. Un sentido permanente de frustración, lo que la prensa militar de la época denominaba "una falta de satisfacción interior", explica la morbosa susceptibilidad que los oficiales exhibieron en defensa de su "honor". Todos los intentos de reforma encaminados a reducir el abultado número de oficiales con el fin de crear un ejército más pequeño, mejor equipado y mejor pagado chocaron con los intereses creados de los oficiales en servicio. Solamente si los políticos dejaban al ejército solo, éste dejaría solos a los políticos: esa había sido la base del *modus vivendi* de los militares y los políticos durante la Restauración.

Los civiles no podían atacar ni los intereses creados del ejército ni su honor. Al considerarse a sí mismo como el máximo protector de la unidad nacional, su oposición al catalanismo como amenaza a esa unidad era violenta y también de palabra. "El remedio contra la *canaille* separatista —declaraba *El Ejército Español* en 1905— descansa en el ejército." Los catalanistas activistas replicaron de forma gráfica con una caricatura de oficiales aparecida en un periódico cómico; los oficiales jóvenes de la guarnición de Barcelona asaltaron las oficinas del periódico y exigieron una Ley de Jurisdicciones para que los ataques contra el ejército no fueran juzgados en tribunales civiles. Los generales del *establishment* la concedieron para "salvar la disciplina del ejército". Esta situación obligó a la dimisión del gobierno y a la elección por el rey de otro gabinete nuevo que concedería al ejército en 1906 su Ley de Jurisdicciones. Como declararía Melquíades Álvarez, la ley fue "el fruto bastardo de una revolución incruenta", el triunfo de un grupo de presión sobre los políticos civiles que no podían hacer frente a una confrontación concreta con los militares.

En 1917 los políticos civiles cedieron una vez más; en esta ocasión a lo que fue una huelga de oficiales jóvenes en demanda de salarios más elevados en un momento de inflación provocada por la guerra y en favor de la promoción por la antigüedad —ideal burocrático de un ejército sedentario—

desordenada por las promociones por méritos conseguidos en la guerra de Marruecos.

La infantería de la guarnición de Barcelona formó una Junta de Defensa en imitación de las de los cuerpos especiales y, con el apoyo de la joven oficialidad de toda España, desafió el intento del gobierno por disolverla. Más aún, su exigencia de que todas las decisiones deberían tomarse por voto mayoritario y la exclusión de los generales de las juntas quería decir que estaba peligrando toda la estructura jerárquica del ejército. Al contrario que en 1905-1906, los generales —con algunas excepciones— no pretendieron "salvar la disciplina", colocándose de parte de la joven oficialidad.

Desde el primer momento los junteros presentaron sus "reivindicaciones materiales" (es decir, mejores sueldos y promociones seguras) y su alegato en defensa del reconocimiento general en favor de "moralidad y justicia". Fulminaron el "caciquismo y la oligarquía". Su dirigente, el coronel Márquez, era un memo en política. Lo que asombra cuando se mira con perspectiva es la reacción de los críticos civiles del sistema de la Restauración al aceptar a estos amotinados quisquillosos como si se tratara de salvadores nacionales, capaces de renovar la situación política. Ortega saludó el movimiento juntero como "la acción más noble, sana y original que España había mostrado a Europa en los últimos cien años". Ni él ni buena parte de la clase media consideraban que esos amotinados, que demostraban ser lo suficientemente poderosos como para hacer caer gobiernos sucesivos, amenazaban con la instauración de una nueva era de política pretoriana.

III

Como las exigencias de la asociación de junteros estaban hechas utilizando el lenguaje del patriotismo regeneracionista, su protesta se convirtió en un movimiento abierto dentro de la crisis generalizada de 1917, crisis que consiguió ser superada por el régimen pero que dejó su estructura tambaleándose. "La crisis militar que estalló en España el primero de junio —escribía el *Statesman*— es la primera señal de que la estructura política de la Restauración está comenzando a desmoronarse." Durante un corto espacio de tiempo pareció como si el conservador catalanista Cambó pudiera convertirse en el caudillo civil de una revolución de la clase media apoyada por una huelga general.

Como era habitual, la coalición renovadora estaba compuesta por elementos incompatibles. La Lliga de Cambó hizo campaña en favor de una Cataluña autónoma como elemento fortalecedor dentro de una "Gran España", acompañada por peticiones económicas "egoístas": subvenciones a la exportación y un puerto franco. Los republicanos reformistas burgueses de Melquíades Álvarez y los radicales de Lerroux se unieron para asegurar el "triunfo de la soberanía nacional" en unas Cortes constituyentes que dotarían a España de una constitución democrática y un gobierno que incluyese a "la nueva izquierda". La UGT iba a apoyar esta revolución burguesa con una huelga general que iría más allá de la reivindicación de un aumento salarial para combatir la inflación provocada por la guerra, con el fin de asegurar "un cambio fundamental en el sistema".

Este lenguaje renovador que libraría a España del gobierno de las facciones "egoístas" era similar por su tono al de los junteros: a lo largo de 1917 se encontraron obsesionados por la noción de una alianza entre el rey, el ejército y el pueblo contra los "oligarcas".[3] "Recuerde, majestad, que si un rey se opone a los oligarcas [es decir, a sus ministros] confiando en el apoyo de su ejército y de su pueblo, ese rey fortalece su corona, ya que no ha pasado la hora de las monarquías." Tales pretensiones le ganaron al sordo y excéntrico coronel Márquez el título de "Benito I"; pero Márquez y sus jóvenes oficiales contemplaban con recelo la revolución burguesa dirigida por Cambó. Se negaron a abandonar su papel de regeneradores a los republicanos y a la "canalla" catalana.

García Prieto, presidente del Consejo liberal, se vio obligado a dimitir el 9 de junio cuando se negó a reconocer a las juntas como sindicato militar legalmente constituido. Su sucesor, Dato, cedió al motín militar reconociendo las juntas, probablemente con vistas a conservar la lealtad del ejército en su previsible confrontación con la sedición civil. Dato hizo frente a la crisis creciente por el procedimiento típico en tiempos de guerra de suspender las sesiones de Cortes. Este hecho unió a las distintas corrientes dispares de protesta en el "Movimiento Asambleísta". Barrido el camino constitucional, la coalición de renovadores decidió convocar un mitin para exigir la apertura de Cortes. Boicoteado por los partidos ortodoxos y sin el apoyo del gran crítico del *turno* y enemigo de Dato, Maura, la Asamblea podía presentarse como una convención

3. J. A. Lacomba, *La crisis española de 1917*, 1970, p. 158.

sediciosa de republicanos y "separatistas". El 19 de julio se
reunió en Barcelona. Después de una demostración de dignidad a lo romano fue disuelta como reunión sediciosa después
de quedar de acuerdo en unas Cortes constituyentes, un gobierno que incluyese a los renovadores y la autonomía para
Cataluña. El 20 de octubre se debían reunir de nuevo en Madrid para obligar al gobierno a aceptar estas reivindicaciones.

Antes de que esto sucediese, y contra el consejo de sus
dirigentes, la UGT desencadenó el 13 de agosto una huelga
general revolucionaria. Si se hubiera seguido el plan, la huelga hubiera reforzado las exigencias de la Asamblea. Cuando
sucedió, sirvió para dividir el movimiento y obligó al ejército
a apoyar al gobierno. Los junteros pusieron el mantenimiento
del orden y la lealtad al rey por encima de todo; se sintieron
ultrajados cuando Marcelino Domingo, republicano catalán del
ala izquierda, exhortó a los reclutas a no obedecer a sus oficiales y advirtió que su comandante en jefe, el rey, acabaría su-
friendo el destino del zar o de Luis XVI. Dada la firme actitud
del ejército, la huelga general no consiguió nada; pero el hecho
de que hubiera ciento setenta víctimas muestra que la huelga
revolucionaria de 1917 fue algo mucho más serio que la pseu-
dorrevolución de 1909.

Para los socialistas, el intento de revolución produjo un
efecto traumatizante, reforzando el conservadurismo de los
organizadores en el sindicato y en el partido. A Cambó la
huelga le demostró que estaba jugando con fuerzas que no
podía controlar; girondino enfrentado a jacobinos *enragés*, se
volvió hacia su conservadurismo natural como "hombre de
gobierno". Sus colegas en los negocios propusieron hacer do-
nativos a los soldados que habían salvado la sociedad y que
habían convertido una huelga revolucionaria en una "semana
cómica".

Cuando la Asamblea se reunió en Madrid el 30 de octubre,
Cambó "puso sus cartas sobre la mesa" y abandonó el Movimiento Asambleísta. Citado para una entrevista en el palacio
real, a cambio de dos ministros catalanes abandonó las Cortes
constituyentes y la idea de un gobierno que incluyese a la
izquierda. Para cubrirse la retirada inventó la fórmula de "un
gobierno de concentración" compuesto por liberales y conservadores. Esta debilidad, con el gobierno de García Prieto dividido, no podía "renovar" España; el Movimiento Asambleísta,
disuelto en sus elementos constitutivos, se había convertido
en pólvora mojada.

Cuando el 22 de marzo de 1918 cayó el gobierno de García

Prieto, la confusión de los partidos fue tal que parecía como si no pudiese formarse gobierno alguno. El rey amenazó con abdicar para que los políticos volvieran en sí. Maura abandonó el ostracismo político para encabezar lo que se denominó un "gobierno nacional". Recibido con manifestaciones en Madrid, de hecho no fue otra cosa que un gobierno del viejo clan al que habría que añadir a Alba, que representaba el ala "moderna" del liberalismo, y a Cambó dispuesto a poner en práctica su "fe ciega en España". Cambó, el gran capitalista, había abandonado el *laissez-faire* por un ambicioso programa de inversiones estatales que iban a "armonizar la empresa pública y la privada": un Estado que tomase la dirección de un sistema ferroviario falto de capital; créditos agrícolas; proyectos hidroeléctricos; una ley de la minería que acabase con el control extranjero "colonial" de los recursos naturales.

Una vez más el gobierno cayó en las contradicciones que habían fascinado en el regeneracionismo desde 1898. Para Cambó, la regeneración vendría desde la derecha y habría de dedicar una especial atención a las reivindicaciones catalanas. Para Alba, la monarquía entendida como "una república con corona" debía absorber a la izquierda o perecer. Como centralista, rechazó por separatismo encubierto la "España grande" de Cambó, en la que las regiones, dirigidas por Cataluña, iban a ocupar un lugar. Alba había padecido el "egoísmo" catalán en 1916 y sentía el programa catalanista como una receta para la regeneración. Maura, que había perdido su antigua fe para salvar España, dimitió. Fue el final de una ilusión.

Desde noviembre de 1918 hasta septiembre de 1923 España tuvo una serie de gobiernos de corta vida. Diez en total, ninguno de los cuales alcanzó el año. Estos débiles gobiernos tuvieron que enfrentarse a dos graves problemas: la guerra de Marruecos y la guerra laboral en Barcelona. Ambas incluyeron al ejército que, en estos años, redujeron en ocasiones el poder civil a una ficción.

En agosto de 1917 el ejército parecía haber salvado el *establishment* político; los políticos, sin apoyo por parte de un rey indeciso, eran reacios a hacer frente a las intenciones de un cuerpo de oficiales que aún podría ser necesario, en frase de Cánovas, como el último recurso contra una revolución proletaria. El romper las huelgas no era una tarea que agradase a todos los oficiales, y si se esperaba de ellos que "salvaran el capitalismo", exigían a cambio una completa independencia del control civil. Márquez acusó a los políticos de permitir que se desarrollara una crisis para después llamar al ejército en su ayuda; si ellos actuaban así, entonces el ejército se veía obligado a enseñarles "maneras de moralidad, justicia y prudencia". En 1918, La Cierva (inquieto por la extensión de las juntas a correos y telégrafos y al Ministerio de Hacienda), como ministro de la Guerra esperaba dividir a la junta superior satisfaciendo los "intereses materiales" del ejército y aislando a los políticos disidentes como Márquez. Haciendo gala de un soberano desprecio por el proceso parlamentario decidió por decreto el aumento de los sueldos y la promoción basada estrictamente en la antigüedad. Las juntas se negaron a disolverse, pero su influencia disminuyó.

Esta situación se debió en menor medida a un resuelto retorno a un régimen civil que a la consecuencia de una división en el propio ejército. Los oficiales de los cuerpos privilegiados nunca habían participado de las ambiciones políticas de la infantería. Por encima de todo, el ejército de África que combatía en Marruecos quería la promoción por los méritos, es decir, ganada en el campo de batalla. Mola, un africanista que organizaría el levantamiento militar de julio de 1936, atacaba "a esos sindicatos de oficiales de carrera ... como un asunto de burócratas desempleados, un sindicato militar legalizado por la debilidad del gobierno".[4] La opinión pública (incluido el rey, cada vez más comprometido con el ejército de África) se iba volviendo paulatinamente contra los junteros. En noviembre de 1922 el conservador Sánchez Guerra disolvió formalmente las juntas.

Acabado el asunto de las juntas, fue la guerra de Marruecos (véase p. 132) la que conduciría al ejército, ahora más o menos unido, a la política. Lo mismo que en la guerra colonial contra los separatistas cubanos en la década de 1890, la prensa militar iba a quejarse de que los políticos esperaban que los soldados les hiciesen el trabajo sucio sin suministrarles armas y hombres para luchar, porque aquéllos no arriesgarían sus carreras políticas desafiando una opinión pública indiferente a la guerra y reacia a hacer el mínimo sacrificio para ganarla.

IV

Entre 1918 y 1923 España iba a ser escenario de uno de los conflictos sociales más salvajes de la posguerra europea. El aumento tremendo de la militancia y del número de afilia-

4. E. Mola, *Obras completas*, 1940, pp. 990, 997, 998.

dos se canalizó no hacia los socialistas sino hacia la CNT. En 1914, después de tres años en la clandestinidad, el número de afiliados a la CNT era de 14.000; en 1919, con 700.000 miembros era más de tres veces mayor que la UGT (200.000 afiliados). Andalucía y Barcelona eran los epicentros revolucionarios del anarcosindicalismo.

Para entender la historia del anarcosindicalismo debemos recordar que su naturaleza peculiar derivaba del hecho de que los sindicatos organizados para "la acción directa" contra los patronos estaban superpuestos a una tradición preexistente de anarquismo libertario y de terrorismo. Siempre quedaban algunos idealistas, una élite moral que incluía al "santo" del anarquismo andaluz, Salvochea. Pero la tradición anarquista estaba también representada por pequeños "grupos de acción", por *grupos de afinidad*, firmes en su creencia de que la revolución se dispararía por medio de acciones violentas que se convertirían en un fin en sí mismas. En el otro extremo se encontraban los sindicalistas "puros", quienes creían que el primer paso debía ser la organización de un poderoso sindicato que debería evitar el gastar su fuerza en gimnasias revolucionarias inútiles y conseguir resultados en forma de acuerdos salariales y mejores condiciones de trabajo. Los dirigentes sindicales "moderados", Salvador Seguí (conocido como el Noi del Sucre), y Ángel Pestaña, eran típicos anarquistas en fondo y en carácter. Seguí era un pintor de brocha gorda corriente y entusiasta lector de Nietzsche; pero se trataba también de un organizador que podía controlar a las masas con su oratoria. Antes de encontrar su oficio como periodista, Pestaña había hecho de obrero del ferrocarril, de albañil, relojero, vidriero, director de escena y actor secundario. Sostenía que la fuerza del sindicato debía construirse sobre la base de huelgas coronadas por el *éxito* y seguras para el día en que una huelga general destruyese el capitalismo e inaugurase una sociedad basada en los grandes sindicatos. Estaban completamente convencidos de que la CNT se encontraba infiltrada por terroristas a los que no podían repudiar y a los que incluso había que pagar. Los héroes de los grupos de acción apelaban a un lumpenproletariado inmigrante, a "una clase especial de hombres que vivían en la frontera indefinida entre el trabajo y el delito común" (Pestaña).

Los moderados, dirigidos por Seguí, libraron una batalla constante contra los energúmenos revolucionarios del movimiento. Fue la actitud de los patronos catalanes, aliados con la guarnición de Barcelona, unido todo ello a la política vacilante del gobierno, lo que condujo sus esfuerzos a nada, al eclipse de la CNT como organización y a su caída en el terrorismo impotente.

Los patronos catalanes organizados en la Federación Patronal estaban dispuestos, según dijeron, "a dar la batalla al sindicalismo" y a destruirlo. Los gobiernos de Madrid oscilaron entre llegar a un acuerdo con los dirigentes moderados de la CNT, saboteado sistemáticamente por los patronos, y la represión. Ésta, con el simple expediente de encarcelar a los dirigentes moderados, dejó a la CNT en manos de los activistas. La intransigencia de la patronal, respaldada por un ejército al que el gobierno no podía controlar, fue la que convirtió la huelga de La Canadiense de 1919 —la más famosa de la historia laboral española— de ser una discusión sobre salarios en una huelga general que sumiría a Barcelona en la oscuridad, cerrando cafés y teatros y haciendo peligrar el abastecimiento de alimentos.

Seguí resistió valerosamente las exigencias de los extremistas y aceptó los esfuerzos de conciliación del gobierno; pero fracasó cuando, después de haberse llegado a un acuerdo en torno a la cuestión salarial, el capital general se negó a poner en libertad a los militantes presos. "En contra de nuestra voluntad" se declaró una huelga general revolucionaria. Acabaron con ella las detenciones en masa. Dos gobernadores civiles llegaron a la conclusión de que "un sincero respeto por el derecho de asociación" era la mejor manera de restablecer la paz social y de mantener a la CNT alejada de las manos de hombres violentos; tales esfuerzos fueron saboteados cuando los patronos declararon un *lock-out* que puso en la calle a veinte mil obreros y que destrozó por completo la influencia de los moderados. "Hombres violentos de opiniones retrógradas" le hicieron el caldo gordo a los terroristas. El gobierno claudicó ante los patronos y en noviembre de 1920 les nombró como gobernador civil al general Martínez Anido. Durante dos años dominó Barcelona como un feudo independiente por cuenta de la Federación Patronal. "Que acabe [el gobierno de Madrid] conmigo, si puede", solía contestar a los periodistas incisivos.

Martínez Anido tenía ahora que hacer frente al terrorismo: en enero de 1921 tuvieron lugar veintiún asesinatos en treinta y seis horas. No utilizó sólo la represión policial. Apoyó el contraterrorismo de los Sindicatos Libres organizados por su propio jefe de policía. Los Sindicatos Libres fueron en origen sindicatos católicos del ala derecha que reclutaban a sus afiliados entre obreros "hartos ... de la tiranía de nuestros llamados redentores ... los sindicatos matones y pendencieros" de los grupos activistas de la CNT que se llevaban a punta de pistola las cuotas de los sindicatos. Se convirtieron en pistoleros al servicio de los patronos, empeñados en una guerra urbana de guerrillas con los pistoleros de la CNT. No hay duda de que fueron los extremistas de la CNT, para quienes el terrorismo era "el equivalente moral de la revolución que querían pero que no sabían cómo conseguir", quienes comenzaron la guerra. Y no pueden quedar dudas de que los métodos ilegales de Martínez Anido, en el más estricto sentido de la palabra, alcanzaron éxito; hoy sabemos muy bien que la eliminación del terrorismo organizado por medios legales es una tarea difícil. En 1920 el terrorismo reivindicó cincuenta y siete asesinatos; en 1922, veinticuatro. El número volvió a aumentar de nuevo seriamente cuando, al fin, el gobierno destituyó a Martínez Anido del cargo de gobernador civil. Una de las víctimas de esta última oleada de terror fue el propio Salvador Seguí, muerto a tiros en marzo de 1923.

Para la España conservadora, tan alarmante como la guerra laboral de Barcelona lo fue la oleada revolucionaria que se extendió por toda Andalucía en los "años bolcheviques" de 1918-1920. No se trató únicamente de una *jacquerie* de trabajadores sin tierras (lo mismo que en la invasión de Jerez de 1892 incluía a pequeños propietarios) ni una revuelta de desesperados; más bien fue una revolución ante expectativas crecientes. Vagos rumores de una revolución en Rusia —un organizador anarquista cambió su nombre de Cordón por el de Cordoniev— provocaron nuevas oleadas de huelgas en Andalucía, donde se venían realizando intensos esfuerzos propagandísticos desde 1910; los militantes habían creado sindicatos agrícolas locales, con un periódico, *La Voz del Campesino*, y un congreso central. Por tanto, estas huelgas estaban semiorganizadas, no como las anteriores protestas agrarias: se trataba de huelgas encaminadas a obtener las reivindicaciones concretas aprobadas en el Congreso de Trabajadores Agrícolas celebrado en Castro en octubre de 1918. Tales reivindicaciones consistían en la abolición del destajo, salarios negociados y reconocimiento de los sindicatos o centros obreros.

En un primer momento, las huelgas gozaron de enorme éxito, y los patronos —atemorizados por una solidaridad revolucionaria que incluía a cocineras, criadas y amas de cría— negociaron convenios salariales. Los comités de huelga se hicieron cargo del gobierno municipal; los terratenientes perdieron los nervios y se retiraron a la seguridad que les proporcionaban las capitales de provincia. En la primavera de 1919 el gobierno envió tropas para acabar con la huelga, y una vez más dejaron al anarquismo rural del sur al cuidado de los "hombres de ideas". Con todo fue éste uno de los períodos más activos de propaganda anarquista, cuando más de cincuenta pueblos tenían sus periódicos y los anarquistas del sur estaban formalmente unidos con los obreros de Cataluña en la CNT. Por encima de todo, los anarquistas habían penetrado en las regiones "difíciles" de Valencia y Levante.

En el Congreso de Madrid celebrado en La Comedia en 1919, los militantes de la CNT llegaron a creer que "su" revolución era una posibilidad diferente; con el orgullo que les proporcionaba su fuerza rechazaron cualquier alianza con la UGT porque estaban convencidos de que acabarían por absorber al "socialismo anémico". Fue el cenit del modelo revolucionario de posguerra; en 1923 la CNT se había roto a causa de una depresión que reforzó la posición negociadora de la patronal, a causa también de huelgas inútiles y por la ofensiva llevada a cabo por la patronal. Las dos grandes uniones (sindicalistas y anarquistas) comenzaron a luchar entre sí e incluso en el interior de cada una de ellas.

Para arreglar la situación y recrudecer aún más las divisiones se presentó de pronto la cuestión de si unirse o no a la Tercera Internacional creada en Moscú. Para todos los revolucionarios, la revolución bolchevique era "una luz abierta a la esperanza ... la revolución con la que todos soñábamos". En la CNT, Nin y Maurín, que posteriormente fundarían un partido obrero revolucionario, el POUM (véase p. 190), simpatizaban con el leninismo, pero fueron incapaces de arrastrar a su sindicato. En el Partido Socialista, los burócratas, los viejos del partido aconsejados por Pablo Iglesias desde su lecho de muerte, libraron con éxito una acción de retaguardia contra los *enragés* prosoviéticos de la Juventud Socialista madrileña. Estos últimos abandonaron el partido en 1921 para crear el diminuto Partido Comunista de España, dominado en gran medida por intelectuales que todavía no habían alcanzado los treinta años. Los comunistas se hallaban próximos a los activistas de la CNT: un golpe revolucionario podía desencadenar una contrarrevolución y abrir nuevas oportunidades. Al menos una parte de esa ecuación fue válida. Los comunistas organizaron un motín en Málaga y sería la gracia del gobierno concedida a un cabo lo que endureció la opinión del ejército en favor del pronunciamiento de Primo de Rivera.

Con una CNT rota y desgarrada por las disensiones internas, fueron la UGT y los socialistas quienes sobrevivirían como representantes organizados de la clase obrera; con seis miembros en las Cortes de 1918, los socialistas estaban sustituyendo al Partido Republicano como vehículo de protesta moral contra el "sistema". Los socialistas confesaban su desprecio hacia un movimiento cuyos dirigentes eran buscados por pistoleros; como réplica instintiva a la represión policial, el revolucionarismo infantil de la CNT carecía de cualquier tipo de comprensión del "curso de la evolución histórica" tan querido por los marxistas. Era inútil rechazar los beneficios diarios si un sindicato quería ayudar a sus masas de afiliados. Sin embargo, no podía mantener las alabanzas a la revolución más allá del plano teórico. "La evolución y la revolución son una misma cosa; la revolución no es más que la aceleración de la evolución." Socialistas como los profesores Julián Besteiro (1870-1939) y Fernando de los Ríos (1879-1949) eran poco probables combatientes de las barricadas; ambos estaban convencidos de que un largo período de educación debía conducir a los obreros al poder. Largo Caballero (1869-1946), estuquista autodidacta y figura en ascenso de la UGT, se hallaba mucho más relacionado con la política municipal y con la organización de sociedades funerarias. Funcionario sindical por encima de todo, despreciaba las reuniones secretas y el hecho de llevar armas que caracterizaba a los de la CNT.

Consecuencia directa de la guerra laboral, acompañada como estuvo por asesinatos y violencia —en la guerra de represalias, pistoleros de la CNT habían abatido a tiros a un presidente del Consejo, Dato, y a un arzobispo— se tradujo en atemorizar a las clases propietarias, en particular a la burguesía barcelonesa y a los terratenientes del sur. A partir de 1914 los patronos habían contemplado la creación de asociaciones como el arma para "romper los pactos, los contratos y las condiciones de trabajo adquiridas con los sindicatos obreros ... restituyendo al empresario la libertad de acción que su libertad exige para contratar y despedir sin restricciones".[5] En la Federación de Barcelona y en los casinos de las capitales andaluzas los patronos se dieron cuenta de que estaban exponiendo no únicamente su modo de vida sino también sus propias vidas. Los sucesivos gobiernos se negaron a aceptar este punto de vista tan trágico: conservadores como Dato y Sánchez Toca, y liberales como Romanones, estaban dispuestos a utilizar el Instituto de Reforma Social para llegar a

5. *El Trabajo Nacional* (1 enero 1914).

acuerdos en los convenios. Las clases conservadoras rechazaron la conciliación gubernamental como una debilidad y atacaron encarnizadamente a los ministros que no "colgaban a los anarquistas de las farolas" y que no atendían todas las peticiones de protección armada hechas por los patronos.

Esta falta de fe en los gobiernos civiles explica en parte la aceptación entusiasta de la dictadura militar en 1923. Los patronos barceloneses ya habían apelado a los militares cuando el gobierno civil se negó a proteger sus intereses. La dictadura de Primo de Rivera puede considerarse como la trasposición a la categoría de régimen nacional de este condominio local de militares autócratas y de hombres de negocios aterrorizados.

V

En julio de 1921, cayeron sobre el gabinete "como un bombazo" las noticias del más terrible desastre en los anales militares españoles. El ejército español de la zona oriental del Protectorado de Marruecos había retrocedido, presa de pánico, de las posiciones que ocupaba alrededor de Annual. Los españoles sólo pudieron conjeturar a través de la prensa censurada las noticias de que miles de reclutas habían sido muertos por los kabileños moros.

El gobierno español había aceptado en 1912 el protectorado no por un arranque de entusiasmo colonialista sino simplemente para evitar que Francia ocupase la línea de costa situada frente a la Península. El Marruecos español era una región pobre y sin carreteras, dividida en dos zonas militares, desconectadas excepto por mar y habitadas por tribus inquietas que nunca habían estado bajo el control de su soberano nominal, el sultán de Marruecos. Una veinteava parte del Marruecos francés, sin cartografiar e inexplorado por los europeos —aquellos que se habían aventurado por el interior montañoso habían sido castrados o asesinados—, el Marruecos español presentaba cualquier tipo de dificultad militar que uno pudiera concebir.

Como iba a defender Alcalá Zamora, futuro presidente de la Segunda República, el desastre militar fue el resultado de luchar en una guerra colonial con un ejército de reclutas mal entrenado.[6] La consecuencia se tradujo en un compromiso

6. Niceto Alcalá Zamora, *Discursos*, 1979, p. 158.

inexplotable entre la determinación de los políticos civiles por evitar los problemas en el interior a base de llevar a cabo una guerra colonial difícil e impopular, barata en términos de bajas entre los reclutas ("guerra relativa") y el punto de vista militar de que no existía alternativa a la conquista metódica por tropas entrenadas y seguras ("guerra absoluta"). El resultado fue un cuerpo de oficiales amargado en África; Goded, Franco, Mola, Sanjurjo —los conspiradores militares de 1936— experimentaron todos esa frustración. Para vencer las dificultades de hacer una guerra sucia con reclutas mal dispuestos y por las críticas de los despreciados junteros (los africanistas abandonaron las juntas en masa) fue por lo que los africanistas crearon, a imitación de los franceses, una fuerza voluntaria a largo plazo, la Legión o el Tercio. El comandante Franco diseñó su uniforme, formó parte de ella y escribió su historia. Sometido a una disciplina de hierro, inspirado por la mística del compañerismo en armas y estimulado por una paga más elevada, el Tercio se convirtió en una unidad legendaria, la mejor fuerza de choque del ejército español.

Marruecos había permanecido tranquilo durante la guerra de 1914-1918. Las operaciones comenzaron otra vez en 1919. Era alto comisario el general Dámaso Berenguer, militar culto que había estudiado la "guerra científica" francesa en Marruecos. En la zona oriental Berenguer llevó a cabo una campaña metódica y coronada por el éxito contra un aristocrático ladrón de ganado, El Raisuli, cuya crueldad y astucia le habían proporcionado un ascendente sobre las kabilas de la Jibala. Cuando le llegaron noticias de lo sucedido en Annual se encontraba a seis kilómetros de la capital de El Raisuli y con el sometimiento definitivo de la zona oriental al alcance de la mano. Una vez conseguido esto, pensaba actuar en la zona occidental.

El comandante de esa zona occidental era el ambicioso y "viril" general Silvestre, amigo de Alfonso XIII y de Berenguer. Había realizado un peligroso avance contra las kabilas organizadas y armadas por Abd el Krim. Éste había estado sirviendo a la administración española y se le había condecorado por su lealtad. Encarcelado por mantener contactos con los alemanes durante la guerra, se convirtió en ferozmente antiespañol. Educado y ambicioso, llegaría a ser un héroe para los nacionalistas árabes así como para los nacionalistas catalanes.

La responsabilidad de Berenguer en el desastre consistió en que, sabiendo sus peligros, no se opuso con firmeza a la propuesta de avance hecha por Silvestre; la de Silvestre consistió en que, hasta que tuvo encima el desastre, no advirtió el peligro de su posición expuesta sin una segura línea de retirada. Cuando Abd el Krim atacó Annual, los reclutas de Silvestre se vinieron abajo y abandonaron sus posiciones presos de pánico; en pocos días se perdieron cinco mil kilómetros cuadrados, y lo que quedaba de un ejército desmoralizado se encerró en Melilla.

VI

"Renovación" fue el eslogan que había aglutinado a la oposición en 1917. Entre 1921 y 1923 la política estuvo dominada por la exigencia de "responsabilidades". ¿A quién y a qué se les había de echar la culpa por lo de Annual?

Los conservadores, partido en el poder en ese momento, estaban ansiosos por reducir la investigación sobre las responsabilidades a problemas de tipo militar; formaron una comisión de encuesta dirigida por el general Picasso con este único propósito. Los liberales se dispusieron a utilizar las "responsabilidades" para derribar a los conservadores y hacerse con el gobierno. La oposición —en especial los socialistas— pretendieron utilizar la situación no con el único fin de desacreditar al ejército con acusaciones de incompetencia y corrupción, sino para atacar todo el sistema político —por encima de todo para implicar al rey, al que se suponía había animado a Silvestre para que siguiera por el camino que conduciría al desastre—. Las acusaciones contra Alfonso XIII se convirtieron en un clavo que los socialistas estaban dispuestos a hundir en el ataúd de la monarquía. En las elecciones municipales de abril de 1931 que se convertirían en un plebiscito sobre el futuro de la monarquía, en El Socialista apareció un cartel con el título: "¡Monarquía NO!", en que se veía a un soldado con una calavera por cabeza y con el siguiente texto: "La candidatura del soldado de Annual".

Fue el "gesto" del conservador Sánchez Guerra, presidente del Consejo de marzo a diciembre de 1922, lo que politizó el asunto. Después de un año de dilaciones remitió el informe Picasso a una comisión de las Cortes. La izquierda no podía utilizar las "responsabilidades" como plataforma para movilizar el apoyo de la clase media detrás de una exigencia de democratización del sistema. Sánchez Guerra esperaba modernizar el Partido Conservador y, haciendo responsable a su propio partido ante la opinión pública, derrotar a los liberales ansiosos de poder después de dos años sumidos en la soledad; pero la apertura de las responsabilidades al debate político acabó con su propio gabinete.

Le sucedió García Prieto (diciembre de 1922). Fue el último gobierno de la monarquía, el intento final de los liberales dinásticos por actuar como "pararrayos", como arquitectos de una apertura hacia la izquierda. El nuevo gabinete incluía a un representante de los reformistas de Melquíades Álvarez y a Alba, el financiero reformista liberal y bestia negra del ejército y de la burguesía catalana. Su programa incluía una revisión de la situación religiosa, una reforma del Senado, un presupuesto moderno, la prosecución de las responsabilidades, el control civil sobre Marruecos e incluso una reforma agraria. No hubo ocasión de poner este programa en práctica: Marruecos dominaba la política.

A través del viejo compromiso de mantener una guerra lo más barata posible en Marruecos, Alba obligó a que se nombrase un civil como alto comisario y al pago de rescate por los prisioneros que mantenía Abd el Krim. Todo ello fue un "insulto" al "honor del ejército" que puso su descontento en conocimiento de Alfonso XIII.

El sistema parlamentario había sido sistemáticamente atacado por los partidos antidinásticos y por sus aliados intelectuales como corrompido e ineficaz, como construcción artificial para servir a los políticos que mandaban, hombres incapaces de tener una visión nacional. Se tenía el sentimiento de que algún tipo de dictadura era el preludio necesario para una renovación de la vida política. Alfonso XIII había sufrido indiscretos achaques antiparlamentarios, alarmando a sus ministros —a quienes consideraba políticos cobardes incapaces de defenderle de las calumnias de la izquierda—, con llamadas de apoyo a una reforma real "con o sin constitución". Sostenía que se podía permitir una dictadura temporal "en momentos de extrema gravedad" para limpiar el camino a gobiernos "que respetasen el sentir popular". Maura le disuadió· de crear un gobierno "del rey" dirigido por un militar: "Si los militares quieren gobernar —le dijo Maura al rey— que gobiernen solos".

Ortega, el crítico más duro de "la vieja política", detectó en el deseo de una dictadura que observó en amplios círculos un síntoma de la antigua "creencia en los milagros ... en los premios de la lotería política". El problema consistía en que no había ningún dictador a la vista. El candidato apareció finalmente en la figura del general que García Prieto había nombrado capitán general de Cataluña: Miguel Primo de Rivera.

En la noche del 13 de septiembre, Primo convocó a los periodistas barceloneses y se presentó ante ellos con un manifiesto dirigido al ejército y al pueblo español para que fuera publicado sin comentarios. Quería "librar a España de políticos profesionales" como el "depravado y cínico Alba" que había deshonrado a la patria. Atacaba a separatistas y a comunistas y hacía un llamamiento a todos los hombres de buena voluntad para que se unieran al somatén nacional (la fuerza de autodefensa de la burguesía catalana) con el fin de restaurar el orden social. Esperaba que su llamamiento recibiera el asentimiento general. Se trataba de un héroe para la burguesía catalana, para la cual la propuesta de Alba de rebajar las tarifas era el esquema monstruoso de un enemigo jurado de la prosperidad de Cataluña.

El golpe habría fracasado probablemente si el rey hubiera respaldado resueltamente a su gobierno. Primo de Rivera, contando con el apoyo decidido solamente de una guarnición, además de la de Barcelona, había hecho una jugada extraordinariamente arriesgada —era jugador por naturaleza— basándose en el desencanto general de la opinión pública y en la actitud del rey. Una vez que la actitud de Alfonso estuvo clara, el gobierno dimitió y la jugada arriesgada de Primo le salió bien. Sabedor consciente de las consecuencias constitucionales de su acción, Alfonso nombró a Primo presidente de un directorio compuesto por generales desconocidos. De esta manera, legitimando una revuelta militar incruenta, Alfonso decidió el destino de la monarquía constitucional. No nos importa en absoluto el grado de su conocimiento previo o el de su complicidad en el golpe.

El diputado socialista Prieto había hablado del ejército como de alguien que "imponía su mando por medio de una dictadura en la sombra". El ejército había salido de las sombras con la aprobación de los intelectuales, la indiferencia de los socialistas e incluso, probablemente, el alivio de los políticos. García Prieto declaró que ofrecía plegarias a san Miguel Primo de Rivera que le había relevado de la "imposible tarea de gobernar España".

La cuestión principal que se plantea es la siguiente: ¿Remató Primo de Rivera, como sostienen sus incondicionales, a un cuerpo enfermo o estranguló a un recién nacido?

El acta del "cadáver" no era alentadora: quince gobiernos desde 1917; suspensiones reiteradas de las Cortes; censuras de prensa intermitentes. En las elecciones de 1923 la mitad del electorado se abstuvo. Puede tratarse sólo de una opinión el hecho de que el asunto de las "responsabilidades" se utilizase con éxito por parte de la izquierda para alterar el equilibrio político; y que nuevas fuerzas estaban haciendo su aparición en la escena política —en las elecciones de 1918 la izquierda había emergido más fuerte que nunca—.

Y tampoco fue solamente en la izquierda donde se estaba dando una gran actividad: un grupo de entusiastas había comenzado a organizar un partido democratacristiano católico, el PSP. El partido, dividido internamente, nunca había conseguido salir a flote con anterioridad al golpe. No obstante, su programa representaba un ataque más convincente al turno pacífico que las declaraciones cargadas de prejuicios de los intelectuales. Se iba a convertir en un partido de masas, no en un partido de notables manipulado desde arriba. Se advirtió que las elecciones como se habían estado haciendo hasta entonces, con distritos electorales de un solo diputado, eran un regalo para los caciques de los partidos dinásticos. Para destruirlos, España debía tener una representación proporcional y distritos electorales con varios candidatos que no pudieran ser manejados por la manipulación electoral de las masas neutras. Pero las Cortes "corruptas" nunca aprobarían la necesaria legislación para la reforma. La era de la política de masas había de ser introducida por real decreto.[7]

Lo que alarmaría al rey y al ejército fueron mucho más estos signos de vida que la agonía del parlamentarismo o el miedo de algún ataque *específico* sobre el asunto de las responsabilidades en las Cortes: Primo de Rivera asestó el golpe al sistema parlamentario en el momento en que se estaba operando la transición de la oligarquía a la democracia; la vieja máquina política mostraba evidentes señales de desgaste, incluso aunque aún pudiera presentar una cómoda mayoría de gobierno. Pero las perspectivas de transformación imaginadas por los liberales avanzados no habían conquistado la indiferencia del electorado —en las últimas elecciones de la monarquía, ciento cuarenta y seis diputados consiguieron su escaño por medio de una elección sin oposición debido a la prerrogativa que les concedía el artículo 29 (véase p. 108)—.

La destrucción de la monarquía parlamentaria creada por Cánovas, cualquiera que hayan sido sus defectos, marcó la en-

---

7.   O. Alzaga, *La primera democracia cristiana en España*, 1973, parte IV.

trada decisiva en la moderna historia española. Abrió lo que
los constitucionalistas denominan un "período constituyente",
la búsqueda de una forma estable de gobierno, un proceso que
puede ser considerado como un gasto inútil de tiempo histórico.
En 1977, después de dos dictaduras y de una república, España
regresó a la forma de gobierno que los militares habían derribado en 1923: una monarquía parlamentaria basada en el sufragio universal.

CapÍtulo VII

LA DICTADURA DE PRIMO DE RIVERA
Y LA CAÍDA DE LA MONARQUÍA, 1923-1931

I

"Nuestro propósito —se leía en la primera proclama de Primo de Rivera dirigida al país— es constituir un breve paréntesis en la marcha constitucional de España para restablecerla tan pronto como, ofreciéndonos el país hombres no contagiados de los vicios que a las organizaciones políticas imputamos, podamos nosotros ofrecerlos a Vuestra Majestad para que restablezca pronto la normalidad."

El pensamiento político de Primo de Rivera era primitivo, personal e ingenuo. Políticos profesionales antipatriotas habían destruido España; un patriota aficionado iba a reconstruirla. Una casta política, a través de la farsa de las elecciones, había aislado al gobierno del pueblo; él mismo podía entrar una vez más en contacto directo y personal con el pueblo, devolviendo al gobierno su espíritu democrático. Como gobernante de España, "charlaba" con el pueblo, explicándole sus decretos y confesándole sus errores con toda franqueza, creando así una imagen del déspota benévolo que, bajo la guía de la Divina Providencia, trataba de hacer las cosas lo mejor posible, aunque no siempre con éxito, y que escribía cartas de propia mano a sus súbditos durante las primeras horas de la madrugada después de un día de duro trabajo en el despacho.

Las "intuiciones" del dictador fueron elevadas por sus propagandistas al estado de doctrina política. El odio hacia el viejo grupo de políticos de partido fue racionalizado en una teoría política antiparlamentaria que decía ser más auténticamente democrática que el liberalismo parlamentario; atacaba el individualismo y los derechos individuales: los hombres nacen en la sociedad y deben respetar lo que en ella es "real". Las doctrinas de los derechos individuales eran "los arabescos de intelectuales desocupados". La dictadura quería ser pragmática: respetaría las grandes creaciones sociales existentes: la nación, la Iglesia y el rey, *por ese orden.*

El dictador y su partido no eran monárquicos entusiastas; aceptaban la monarquía porque eso mismo hacía la gran mayoría de los españoles. Respecto de la Iglesia, el dictador, como ocurre a menudo con los arrepentidos, era un ferviente católico que pensaba que todos los españoles también lo eran o que debían serlo. El materialismo era algo apropiado para los bueyes que no tienen historia. Todo lo anterior significaba que la dictadura era una institución mucho menos tolerante que el parlamentarismo "decadente". En 1926 una mujer fue encarcelada por afirmar que la Virgen María había dado a luz a otros hijos después del nacimiento de Jesús; las sectas protestantes vieron multiplicarse los obstáculos administrativos en derredor suyo. Incluso así, las relaciones del régimen con la Iglesia, sobre todo en Cataluña, se hicieron difíciles. La Iglesia procuró independizar su destino del del dictador a medida que éste perdía prestigio y popularidad.

El primorriverismo no era un fascismo. Su teoría de la soberanía como amalgama de entidades sociales autónomas, anteriores a la sociedad política, estaba más cerca del escolasticismo aristotélico que del totalitarismo. Mussolini era objeto de gran admiración y se importaron los uniformes y los usos lingüísticos, pero como revela un precipitado examen de los escritos de los apologistas del régimen, la ideología de la dictadura la suministraron reaccionarios católicos y regeneracionistas del país. Costa fue el Juan Bautista que precedió al dictador, profetizando la venida de "un cirujano de hierro". Ortega había argumentado en favor de una élite, rechazando "el falso supuesto de una igualdad real entre los hombres"; sus ataques al antiguo sistema político se convirtieron en textos bíblicos que pasaban de boca en boca entre los seguidores de Miguel Primo de Rivera y de su hijo José Antonio. Y por encima de todos ellos aparecía el gran hereje liberal, Antonio Maura. El dictador proclamaba que estaba poniendo en práctica la revolución desde arriba de Maura que había sido desbaratada por el liberalismo parlamentario. Si el mismo Maura consideraba al dictador un político engañoso, condenado a la caída cuando se debilitase su empuje inicial, numerosos mauristas encontraron en Primo al dirigente que habían estado buscando en vano en los escaños de las Cortes. Otros críticos del turno pacífico —por ejemplo, el ala derecha del joven PSP (véase p. 137)—, dieron la bienvenida a la dictadura al asestarle un golpe de muerte a "la decadente y corrupta organización del Estado oficial" que representaba los "intereses privados, la codicia de los caciques y las ambiciones de los plutócratas".

II

En los contenidos de la política de Primo de Rivera no había nada nuevo. Era como si se limitase a demostrar que él podía realizar lo que no había conseguido el parlamentarismo "decadente". Quiso poner en práctica los proyectos de reforma que habían sido saboteados en las Cortes por las intrigas de políticos de partidos divididos en facciones por medio de reales decretos. Así el Estatuto Municipal de 1924 se basaba en veintidós proyectos, todos ellos fracasados, a lo largo de cuarenta años en su paso por las Cortes. Otros proyectos procedían de la biblia de Costa para regeneradores: los planes para las confederaciones hidráulicas fueron obra de un discípulo de Costa. El dictador rindió tributo a Maura y en el Estatuto Municipal incorporó el sufragio corporativo de aquél; pero, lo mismo que otras muchas ideas constructivas de la dictadura, el Estatuto Municipal nació muerto porque el dictador no quería correr el riesgo de llevar a cabo las elecciones que le hubieran dado vida.

Como muchos políticos autoritarios, Primo era un ecléctico cuando se enfrentaba a la política específica. Más aún, aparte de desembarazarse de los viejos políticos, como por ejemplo de su bestia negra, Alba, no poseía una idea fija del régimen con que quería dotar a España. Su primera solución *ad hoc* fue el régimen militar, con generales designados por su antigüedad actuando de pseudoministros; generales de brigada tomaron en sus manos la dirección de las provincias como gobernadores; y a los comandantes, "regeneradores de bolsillo, se les dieron instrucciones para sanear la política local sirviéndose de la vieja pandilla y para estimular el patriotismo y la gimnasia. La gran virtud del gobierno militar, exclamaba orgullosamente el dictador, consistía en que ahorraba salarios.

En 1926 aquel gobierno de militares aficionados fue sustituido por el directorio civil, mezcla de jóvenes, brillantes tecnócratas y viejos generales como Martínez Anido. Como los partidos en el sentido ortodoxo eran meras emanaciones de un sistema parlamentario condenado por la historia, había que movilizar el apoyo popular por medio de un *movimiento*, la Unión Patriótica (UP). La UP fue concebida como una forma de regeneración moral, como una liga de ciudadanos abierta a todos los verdaderos patriotas, como la élite dinámica de un Estado purificado de la política de cargos y de poder.

El lenguaje del dictador reflejaba una profunda ignorancia política. Se negó a aceptar que la UP era un partido en el sentido habitual de la palabra; es decir, un grupo de hombres que participaban de la convicción común de que una solución política dada —la dictadura— les convenía. Y fue a esta comunión de patriotas que tenían las manos limpias a la que Primo propuso que tomara sobre sí la tarea de gobernar España. "Vamos a preparar España para que gobiernen aquellos que nunca han gobernado." Pero, a pesar de estas perspectivas, el partido se negaba a crecer: las grandes concentraciones, los inspirados discursos y el control casi total de la clientela gubernamental, nada de ello fue suficiente para mover a colaborar a los hombres de buena voluntad. El dictador fue víctima del mito regeneracionista de una España "real", popular, enterrada bajo una clase política artificial. No hubo semejante reserva. Cuando Primo sospechó su error era demasiado tarde para rectificar y ganarse a los políticos ultrajados y repudiados.

III

Primo participaba de la convicción común de que la sociedad era sana y que todo lo malo en España era la superestructura política. Cuando se hizo evidente que la más sencilla operación de cirugía de hierro —la eliminación de "la vieja política" y de los políticos— no consiguió regenerar la patria, entonces debió tomar sobre sí mismo la tarea de la regeneración. Para Primo esto tenía que conseguirse por el avance económico, en particular por el crecimiento industrial.

Para los tecnócratas y los planificadores del régimen, España era una economía pobre porque el capital y la empresa privada nunca habían superado el atraso que había tenido obsesionados a los españoles desde 1898. El Estado debe conceder condiciones monopolistas a las industrias débiles o "inexistentes" e invertir fuertemente en obras públicas básicas.

El programa de obras públicas de la dictadura, que intentaba proporcionar el estímulo y la infraestructura para el despegue, fue criticado como el exhibicionismo económico de un régimen advenedizo. Primo se vanagloriaba de que había convertido las cañadas de ganado en carreteras de estilo europeo; para sus oponentes, a costa de enormes gastos había dado "carreteras a los señoritos para pasear haciendo ruido con sus coches". Su legislación sobre ferrocarriles se basó en los planes de Cambó. El Estado estaba preparado para acometer los gastos de capital que la débil estructura financiera de las empresas no podía soportar; a cambio, el Estado adquiría el derecho de supervisar la gestión de tales empresas en interés de la nación. Las creaciones más duraderas y de las que más se enorgullecía la dictadura fueron las Confederaciones Hidráulicas que agrupaban diversos intereses en un intento por racionalizar los grandes sistemas fluviales como fuente de energía eléctrica y para el regadío, así como un programa de reforestación. El esfuerzo por organizar las Confederaciones como una versión local de una "democracia" corporativa fracasó; pero fueron el origen pleno de éxitos de la moderna electrificación española.

El problema del régimen residía en encontrar dinero para financiar estas ambiciosas empresas. Este hecho mostró la debilidad central de la dictadura. Primo había alcanzado el poder para salvar la sociedad, no para reformarla. Pero cuando se negó a convertirse en mero instrumento de las clases altas, cuando declaró que escuchaba "el clamor del pueblo" y dio gusto a un radicalismo social moderado, se encontró con la oposición atrincherada del *establishment* económico. De esta manera, no podía financiar sus obras públicas al reformar un sistema impositivo que su propio ministro de Hacienda, el antiguo maurista Calvo Sotelo (1893-1936) reconocía como injusto al estar basado en los impuestos indirectos y en su tolerancia a la extendida evasión fiscal por parte de los ricos. En 1926, Calvo Sotelo propuso basar el presupuesto en un impuesto efectivo y progresista. Lo defendió como sistema moderno, eficaz y socialmente justo. "La auténtica democracia se reconoce hoy por la distribución de la imposición pública, no por una constitución política formal." El gobierno, pese a todo, no se atrevió a unir a las masas contra las clases poseedoras; cedió ante una enconada campaña de prensa dirigida por la aristocracia del mundo bancario. Por grande que fuera la utilidad del dictador como restaurador de la paz social, los conservadores no tenían tiempo para soportar el "amateurismo" financiero del dictador: la campaña contra el impuesto sobre la renta se convirtió en una campaña contra el propio gobierno.

Cuando la reforma impositiva fracasó ya no quedaba ninguna otra alternativa para conseguir dinero. Los préstamos para financiar las obras públicas aparecieron en un presupuesto extraordinario, lo que se convertiría en el aspecto más criticado de la dictadura. Las críticas señalaron los efectos inflacionistas del presupuesto extraordinario (algo que el régimen negaba al señalar el nivel estable de los precios interiores) y la falta casi total de control financiero. El resultado de los esfuerzos del régimen para mantener bajos los precios fue presionar sobre la peseta; su caída, debida en parte a una sobrevaloración que había atraído capitales (capitales que comenzarían a abandonar el país en 1928), permitió a la oposición situada en los círculos financieros montar una campaña contra los intentos de Calvo Sotelo por salvar las tasas de cambio, campaña que le obligaría a dimitir.

Al mismo tiempo, el gobierno se decidió a regular todos los aspectos de la economía estimulada por este gasto público. Perseguido por el miedo a la superproducción y a la competencia "ruinosa" y por los sueños de autarquía —a Primo le dolía la predilección de las clases altas por los vinos franceses y la preferencia de los médicos por los bisturíes de importación— el Consejo de Economía Nacional se embarcó en un programa de intervención general. Todo artículo susceptible de ser producido en España debía fabricarse aquí, independientemente de los costos de producción: de ahí la "intervención" para salvar la producción interior de carbón, plomo y resinas; de ahí también la elevación en un tercio de las tarifas aduaneras, los intentos por crear una industria automovilística nacional, de financiar la producción de algodón mediante un arancel sobre el algodón importado, y de intensificar la política "cerealista"; y, por último, también la nacionalización de la distribución de petróleo, en parte para producir una renta y en parte para salvar a España de la "cubanización" por las compañías petrolíferas extranjeras. La economía española cayó en manos de comités que lo regulaban todo, desde la energía hidroeléctrica hasta la industria de pieles de conejo. La intervención y el control eran criticados por aquellos grupos que los sufrían, o por aquellos que no se beneficiaban de ellos, como defecto de una economía que dependía todavía de la empresa privada.

Pero a pesar de las duras críticas, el régimen pudo apuntarse un aumento en la producción sostenido, aunque modesto. La dictadura presentó un aire de optimismo y expansión, aunque la continuada prosperidad fue en buena medida el resultado de circunstancias exteriores favorables por las que el régimen carecía de méritos. Los precios de importación españoles cayeron al tiempo que aumentaban los de las exportaciones. Como ya advertía el dictador, sus esperanzas de autarquía se basaban en el crecimiento continuo de las exportaciones agrícolas españolas, únicas que podían financiar el crecimiento industrial y sanear el déficit de la balanza de pagos. El turismo, que el régimen hizo cuanto pudo por estimular con la construcción de carreteras y de hoteles estatales en edificios históricos, era un turismo de lujo; al contrario de lo que haría el turismo de masas en la década de 1960, no pudo asegurar un despegue industrial.

IV

El régimen afirmaba estar consagrado por entero a la consecución de una mayor justicia social. Hubo programas de viviendas obreras baratas a los que se dio mucha publicidad; se mejoraron los servicios sociales —en particular los beneficios por maternidad, pues Primo confesaba estar muy interesado por los derechos de la mujer—. Fue el conservadurismo fundamental del régimen, su sensibilidad a las críticas procedentes de los financieros y los terratenientes establecidos lo que le inhibió de poner en práctica un ataque serio a la desigualdad y la injusticia. Los éxitos de Primo se impusieron en campos incuestionables como la enseñanza primaria, pues se construyeron ocho mil nuevas escuelas. La reforma de la tierra es una prueba. La dictadura cayó en la solución anodina de la colonización de tierras vendidas voluntariamente por los propietarios: solamente se asentaron cuatro mil campesinos. Los obreros del campo continuaron fuera del sistema de la seguridad social. Tampoco mejoraron las condiciones del obrero industrial; los salarios reales descendieron con toda probabilidad ligeramente y, como siempre, las provincias pobres salieron peor paradas: los salarios reales aumentaron enormemente en la Vizcaya industrial, descendiendo de forma aguda en Jaén; y solamente las regiones favorecidas se beneficiaron de la compensación de los ingresos incrementados de la seguridad social.

¿Por qué entonces, nos podemos preguntar, fue tan dócil la clase obrera? La respuesta la podemos encontrar en parte en la eficacia de la represión y, en parte, en la actitud del Partido Socialista. La reputación política de Primo de Rivera, lo mismo que la de Napoleón III, se basó en una liquidación del fantasma rojo unido a la simpatía por el trabajo honesto. La abolición del jurado, la censura de prensa y la revitalización del somatén como milicia o policía armada especial de reserva, contribuyó a acabar con los ya tambaleantes cuadros de la CNT. Martínez Anido, como ministro de la Gobernación, fue el experto del gobierno para la eliminación del anarquismo. Como siempre, la represión dividió el movimiento. Pestaña sostenía que la CNT debería aceptar la maquinaria de arbitraje laboral del gobierno, salvando así la organización a expensas de los principios del sindicalismo revolucionario; en el polo opuesto, los anarquistas puros resucitaron el "genio revolucionario y moral de Bakunin", fundando en 1927 la FAI (Federación Anarquista Ibérica), organización revolucionaria pura formada por pequeños grupos de activistas. Aunque hubo una organización clandestina de la CNT y aunque se celebraron conferencias ocasionales con los militantes disgregados por la prisión y el exilio, "el movimiento —escribiría su historiador Buenacasa— dejó de existir durante siete años".

Pero en la política laboral del dictador hubo algo más que mera represión. ¿Por qué se habrían de lamentar los dirigentes obreros de la destrucción del Estado burgués de los "viejos políticos" cuando el nuevo gobierno les ofrecía una maquinaria satisfactoria de arbitraje salarial? Primo esperaba integrar a la UGT en el nuevo Estado.

En 1924 no parecía de ninguna manera una ambición imposible. El interés de dirigentes obreros como Largo Caballero, el preferido de Pablo Iglesias, era el de proteger a la UGT poniéndola por delante de sus rivales y manteniendo y aumentando la legislación que protegía el trabajo. Esto no implicaba una colaboración *política* sino únicamente una aceptación de la situación existente, un oportunismo estimulado por la formación en Gran Bretaña del gabinete laborista de Ramsay MacDonald, lo que parecía hacer crecer las esperanzas de que el socialismo podía conseguir el poder en una monarquía capitalista. Todo lo que los socialistas españoles debían hacer por el momento era aceptar cargos en diversas oficinas gubernamentales relacionadas con asuntos laborales, *sin* comprometerse a un apoyo abierto al régimen (Largo Caballero, como consejero de Estado para el Trabajo rechazó una invitación a asistir a un baile de palacio). En 1926, imitando los precedentes españoles en línea con el catolicismo social y los habituales modelos fascistas, Aunós, ministro de Trabajo, creó una organización laboral corporativa como clave de bóveda social de un nuevo Estado. Sus comités mixtos, con igual representación del trabajo y del capital, fueron aceptados por la UGT, cuyos funcionarios se convirtieron, de hecho, en burócratas pagados por el Estado.[1]

1. J. Andrés Gallego, *El socialismo durante la dictadura 1923-1936*, 1977, pp. 49-191.

A la cooperación de la UGT con el dictador, de una UGT dominada por una dirección reformista, se opusieron Prieto y la izquierda del Partido Socialista, y le ganó también la desaprobación de la CNT. Largo Caballero siguió defendiendo la cooperación que mantenía a la UGT alejada del destino de la CNT y proporcionaba al socialismo un monopolio del movimiento obrero, ventajas inmediatas que se esfumarían si los socialistas mostraban algún signo de cooperación con los políticos burgueses contra la dictadura. En 1929, los socialistas abandonaron al dictador rechazando la invitación a elegir representantes en la Asamblea Nacional de Primo. Este organismo aparecía como un cuerpo hinchado por el intento del dictador por legitimar su gobierno. El movimiento socialista, protegido de la destrucción por la colaboración, se encontraba ahora preparado para realizar "su misión histórica" como partido de futuro.

Si Primo de Rivera fracasó en el intento por "integrar" al movimiento socialista y atrajo a la UGT hacia un programa de "producción nacional", su fracaso con los catalanes fue si cabe más resonante. Aunque en 1923 mostró cierta simpatía por las aspiraciones catalanas con el fin de asegurarse el apoyo de Barcelona, él participaba del punto de vista castellano de que el regionalismo que iba más allá del folklore y de la artesanía local era una cubierta de los "separatistas ciegos y perversos". Creía que el catalanismo era obra de una exigua minoría de profesores universitarios y de intelectuales; se suprimieron sus manifestaciones —el uso del catalán en la iglesia, la *senyera* catalana y la sardana—. La única institución regional concedida por el parlamentarismo corrupto, la Mancomunidad, fue disuelta por constituir, según él, un desastre financiero y político. Esto era demasiado incluso para los catalanes conservadores que se habían opuesto a las pretensiones políticas de la izquierda nacionalista y que habían saludado a Primo de Rivera como salvador de la sociedad.

Más tarde, ya en el exilio, pareció haber llegado a creer que había alcanzado el poder para destruir el catalanismo; podía pensar que el catalanismo estaba muerto porque, en un régimen de silencio, podía llegar a tomar sus deseos por realidades. La represión reforzó el catalanismo: Cambó sostenía que la tremenda expansión de la literatura catalana, el auge de los libros publicados en catalán, demostraba que la represión daba pie a una reconversión en profundidad allí donde su propia campaña autonómica había fracasado. Cambó albergaba aún esperanzas de que su solución moderada "dentro de la monarquía" podía tener éxito. Esta solución estaba ya pasada de moda. Del mismo modo que la represión había reforzado a los extremistas de la CNT, también hizo que ganase simpatías el separatismo republicano de Macià. La *grande bourgeoisie* había perdido el control. La situación se centraba ahora en los radicales de la clase media y en los republicanos convencidos.

V

Fue en Marruecos, allí donde habían fracasado los políticos, donde el dictador consiguió alcanzar su mayor triunfo. En 1924 el despiadado liderazgo de Abd el Krim y su primitivo nacionalismo bereber había proporcionado a las tribus rifeñas la apariencia de un Estado. Había comenzado a ganar las simpatías de la izquierda en una campaña contra la "opresión colonial" española. La primera solución del dictador consistió en correr el riesgo de la posibilidad de un motín en el ejército africano accediendo al deseo de los políticos de llevar a cabo una "guerra relativa" poco costosa para retirarse a la "línea Primo de Rivera" —Franco fue uno de los oficiales africanistas dedicados que se opuso abiertamente al "abandonismo"—.

Al mismo tiempo que se había visto favorecido por la situación de las relaciones comerciales, un giro en la política de Francia proporcionaría a Primo su oportunidad en Marruecos. En 1925, Abd el Krim atacó las posiciones francesas avanzadas; antes de que condenemos a los españoles por el desastre de Annual de 1921 es bueno recordar las derrotas francesas de aquel año que hicieron tambalearse todo el edificio del protectorado. La buena voluntad francesa de cooperar con el ejército español permitiría la decisiva victoria de Alhucemas.

El círculo se cerró con el triunfo de la política maximalista del ejército en favor de la conquista y la ocupación militar. Y ello no porque Primo de Rivera fuese débil o se sometiera a la presión militar, sino porque los acontecimientos, sobre todo la posibilidad de cooperación militar con Francia, habían hecho posible una política que, en 1923, consideró con razón peligrosa y situada por encima de la capacidad española. En 1924 fue lo bastante valiente como para imponer sus ideas al ejército de África. En 1925 asumió la responsabilidad directa de la arriesgada operación combinada de Alhucemas. En 1927 se pacificó el protectorado. Primo de Rivera se había ganado el premio al coraje.

VI

En 1929 se habían marchitado los laureles ganados por Primo en Marruecos y parecía amenazada la prosperidad que había dado apoyo al régimen; el programa de obras públicas se detuvo. Lo mismo que otros muchos países, una caída en la tasa de cambio se consideró una calamidad nacional. Sin embargo no fueron los síntomas de una crisis económica lo que socavó al régimen. Su fracaso fue político. No pudo resolver el problema que obsesiona a todos los regímenes autoritarios: el establecimiento de un sistema político con apariencia de legitimidad que pudiera suceder a la dictadura.

No hay duda de que, originalmente, Primo de Rivera consideraba su dictadura en el sentido clásico como un interludio corto y enérgico. Por medio de una variedad de metáforas que iban desde la cirugía a la pirotecnia, el dictador declaró su intención de volver a la "normalidad". Las dificultades crecieron en la profunda diversidad de sus juicios acerca del momento en que sería prudente retirarse, y sobre la naturaleza del régimen que debía considerarse como normal. De ahí sus repetidas rectificaciones y sus intentos de volver a pasar el Rubicón.

A partir de su original idea de la constitución de 1876, revitalizada por hombres nuevos, Primo aceptó la idea de una constitución nueva redactada por una Asamblea Nacional que podía atraer a alguno de los antiguos políticos; para los miembros comprometidos con la Unión Patriótica se trataba de una forma de institucionalizar el movimiento y de asegurar su supervivencia política (una buena parte de la élite política franquista iba después a poner sus esperanzas en el eslogan: "Después de Franco, las instituciones"). La Asamblea estaba destinada a representar los grandes intereses de la nación. De hecho se convirtió en un foro de las rivalidades de distintos grupos de presión. La constitución que redactó expresaba la habitual hostilidad de la derecha por el gobierno parlamentario liberal y responsable: se limitaron las intervenciones en nombre de la eficacia —el lema favorito de Primo era: "Que las cosas se hagan"—. Los representantes de las corporaciones ocupaban escaños detrás de los diputados electos. Las principales diferencias con el parlamentarismo clásico consistían en la ausencia de cualquier responsabilidad ministerial y en la supresión de la prerrogativa real de nombrar y destituir gabinetes, prerrogativa concedida ahora a un cuerpo, imitación del

Gran Consejo Fascista. Tal constitución no agradó al rey —aunque Primo, bajo la influencia de Mussolini, creía que las prerrogativas reales eran demasiado amplias— y la Asamblea se vio boicoteada desde el principio por los viejos políticos y, más tarde, por los socialistas. La nueva constitución tuvo que ser abandonada como un fracaso político.

En 1929, el debate público sobre la constitución reveló la amplitud de la oposición a un régimen que no se había hecho aceptable a las fuerzas que aún contaban en la sociedad española. Se entiende perfectamente la oposición de los políticos malévolos; habían sido insultados e injuriados. En el plano legal no podían aceptar "el diario plebiscito de la opinión pública" utilizado por Primo, manifestado en los recibimientos en las estaciones de ferrocarril, como sustitutivo de una constitución. Sánchez Guerra, dirigente del Partido Conservador, aconsejó al rey que obligase a dimitir al dictador. En 1928, con la ayuda de oficiales descontentos y de enemigos declarados de la monarquía, Sánchez Guerra organizó en Valencia una débil imitación del clásico pronunciamiento del siglo XIX, en lo que se declaró como un intento por librar al rey del dictador. El hecho de que la revuelta fuese un fracaso (la esposa del general comprometido en Valencia, temiendo las consecuencias sociales del fracaso, persuadió a su marido de que arrestase a Sánchez Guerra) es menos importante que el de que los conspiradores se convirtieran en héroes nacionales.

El rasgo más sorprendente de la oposición política a la dictadura fue que se aseguró el apoyo de los intelectuales. Es importante advertir que la cultura española estaba entrando en lo que se ha llamado su segunda Edad de Oro. En ningún momento, hasta los años finales del franquismo, fue la influencia intelectual tan grande y su prestigio tan escasamente debilitado. Unamuno, el existencialista cristiano de Salamanca, se había convertido en una figura nacional e internacional; Ortega se encontraba en el punto más elevado de su reputación como periodista filósofo en la *Revista de Occidente* y por sus artículos en el diario liberal *El Sol*; había una nueva generación de poetas entre los que se contaba García Lorca. Las universidades, especialmente la de Madrid, eran más europeas que en ningún otro momento anterior.[2]

Casi la totalidad de este complejo intelectual se manifestó abiertamente opuesta a la dictadura y, por implicación, a la

2. Para las universidades, véase Schlomo Ben-Ami, "Los estudiantes contra el rey", en *Historia 16*, 6 (octubre 1976), pp. 37-47.

monarquía que apoyaba a aquélla. Dado que escritores como Azorín habían sido críticos igualmente duros de la "vieja política" y que Ortega había dado una bienvenida autorizada al golpe de Primo dándole el empuje final, esta "inversión de las alianzas", por no decir algo peor, es algo que no se sostiene. Los políticos, abogados muchos de ellos, y los intelectuales se sentían ofendidos por lo que llamaban "la falta de sentido jurídico" del dictador. Primo sentía cariño por la justicia del salvaje Oeste, y sería esa interferencia escandalosa en el curso de la justicia la que precipitó a los intelectuales hacia una oposición declarada y permanente. Unamuno fue separado de su cátedra y marchó al exilio; desde París atacó despiadadamente al dictador en un lenguaje que le proporcionó escaso crédito como estilista y demostrando escasa consideración por la verdad, como más tarde confesaría. Blasco Ibáñez, el popular novelista y agitador republicano, que se aseguró la fama cuando Valentino interpretó el papel estelar en la versión cinematográfica de *Los cuatro jinetes del Apocalipsis*, calumniaba al dictador y al rey con falsas acusaciones de inmoralidad. Si se exceptúa a Maeztu —se unió a la UP, llegó a ser embajador y fue enviado a Coventry por sus compañeros— y a D'Ors, ningún intelectual de renombre apoyó al régimen. Fue clausurado el Ateneo, casino literario que simbolizaba lo mejor y lo peor de la vida intelectual española.

La oposición de los intelectuales se unió a la de los estudiantes universitarios, cuyo número se había doblado desde 1923. Unamuno se convirtió en la figura paternal de los estudiantes rebeldes, a quienes dirigía cartas en las que calificaba al dictador de criminal, de miserable ladrón y de cobarde. La oposición estudiantil nació a partir de la defensa de los intereses de los estudiantes por la unión de estudiantes no católicos, la FUE, contra el intento de autorizar a las universidades privadas católicas la concesión de títulos oficiales que eran esenciales para la obtención de puestos en la administración pública. Contra esta primera oposición abierta, Primo reaccionó con desprecio. "España —observaba— no necesita universidades."

De esta manera, el gobierno estuvo sometido todo a lo largo de su decadencia a una serie de ataques de menor cuantía que le desacreditaron. Se utilizó un cuerpo especializado de policía en bicicleta para limpiar las paredes de inscripciones sediciosas; el comité estudiantil hacía circular octavillas clandestinas; aparecían en la prensa poemas laudatorios acrósticos, cuyas iniciales de cada línea leídas en vertical decían: "Primo es un borracho". Primo de Rivera llegó a odiar a los estudiantes —se sentía ultrajado particularmente por la presencia de mujeres en las manifestaciones estudiantiles, lo que relacionaba con el aumento de la pornografía—. Para el rey, la protesta estudiantil era especialmente desalentadora. Había desplegado una gran cantidad de energía en la nueva Ciudad Universitaria para ganarse a la juventud española; los estudiantes le pagaron con la destrucción de un busto suyo, señal evidente de los peligros que entrañaba el apoyo continuado a la dictadura. Cuando Primo de Rivera cayó dio la impresión de como si fuese derrotado por un grupo de estudiantes.

Podía haber hecho frente a las quejas de los viejos políticos y a la sedición de los intelectuales; de lo que no podía prescindir era de la lealtad del ejército y del apoyo del rey.

El descontento del ejército se originó en su falta de respeto por las convenciones que habían protegido la carrera militar de la interferencia de los civiles. Primo politizó las promociones. El general Queipo de Llano pasó a la reserva por una broma del peor gusto —UP, decía, podía tanto significar urinarios públicos como Unión Patriótica—. Tales acciones amenazaron la autonomía del ejército y resucitaron el viejo espíritu juntero. "Si los militares pueden hacer esto, ¿se puede saber cómo nos defenderemos de los civiles?"

Fue el ataque de Primo de Rivera contra el cuerpo de artillería el que, en palabras de Berenguer, "rompió la armonía de la familia militar" y convirtió su caída en inevitable. Incapaz de emprender la drástica reducción de oficiales que podía haber creado un ejército moderno, el celo reformista del dictador se centró en una notoria anomalía —la "escala cerrada" por la que los oficiales artilleros tenían que renunciar a los ascensos que rompían al estricto escalafón de antigüedad—. Fue tan seria la resistencia de los cuerpos artilleros a este ataque contra sus privilegios que el gobierno acabó suspendiendo a todo el cuerpo de oficiales de artillería. El conflicto debilitó seriamente a Primo de Rivera. Los oficiales artilleros sentían encono contra el dictador y perdieron la fe en un rey que no defendía sus intereses. El propio rey no estaba de acuerdo con la forma en que el dictador había disuelto el cuerpo más orgulloso del ejército sin consultar a su comandante en jefe.

VII

En frase de su hijo, 1929 fue el año de la agonía del dictador. Había fracasado en su intento de llegar a una entente con los socialistas. En agosto, éstos publicaron un manifiesto en el que se declaraban partidarios de "un Estado republicano de libertad y democracia". Su intervencionismo le habían alienado a todos excepto a aquellos que se habían beneficiado de él: sus intentos por ganarse el apoyo de los socialistas y sus tribunales laborales irritaron a los empresarios. Los banqueros habían resistido con éxito su modesta propuesta de créditos agrarios baratos; los intereses ferroviarios se resintieron del control de su Consejo de Ferrocarriles. Los capitalistas, que se habían salvado en 1923 —el número de huelgas había descendido desde las 465 en 1923 a alrededor de 100 en los años siguientes— y que habían prosperado bajo su régimen (si es que significan algo los elevados beneficios de los grandes bancos) se volvieron contra Primo. Como declaró el ministro de Trabajo, había sido "arrollado por una avalancha de oro". Calvo Sotelo, que creía que sólo una reforma social podía evitar la revolución social, encontró que todos sus proyectos como ministro de Hacienda eran saboteados por lo que llamaba la "obstinada pasividad de las clases conservadoras". Los grandes terratenientes trataron de "bolchevismo" sus intentos por racionalizar el impuesto sobre la tierra y limitar la evasión fiscal. Terratenientes y banqueros eran "hombres de miras estrechas". Cuando la peseta comenzó a depreciarse —en gran medida por causas ajenas al control del gobierno—, el *establishment* financiero atribuyó la decadencia *únicamente* a los efectos inflacionistas de un gasto público abundante e incontrolado. El debate monetario debilitó la confianza en un régimen que parecía haber tropezado con problemas fuera de su competencia cuando el propio dictador, en una de sus salidas características, confesaba estar "demasiado cansado" para recordar los argumentos de su ministro de Hacienda. Cambó, la figura más influyente en el mundo financiero y de los negocios, declaraba que el capital nunca volvería a España "mientras el régimen actual no haya preparado su sustitución normal", es decir, hasta que el dictador anunciara su dimisión.

Todo este descontento alcanzó a la corte aristocrática, donde el dictador estaba considerado como un vulgar aficionado. El rey advirtió que el gabinete estaba profundamente dividido ante el problema del retorno a la "normalidad"; que el régimen sólo se apoyaba en los "intereses" y en los hombres de la UP que no tenían otra patria política. Decidido a escapar a las consecuencias de la creciente impopularidad de Primo que estaba comprometiendo a la monarquía —había aparecido un panfleto donde Alfonso XIII "hacía de comparsa"—, el rey esperaba que, obligando a dimitir al dictador, podía no solamente recobrar las prerrogativas que éste le había arrebatado sino aparecer como un libertador y quitarse así de encima las responsabilidades de 1923.

La oportunidad que estaban buscando el rey y la corte se la brindó la última de las excéntricas intuiciones del dictador. El 26 de enero, después de una noche de insomnio y *sin consultar al rey*, envió una circular a los capitanes generales. El ejército le había encumbrado, ¿le apoyaba todavía? Si no era así dimitiría "en cinco minutos". Se trataba de la más extraordinaria oferta hecha nunca por un dictador moderno; hacía enfurecer al rey como comandante en jefe de un ejército cuya lealtad a la corona había estado sometida a una fuerte tensión. No fueron solamente las respuestas faltas de entusiasmo de sus compañeros los generales, sino también el advertir que el rey deseaba su partida, lo que obligó a Primo de Rivera a dimitir. Se retiró a París y murió deshecho pocos meses después.

A menudo se ha dejado a un lado la dictadura como un interludio irrelevante de la historia española, como la intrusión temporal en la política de un militar excéntrico y bienintencionado. No fue así. El pronunciamiento abrió un período de búsqueda de un gobierno legítimo que sustituyese a aquel destruido en 1923 que duraría medio siglo. Y lo que es aún más importante, la dictadura fue a un tiempo un modelo y una señal de alarma para el general Franco. Muchas de sus nociones económicas las había sacado de la política de la dictadura. La idea de un movimiento, de una comunión de todos los patriotas y de todos los hombres de buena voluntad como algo opuesto a la de un partido ortodoxo, resucitó una vez más bajo el franquismo como un instrumento de apoyo al régimen, sólo para convertirse al final en el núcleo de una élite política. El eslogan nacionalista "España una y grande" era invención de la UP. El general Franco advirtió que un régimen autoritario implicaba un grado de represión que Primo fue reacio o incapaz de imponer. El catalanismo debía ser suprimido sin piedad en todas sus manifestaciones; las organizaciones obreras destruidas. Por encima de todo, la lealtad del ejército no podía sacrificarse por inclinaciones a reformar su anticuada estructura; "la armonía de la familia militar" era una condición previa a la supervivencia de una dictadura. Tanto el encumbramiento de Primo al poder como su caída demuestran que, en último término, el ejército fue el árbitro.

VIII

Al marchar el dictador, la tarea del retorno a la "normalidad" le fue encomendada, en primer lugar, al general Berenguer, general honesto y culto pero enfermo que tenía que estar la mayor parte del tiempo en una silla de ruedas, y después al almirante Aznar, político cándido que leía novelas en los momentos de crisis. Ambos fracasaron. El 14 de abril de 1931, el rey Alfonso marchaba al exilio y España se convertía en república.

Los regímenes caen tanto como consecuencia de la ineptitud de quienes los defienden como a resultas de la fuerza de la oposición. Los monárquicos advirtieron la necesidad de crear un partido de masas fuerte y moderno para sustituir a los partidos dinásticos en ruinas después del paréntesis de la dictadura; pero no querían acabar con sus disputas congénitas o abandonar las costumbres de la "vieja política". Romanones y Alba no consiguieron formar un Partido Liberal unido; Romanones contribuyó a sabotear los planes de Berenguer de regresar a la constitución de 1876 por medio de unas elecciones limpias, porque consideraba a Berenguer un competidor conservador por el poder a quien no se le podía confiar que "fabricara" unas elecciones.

Las vacilaciones de Berenguer —si hubiera convocado elecciones inmediatas es fácil creer en la salvación de los monárquicos— permitieron la extensión del desencanto y la confusión de los políticos al aparecer en público. Éstos no le podían perdonar al rey la traición de 1923; debía limpiar sus culpas sometiendo su conducta y a la misma monarquía al juicio de unas Cortes constituyentes. Otros fueron más lejos. Miguel Maura, hijo de Antonio, condujo a los monárquicos desafectos al campo republicano. Una oleada de declaraciones a la prensa y de mítines ante audiencias entusiastas convirtió a la política de 1930 en una novela de suspense.

Dada la debilidad histórica del movimiento republicano fuera de las grandes ciudades, el resurgimiento y la reorganización de los partidos republicanos fue el fenómeno político de 1930, en agudo contraste con el prestigio en decadencia de los partidos monárquicos. Un índice de la relativa suavidad de la dictadura lo constituye el hecho de que los republicanos se habían organizado en público desde 1926. La Alianza Republicana de aquel año incluía a "viejos" republicanos como Lerroux, cuyos progresos hacia el desempeño de su nuevo papel de mesías de la clase media le habían convertido en sospechoso a los ojos de los "nuevos" republicanos como Azaña, fuerza conductora intelectual del resurgir republicano, y a los radicales socialistas que estaban intentando conseguir el apoyo de la clase obrera. Los conservadores se alarmaron porque el republicanismo representaba no únicamente el deseo de una renovación política, sino una revolución social cuyo síntoma en el plano moral fue revelado en una prensa que discutía el aborto y los males del clericalismo. Para Azaña se trataba precisamente de lo contrario: el resurgir republicano representaba solamente "un republicanismo negativo nacido de la corrupción del antiguo régimen", un sentimiento dirigido contra la persona de Alfonso XIII como símbolo de esa corrupción. El resurgir republicano era más que eso. Representó un deseo de renovación, de ciudadanía dentro de un Estado moderno, europeo; pero el aislamiento moral de Alfonso se logró por la campaña propagandística de los republicanos, y publicaciones tales como el *Alfonso XIII desenmascarado* de Blasco Ibáñez constituyeron un factor crucial en la destrucción de la monarquía. Una vez desaparecido el rey había pocos temas que pudieran unir a los republicanos.

Fue la alianza del *establishment* intelectual (los intelectuales eran las celebridades de los salones de moda, lisonjeados y cortejados por la prensa) lo que facilitó esta tarea de aislamiento moral. En febrero, los principales escritores formaron el grupo "Al servicio de la República". En noviembre apareció el famoso artículo de Ortega "Delenda est Monarchia". Este aumento en la influencia de los intelectuales escapó al mundo ciego de la corte. El rey, después de un corto ensayo de acercamiento a comienzos de su reinado, los había olvidado. Ahora se tomaban la revancha. "Nuestra campaña —confesaba Unamuno— era menos antimonárquica que antialfonsista."

¿Pero qué tenían que hacer los republicanos para derrocar la monarquía? Las tácticas revolucionarias de 1930 no pueden comprenderse si no se presume que la coalición antimonárquica dudaba de si la impopularidad del monarca era lo suficientemente grande como para que el conservadurismo monárquico residual fuese arrollado en unas elecciones generales. Para disimular su propia falta de fe en la voluntad general, los republicanos podían señalar las desastrosas vacilaciones de Berenguer y renovar la acusación histórica de que las elecciones dirigidas por políticos monárquicos no podían ser "sinceras". De ahí que una república pudiera imponerse legítimamente mediante un golpe. Pero para que un levantamiento republicano alcanzara el éxito tenía que ser apoyado por el ejército en un pronunciamiento, por los obreros en una huelga general y por la rebelión en Cataluña.

En Cataluña, la dictadura había perjudicado a la monarquía de un modo irreparable y desacreditado a la Lliga: Cambó era conservador y monárquico —en el último momento propuso la creación de un partido conservador nacional de centro—. El catalanismo era ahora un asunto de los republicanos de clase media, divididos entre grupos intelectuales no revolucionarios y el Estat Català de Macià. Este último, que había "invadido" España en 1926 con una pequeña partida de entusiastas, era separatista y revolucionario. En julio de 1930, los republicanos catalanistas de todas las tendencias acordaron cooperar con los republicanos españoles si éstos, a su vez, presentaban un frente unido; el precio que ponían a su colaboración era una completa autonomía de Cataluña como primer derecho reconocido por una república victoriosa.

Por lo que se refiere a los trabajadores, Berenguer fracasó en su intento por ganarse a los socialistas para que se comportaran como "una fuerza de gobierno". Aquellos que se habían opuesto a la colaboración con la dictadura, y por encima de todos Prieto, cuyos contactos con los republicanos venían de antiguo, llegaron a una alianza con los conspiradores republicanos. La CNT fue legalizada en abril y rápidamente recuperó su fuerza. Al contrario que los socialistas que creían que el próximo paso en la marcha de la historia era una revolución burguesa, la CNT estaba comprometida doctrinalmente con una revolución de los *trabajadores* y rechazó rotundamente la cooperación en una conspiración burguesa y republicana; pero los dirigentes, suavizando sus principios mediante una distinción entre pactos ilícitos con partidos burgueses e inteligencia lícita, firmaron un acuerdo con los republicanos en mayo de 1930, paso por el que serían duramente criticados por los puristas.

Los conspiradores sabían que su golpe fracasaría sin la simpatía o, al menos, sin la neutralidad del ejército. Durante los últimos años de la dictadura, tres décadas de adulación real se habían convertido en malhumor. Berenguer no había tenido éxito en su intento por restaurar "la armonía de la familia militar". Generales leales a Alfonso a título individual no denunciaban a sus subordinados comprometidos en alguna conspiración. Una vez más entraban en conflicto dos teorías de la obediencia militar. Mola, jefe de las fuerzas de seguridad, sostenía que era un deber del militar obedecer al gobierno legal; para conspiradores en potencia como el indisciplinado Queipo de Llano era deber del militar examinar la legalidad del gobierno antes de obedecerlo. La disciplina mecánica estaba sujeta a la disciplina más elevada de la lealtad a la patria: un rey perjuro, que había roto su contrato con la nación en 1923, no podía exigir obediencia durante más tiempo.

Un comité revolucionario aparte controlaba el aspecto militar del levantamiento. Tal levantamiento militar nunca se puso a prueba de manera efectiva y es muy dudoso que el ejército se hubiera sublevado contra el rey. Lo sucedido fue que en la crisis de abril de 1931 los oficiales no se arriesgaron a una guerra civil como harían en 1936; fueron, eso sí, responsables de lo que se ha dado en llamar un "pronunciamiento negativo" desde el momento mismo en que su abstención dejó a la monarquía indefensa. Más que a las instituciones monárquicas como tales, su verdadera lealtad descansaba en una concepción del orden nacional que vieron peligrar en 1936. Entonces le llegó el turno a Mola de utilizar argumentos que había rechazado como traición en 1930.

En agosto de ese mismo año todos los conspiradores se reunieron en un hotel de San Sebastián y firmaron un pacto que comprometía a los grupos unidos de los republicanos españoles y a la izquierda catalana para llevar a cabo una acción conjunta. El bloque republicano aceptó las condiciones de la izquierda catalana. La presencia de Prieto a título personal implicaba la cooperación de los socialistas. Fue una figura del pasado, Alcalá Zamora, un republicano converso desde hacía un año, quien pasaría a ser el centro de la conspiración, porque su promesa de una república católica conservadora podía tranquilizar a la burguesía por la derecha: a nivel simbólico es bien significativo que fuese detenido por conspiración al salir de oír misa. De esta manera, un cacique andaluz, un político liberal recordado por su anticatalanismo temperamental, se convirtió en presidente del Comité Revolucionario creado en San Sebastián para derribar al monarca al que había servido como ministro; este comité se convertiría en el gobierno provisional de la Segunda República.

La rebelión se había previsto para el 15 de diciembre, pero unos cambios de plan de última hora confundieron a los conspiradores; el día 12, uno de ellos, el capitán Galán, se sublevó en Jaca, ciudad aragonesa con guarnición militar. Iba a convertirse en el mártir del republicanismo; su acción fue la de un megalómano que soñaba con convertirse en el Robespierre de la República. Quería liberar a la mujer, imponer un control de natalidad y crear un consejo mundial de la "República de la Humanidad". Su levantamiento estuvo dirigido sin habilidad, y los rebeldes, sin alimentos ni transportes, fueron fácilmente derrotados por las tropas leales.[3] Los conspiradores de Madrid, cogidos por sorpresa, se vieron obligados a secundar su acción publicando un manifiesto mimeografiado, firmado por los miembros del Comité Revolucionario, los cuales fueron rápidamente detenidos por el gobierno. Los dirigentes de la UGT y del PSOE estaban divididos y no eran los adecuados; fueron incapaces de convocar a una huelga general en la capital. Algunos pianos de bares tocando "La Marsellesa" y unos pocos grupos de obreros indecisos serían los únicos indicios externos de la sublevación. Ni el ejército ni los trabajadores, controlados éstos por los dirigentes reformistas de la UGT, se habían movido y el único apoyo serio procedió de una serie de huelgas generales pacíficas en las capitales de provincia.

Para los observadores extranjeros, el gobierno había dominado una rebelión sin apoyos y los republicanos se dejaron embargar por el pesimismo. Pero el fracaso de la conjura de diciembre fue la mejor de las bendiciones para la futura república; si hubiera tenido éxito, observaba un republicano, la República habría sido la consecuencia de otra *militarada* más. Su fracaso y el martirio de Galán, y de su compañero de conspiración, García Hernández, cuya ejecución se explotó como ejemplo de la crueldad personal de Alfonso, aceleró un viraje de la opinión hacia una solución republicana. Durante toda la República los retratos de Galán y de García Hernández se encontrarían colgados de las paredes de las casas de la clase obrera.

La convocatoria aplazada durante mucho tiempo por Berenguer para dar comienzo a una sesión de Cortes en marzo de 1931 puso de manifiesto el desgaste que hacía estragos entre las fuerzas monárquicas. En febrero, y para sorpresa suya, la oferta de elecciones encontró como respuesta una oleada de abstencionismo; los dirigentes de los partidos se negaban a dar por buenas unas elecciones en tanto siguiesen existiendo los viejos ayuntamientos nombrados por el gobierno. La base había

---

3. M. Tuñón de Lara, "La sublevación de Jaca", en *Historia 16*, 1 (mayo 1976), pp. 57-64.

acabado con el retorno a la normalidad planeado por Berenguer; por tanto, éste dimitió.

El rey hizo entonces lo que podía haber intentado con éxito un año antes: llamó a Sánchez Guerra para formar gobierno, aceptando sus condiciones de unas Cortes constituyentes y de una supresión temporal de las prerrogativas reales. Sánchez Guerra visitó al Comité Revolucionario encarcelado que rechazó su oferta. Las consultas no lograron otra cosa que revelar que la monarquía se encontraba "ya en la antesala de la revolución" y que el Comité Revolucionario encarcelado era más poderoso que el mismo rey. Esta crisis curiosamente anticuada se resolvió con la designación del almirante Aznar como jefe de gobierno, con un gabinete de políticos monárquicos pasados de moda, del que eran ministros La Cierva y Romanones. La convocatoria de elecciones municipales era la baza del gobierno para ganar popularidad y verse aceptado por la opinión pública.

El gobierno Aznar perdió rápidamente el escaso prestigio que le acompañó en un comienzo: estuvo ya desde el principio dividido entre los que, como La Cierva, creían que la monarquía podía y debía resistir hasta llegar incluso a un conflicto armado, y los que, como Romanones, ponían su confianza en las concesiones. El Comité Revolucionario veía crecer su influencia desde las celdas de la cárcel Modelo. El juicio contra los componentes del comité se convirtió en una manifestación republicana: se permitió que los acusados acudieran desde la cárcel en automóviles particulares y el público los trató como a los futuros gobernantes de España. Y, por encima de todo, se produjeron las peores algaradas estudiantiles. Los estudiantes se encerraron en la Facultad de Medicina y dispararon contra la Guardia Civil; el ministro de la Gobernación llegó a un acuerdo con el decano y retiró sus fuerzas. Temeroso de hacer mártires utilizando la fuerza, el gobierno confiaba como única esperanza en una victoria en las cercanas elecciones.

Al atardecer del domingo, 12 de abril, empezaron a llegar los resultados de las elecciones municipales en las capitales de provincia; para estupefacción del gobierno, el bloque republicano socialista había triunfado en las grandes ciudades. Aunque había una mayoría de concejales monárquicos en el conjunto español, los republicanos podían mantener que la "masa" (es decir, las grandes circunscripciones) y la "inteligencia" (o sea, el voto urbano "ilustrado") habían rechazado, en lo que ellos trataron como un plebiscito, a un monarca aceptable sólo para los caciques rurales.

Los acontecimientos del domingo al martes han sido estudiados por los historiadores para determinar las responsabilidades del derrumbamiento final y el rechazo de los apasionados ruegos de La Cierva al rey para que utilizara el ejército.

Desde el punto de vista monárquico hubo tres hombres que abandonaron la esperanza. Berenguer, como ministro de la Guerra, en las primeras horas de la mañana del lunes envió un telegrama a todos los capitanes generales en el que parecía darse a entender que el ejército debía aceptar el veredicto de "la voluntad nacional". Sanjurjo, director general de la Guardia Civil, dejó que el gobierno —y quizá también el Comité Revolucionario— pensase que él no obligaría a sus fuerzas a una defensa de la monarquía en las calles. Las razones de las acciones de ambos eran claras: no deseaban destruir la armonía de la familia militar dividida ya en lealtades, o convertir al ejército en la víctima propiciatoria predestinada de una República victoriosa.

Romanones fue el encargado de negociar la rendición final, al margen de sus divididos colegas de gabinete. En la mañana del 14 de abril propuso al Comité Revolucionario que esperase a que se tuvieran los resultados completos y a unas elecciones generales. Alcalá Zamora rehusó cualquier tipo de concesión y exigió que el rey abandonase el país aquella misma tarde; dejó bien claro que el comité conocía "la negativa de Sanjurjo al pronunciamiento". "No dije nada más —confesó Romanones—; la batalla estaba irremediablemente perdida." Para sus críticos, había ido a hablar con el comité "con bandera blanca" y convencido ya "de que la monarquía de Alfonso XIII había pasado a la historia".[4]

Las intenciones del rey durante el domingo y el lunes no estaban claras. La única posibilidad hubiera sido permanecer *in situ* hasta la realización de unas elecciones generales que podían haber infligido a la monarquía una derrota incluso más decisiva. Pero si la agitación callejera comenzada en la misma tarde del 14 de abril hubiera llegado a ser preocupante se corría el riesgo de tener que hacer uso de una represión sangrienta en ciudades que, como Barcelona y Sevilla, habían ya declarado la República. Alfonso decidió abandonar España a las 6.30 de la tarde. El Comité Revolucionario apenas podía creer en tanta suerte; Miguel Maura llamó a un taxi y, haciéndolo pasar por entre una multitud, instaló el gobierno provisional en el Ministerio de la Gobernación.

4. J. Pabón, *Días de ayer*, 1963, pp. 367-433.

Hay hechos que son únicamente acontecimientos políticos; uno de ellos fue la caída de la monarquía borbónica. Todo fue muy rápido. "La caída de la monarquía —escribió el maestro de polo de Alfonso— me produjo más sorpresa que cualquier caída del caballo." No había crisis económica. La fuerte inversión producida en lo que se refiere a los gastos públicos del dictador no había provocado todavía consecuencias serias. La oleada de huelgas y de disturbios estudiantiles no anunciaban una revolución social; pero la inquietud fue suficiente para abandonar "los intereses" de la monarquía por una República conservadora como la mejor salvaguarda del orden social. "No estamos de moda", se lamentó Alfonso.

No hay duda de que "el pronunciamiento negativo" del ejército y la moral de las fuerzas de seguridad asestaron el golpe final. Todos los servicios del gobierno se veían afectados por una lenta parálisis, por una pérdida de confianza; el gobierno, escribió Miguel Maura, estaba poseído "por el complejo de suicidio que se apoderó de la clase gobernante de la monarquía", por la psicología del "abandonismo". El general Mola nos describe cómo encontró su oficina invadida de periodistas, a sus fuerzas de seguridad enfrentadas por envidias, ineficaces, corruptas y mal equipadas (en momentos de crisis la policía de Madrid tenía que utilizar taxis, que eran escasos). Los oficiales y muchos otros sintieron que venía una república y actuaron de acuerdo con ello no arrestando a sus futuros gobernantes. Agotada por las revueltas estudiantiles y por las huelgas, se dice que la policía votó a la república para conseguir dormir bien una noche.

Capítulo VIII

LA SEGUNDA REPÚBLICA, 1931-1936

I

El día siguiente de la declaración de la República, Ortega escribió: "Lo queramos o no, después del 14 de abril todos seremos algo distintos de como éramos". No simplemente porque la gente se transformaría de uno u otro modo; la República significaría un "nuevo amanecer" —la frase se utilizaba a menudo en abril— en la política española. También se había hecho popular describir a la República como "la monarquía encubierta". Las costumbres políticas no cambiaron de la noche a la mañana. Hubo dieciocho gobiernos a lo largo de cinco años con un presidente de la República que manipulaba las crisis políticas a la manera de Alfonso XIII; la iconografía del régimen, en las fotografías de los nuevos gobiernos, reflejaba esta continuidad. Según Miguel Maura que era quien los nombraba, los gobernadores civiles eran los peones de brega del partido; el enchufismo fue una versión republicana del patronaje político del *ancien régime*; los seguidores de Lerroux quedaron desacreditados finalmente en 1936 por un sórdido escándalo financiero a la antigua usanza. No obstante, esto es insistir en las apariencias a expensas de la realidad. Los partidos de la República se convirtieron en lo que los partidos de la monarquía estaban comenzando a ser en 1923: partidos de masas con programas que se dirigían a un electorado. Los políticos penetraron en las zonas rurales del interior en lugar "de pasar por ellas como si fueran un tren expreso" desmontando los viejos equilibrios sociales.

Podemos entender mucho mejor este fenómeno al nivel local. Un estudio de una pequeña villa aragonesa nos muestra hasta qué punto este proceso de politización de masas fue violento, repentino y aparentemente cuidadoso. La villa había estado formada por una sociedad relativamente estable de pequeños propietarios y de trabajadores, dominados históricamente por los "pudientes" que poseían suficiente tierra para permitirles marcar el tono de la vida ciudadana. De pronto, después de abril de 1931, las tensiones entre los ricos y los menos ricos adquirieron un carácter de dramatismo y se hicieron públicas; y se corresponden con la división entre católicos y anticatólicos. Llegaron desde la ciudad organizadores de partido; hubo mítines masivos. El consistorio se convirtió en el punto focal de las nuevas rivalidades políticas. Las relaciones personales a la antigua usanza dejaron de ser posibles. Los católicos convirtieron las fiestas religiosas en manifestaciones políticas; la izquierda embadurnaba de jabón la escalera de la iglesia para que la gente piadosa patinara y se cayera. El control por parte de los socialistas de las bolsas de trabajo destruyó las viejas relaciones agrícolas. Incluso las mujeres, excluidas de la vida pública en la España tradicional, comenzaron a participar en la política.[1]

¿Por qué, entonces, la República fracasó en consolidarse, siendo víctima de un golpe del ejército en julio de 1936? Aparte de por la falta de adecuación del sistema de partidos (véase p. 169) y por las complicaciones de la política regional, fue debido a que, por medio de la retórica y de poner en práctica medidas a medias, los gobiernos "jacobinos" de 1932-1933 y de febrero a julio de 1936 crearon expectativas entre los menos privilegiados que no se cumplieron, al tiempo que la mera existencia de tales expectativas y de los partidos que las promovieron era contemplado por los privilegiados como el preludio de una revolución social. Ortega deploró en *La rebelión de las masas* la intrusión de las masas bárbaras en el plano que debería ser ocupado por la élite. Ahora los bárbaros ocupaban el escenario. Fue precisamente este proceso que condujo a las masas a la política el que intentó invertir la Guerra Civil de los nacionalistas: Franco destruyó la política de masas de la "democracia inorgánica".

II

Todos los miembros del gobierno provisional de 1931 creían que la tarea del nuevo régimen consistía en poner al día la sociedad española, en cerrar la brecha existente entre Europa y España, aunque sus recetas de modernización pudieran ser muy diferentes. La transformación de una sociedad tradicional

---

1.   Cf. C. Lisón Tolosana, *Belmonte de los Caballeros*, 1966.

a través de un proceso parlamentario democrático es, cuando menos, una tarea difícil; se trata de una empresa imposible si se asienta en un presupuesto escaso. Todas las empresas reformistas de la República quedarían cojas por la falta de dinero: la reforma militar de Azaña, la reforma agraria, el programa de Prieto para la regeneración agrícola a través del regadío; los ambiciosos proyectos de una generación de intelectuales en la tradición de la Institución Libre de Enseñanza (véase p. 72) dispuestos a crear un sistema educativo "neutral", laico.

Aunque es cierto que la economía española relativamente aislada sufrió en menor medida que otras economías europeas los efectos de la Gran Depresión de la década de 1930, la República tuvo la mala suerte de que su llegada coincidió con la era de las rebajas en los presupuestos y con la deflación. En 1934 las exportaciones habían descendido hasta el 75 por ciento, la producción industrial estaba estancada y se alcanzaba casi el millón de desempleados, un 70 por ciento de ellos en el campo.[2]

Con todas las dificultades creadas por las circunstancias económicas mundiales, el fracaso de la República para financiar la reforma por un cambio en la distribución de la renta la dejó expuesta a su dilema. En sus primeros años se trató de un asunto burgués apoyado por socialistas reformistas que compartían la ortodoxia presupuestaria del gobierno laborista británico cuando se enfrentaban a una recesión y que temían las consecuencias políticas y sociales que se podían derivar del desmantelamiento del capitalismo por medio de un golpe resuelto. Prieto sostenía que no había necesidad de socializar la miseria y promover una reacción fascista. Ningún gobierno republicano pudo atacar las rentas obligando por medio de una reforma de los impuestos a que cambiase la dirección de la carga impositiva desde los regresivos impuestos indirectos (que afectan por igual a ricos y a pobres) hacia un impuesto sobre la renta progresivo.

El resultado fue desafortunado por partida doble. La reforma pereció por la falta de fondos y la auténtica esperanza de reforma chocó con la oposición de una clase conservadora cuyo poder económico y social seguía siendo en definitiva el mismo que en 1931. La reforma agraria pretendía desmantelar un "establecimiento feudal". Se trató más de una amenaza que

2. Véase A. Balcells, *Crisis económica y agitación social en Cataluña 1930-1936*, 1971, pp. 30-142.

de un ataque resuelto y el *establishment* económico se mantuvo *in situ*.

Los marxistas acusaron de manera regular a los republicanos de izquierdas y a sus aliados socialistas de que entre 1931 y 1936 habían fracasado como revolucionarios sociales. Desde el mismo momento en que *en 1931* todos los partidos gubernamentales eran democráticos y comprometidos a llevar a cabo una democracia parlamentaria aceptable, difícilmente se les podía reprochar que se negasen a instituir una dictadura revolucionaria como instrumento para destruir los intereses conservadores por decreto. Pagaron un elevado precio por su respeto por los procesos democráticos, por el establecimiento de un "socialismo humanista", cuando llegó a su fin el compromiso entre la izquierda republicana y los socialistas. Los intereses conservadores, contra los que habían fracasado en su intento por convertir en inofensivos, bloquearon consistentemente incluso las más modestas reformas sociales (y de esta manera desengañarían a los socialistas de la república burguesa), uniéndose finalmente a los militares rebeldes en 1936 para destruir la democracia durante cuarenta años. En la novela de Sender, los milicianos que entran en casa de un aristócrata en los comienzos de la Guerra Civil se quedan maravillados de que "teniendo todo esto el duque quiera aún más y se rebele para conseguirlo".

III

La historia política de la Segunda República la podemos dividir en cuatro fases. Primero, el período constituyente de abril a diciembre de 1931 que finalizó con la promulgación de la constitución republicana de 1932 y el hundimiento del gobierno provisional; en segundo lugar, el giro hacia la izquierda con la coalición republicano-socialista bajo Azaña, que duró hasta su derrota en las elecciones de noviembre de 1933; tercero, la fase dominada por la derecha que, en contrapartida, sufriría la derrota electoral en las elecciones del Frente Popular de febrero de 1936; finalmente, el descenso hacia la Guerra Civil desatada por el golpe militar del 18 de julio de 1936.

Lo mismo que el gobierno provisional de la República Francesa de 1848, que Marx describió como "un compromiso entre las diferentes clases que habían derribado juntas el trono pero cuyos intereses eran mutuamente antagónicos", el gobierno presidido por Alcalá Zamora, en términos de convicción política y de historia de partido, se trataba de un grupo tan heterogéneo que únicamente podía estar de acuerdo en buenas intenciones de principio. El jefe de gobierno, cuyos principales atributos consistían en una prodigiosa memoria y gran talento en la florida oratoria política del *ancien régime*, y su ministro de la Gobernación, Miguel Maura, enérgico y emotivo, representaban el ala católica conservadora del gobierno. Su ambición consistía en fundar un partido conservador de centro. El ahora "león domado" del Partido Republicano Radical, Lerroux, aunque aún comprometido con una sociedad secular, aparecía cada vez más como el dirigente de las clases medias alarmadas por el radicalismo de sus colegas socialistas en el gabinete.[3] Lo mismo que Alcalá Zamora, Lerroux creía en una república abierta a todos los españoles, al margen de su pasado político o de su clase social, exigiendo únicamente que aceptasen la república como gobierno legal; esto no significaba otra cosa que una república conservadora del orden, en palabras de Lerroux, "revolucionaria contra la reacción conservadora y conservadora contra la revolución".

La idea de una república abierta dirigida por algo así como una coalición de centro era inaceptable para el ala izquierda del gobierno. Para éstos, la República había de ser para los republicanos; debía haber un contenido republicano que supusiese la lealtad hacia un programa específico más que una mera lealtad a una forma de gobierno. Abrir la República a la derecha significaría la destrucción de su "contenido". El hombre fuerte de la izquierda era Manuel Azaña, secretario del Ateneo —todos los miembros del gabinete excepto Largo Caballero eran *ateneístas*, prueba evidente de la influencia de los intelectuales y de los pseudointelectuales en lo que se llamó la República de los Profesores—. Los socialistas radicales eran los jacobinos del ministerio. Su radicalismo social se veía sobrepasado por su violento anticlericalismo. Los socialistas estaban representados por los dos rivales en la dirección del movimiento: Prieto, el periodista y amigo de los republicanos burgueses, y Largo Caballero, el antiguo estuquista que había abandonado la escuela cuando tenía siete años.

Aunque en buena medida el legalismo del gobierno provisional les persuadió a posponer las reformas fundamentales hasta que se reunieran las Cortes constituyentes, los problemas urgentes exigían acción. Los socialistas estaban comprometidos con el problema del desempleo agrario, la condición de los

3. O. Ruiz Manjón, *op. cit.*, pp. 205 ss.

pequeños propietarios de tierras y con la construcción de una maquinaria para los convenios salariales que pudieran reforzar su sindicato. Azaña se dedicó a realizar una reforma democrática del ejército. La cuestión catalana exigía una solución inmediata.

El compromiso socialista con el destino de los trabajadores sin tierras se vio impulsado por el crecimiento desmesurado de su sindicato de obreros del campo, la Federación Nacional de Trabajadores de la Tierra (FNTT), que pasó de 36.000 afiliados en diciembre de 1931 a unos 400.000 un año después —es decir, el 37 por ciento de la afiliación total a la UGT—. Largo Caballero como ministro de Trabajo publicó una serie de decretos que prohibían a los terratenientes emplear obreros que no fueran de los municipios como siempre habían hecho para pagar salarios más bajos y romper las huelgas; se congelaron los contratos de arrendamiento con el fin de favorecer a los arrendatarios; se garantizó a los trabajadores agrícolas el acceso a los Comités Mixtos para exponer sus problemas laborales. Tales decretos —los primeros intentos modestos llevados a cabo por un gobierno para aliviar de alguna manera la suerte de la clase española más deprimida— se vieron combatidos —y saboteados— por los conservadores como ataques insostenibles contra la propiedad privada y por ser económicamente contraproducentes.

Se aplicó un bloque de decretos a todos los trabajadores: la jornada laboral de ocho horas, los beneficios por enfermedad, las vacaciones pagadas. Pero más importante fue aún la remodelación de los Comités Mixtos heredados de la dictadura que proporcionó mayores poderes a los representantes de los trabajadores. Los comités se convirtieron en el feudo de una nueva burocracia socialista. Teniendo en sus propias manos el único medio efectivo para mejorar los salarios y las condiciones de trabajo, la UGT se situó en una fuerte posición en contra de la CNT y de su falta de "sensibilidad socialista". Pero una vez que la defensa de los socialistas de la estabilidad económica de una república burguesa les llevó a oponerse a unas demandas salariales "excesivas", los burócratas se enfrentaron al peligro de verse atacados por una base militante cada vez mayor e insatisfecha. Como más adelante veremos, la derrota política de los socialistas en las elecciones de noviembre de 1933, que privarían a Largo Caballero de su acción protectora desde el Ministerio de Trabajo, unido a su interés en la radicalización de las masas, le convertirían de entusiasta colaborador con la izquierda republicana en el formulador de una toma del gobierno por los socialistas. La república burguesa demostró ser incapaz de dar el primer paso por el camino marxista hacia el socialismo: la destrucción del "feudalismo".

La reforma militar de Azaña pretendía conseguir un ejército moderno y eficaz que sustituyese a un ejército sobrecargado de oficiales. Casi la mitad de los generales y el 40 por ciento de los oficiales aceptaron su propuesta de retiro con las pensiones completas. Incluso así, el ejército siguió estando desequilibrado, y el vigor antimilitarista con que se impusieron los demás aspectos de la reforma alienaron la opinión de un ejército cuyos oficiales habían aceptado en su mayor parte la república, según Mola. El "gabinete negro" de consejeros militares de Azaña cayó en el error de politizar las promociones partiendo de esta manera "la armonía de la familia militar". En agosto de 1932, Sanjurjo, destituido como jefe de la Guardia Civil, esperó en vano que estos descontentos le proporcionasen los elementos para llevar a cabo con éxito un pronunciamiento (véase p. 173).

IV

La tarea de modernizar España comenzó en serio con las Cortes constituyentes elegidas en junio de 1931. La constitución fue redactada bajo la dirección de un profesor socialista y se pensaba que su cámara única sería un instrumento para llevar a cabo una reforma radical.

Si tal era la intención de sus autores, en la práctica se vio frustrada por los mecanismos del parlamentarismo según se desarrollaron durante la Segunda República. Característico de la repentina llegada de la democracia fue el hecho de que los partidos fueran numerosos (veintiséis en las Cortes constituyentes de 1931), poco disciplinados y separados unos de otros e incluso divididos en el interior de cada uno de ellos; más aún, el sistema de partidos se complicaba por la existencia de partidos regionales —una izquierda y una derecha catalanas diferentes de sus equivalentes españoles con los que deberían llegar a acuerdos—. En unas Cortes formadas por 470 diputados, dada esa multiplicidad de partidos y facciones, ninguno de ellos consiguió más de 115 escaños. Todos los gobiernos fueron forzosamente gobiernos de coalición. Las distintas familias políticas enfrentadas en el gabinete debían alcanzar acuerdos en la política a seguir y después obligar a cumplirlos a los diversos grupos que les apoyaban en las Cortes. Para convertir en aún más difícil la tarea de conseguir que las intenciones reformistas se convirtieran en leyes, eran enormes las oportunidades para el obstruccionismo por parte de una oposición fracasada, e incluso sobre asuntos importantes los gobiernos fueron reacios a utilizar el mecanismo de la guillotina. Los debates sobre el Estatuto para Cataluña se prolongaron durante cuatro meses, alargándose por el "peso muerto" de las intervenciones de prestigiosos intelectuales independientes como Ortega y Unamuno.[4]

Esta impotencia gubernamental en las Cortes se hizo particularmente evidente en tres cuestiones cruciales: la autonomía catalana; la cuestión religiosa; y la reforma agraria. Azaña se encontró con grandes dificultades para conseguir que sus colegas socialistas apoyasen un generoso estatuto de autonomía para la zona, conscientes de la debilidad de su propio partido en Cataluña; al conceder la exigencia socialista de que la legislación laboral y social permanecería en manos del gobierno central, Azaña aseguró el conflicto en 1934 cuando un gobierno conservador en Madrid se enfrentó a un gobierno reformista de izquierdas en Cataluña. En cuanto a la cuestión religiosa, el anticlericalismo doctrinario que había proporcionado su identidad política a los socialistas radicales provocó dificultades parlamentarias sin fin. Por lo que se refiere a la reforma agraria, los partidos componentes de los sucesivos gobiernos estaban divididos, y tales divisiones fueron explotadas en los debates de las Cortes. La reforma agraria comenzó a contar con la fuerza del gobierno solamente a partir de febrero de 1936.

Todos los gobiernos de coalición de la República —excepción hecha de la fase "constructiva" de la coalición de Azaña y de los gobiernos del Frente Popular entre febrero y julio de 1936— se vieron expuestos a la destrucción por la retirada de uno de los grupos o por una revuelta en el interior de una mayoría parlamentaria precaria. De los dieciocho gabinetes de la República, todos menos dos cayeron como resultado de una crisis interna, muy en la línea de las crisis de la monarquía parlamentaria. Una buena parte del fracaso de la República por "resolver" los problemas sociales de la década de 1930 debe atribuirse a esta insegura superestructura política.

---

4. Ventura Gassol, consejero de cultura de la Generalidad, en réplica a Unamuno. Citado por S. Varela, *Partidos y parlamento en la Segunda República*, 1978, p. 161.

V

No fue el radicalismo democrático ni el contenido social de la constitución sino sus aspectos religiosos los que enfurecieron a los conservadores, dividieron el gabinete, y crearon la oportunidad de un alineamiento de la derecha para defender a una Iglesia perseguida.

Era comprensible el ataque a la posición privilegiada ocupada por la Iglesia católica, dada su enorme significación emocional como pilar del *ancien régime*; pero para los conservadores que buscaban un motivo "decente" con el que golpear a la República les vino como enviado por Dios. El anticlericalismo formaba parte de la tradición progresista española o, como sostuvo Prieto con mucha mayor crudeza, "era su único bagaje intelectual". La misión histórica del republicanismo consistía en la creación de un Estado laico y de una educación seglar; en palabras de *El Socialista*, el diario del PSOE, era "una elemental aspiración de democracia". Con la perspectiva que proporciona la lejanía en el tiempo podemos apreciar (especialmente desde el momento en que el Vaticano haría un largo camino para llegar a un acuerdo con el nuevo gobierno) que el ataque a la Iglesia se trató de una prioridad equivocada. El artículo 26 de la nueva constitución y la legislación subsecuente separó a la Iglesia del Estado, expulsó a los jesuitas y suprimió el control sobre la educación de las órdenes regulares. Debe admitirse que, cualquiera que hubiera sido la posición conciliadora del Vaticano, la influencia católica sobre la educación era lo único que no estaba dispuesto a abandonar y, al mismo tiempo, era también la única cosa que los republicanos de izquierda se hallaban decididos a destruir.

En mayo de 1931, el gobierno provisional no hizo nada por detener una explosión salvaje de lo que Ortega había llamado "fetichismo mediterráneo", la quema de iglesias que había sido una actuación habitual del radicalismo español extremo. Comenzó en Madrid como protesta contra un mitin monárquico. Sólo Miguel Maura, ministro de la Gobernación, pidió la utilización de la Guardia Civil; el resto del gobierno, temeroso de perder su popularidad si se producían víctimas, no hizo nada. Azaña debió asumir la culpa por este acto de cobardía política.

La defensa de una "Iglesia perseguida" proporcionó el lema para unir a la derecha. Gil Robles (véanse pp. 176 ss.), que haría su carrera política como dirigente de esta reacción católica, llamó a la legislación republicana no sólo una injus-

ticia sino también un error. "Desde ese momento [la aprobación del artículo 26] el problema religioso se convirtió en un
grito de guerra, agudizando hasta llegar al paroxismo el combate entre las dos Españas."

Es característico de la Segunda República el hecho de que
la derecha sacase ventaja al valor propagandístico de la "persecución" y después evitase sus consecuencias; evitaron por
medio de subterfugios la legislación contra las instituciones de
enseñanza de las órdenes regulares, por ejemplo por medio
de la formación de compañías limitadas que dirigiesen los colegios con personal formado por monjes y monjas vestidos con
trajes de paisano, mientras que las raquíticas finanzas del Estado no podían ofrecer ninguna otra alternativa. Pero la legalización del divorcio, la creación de cementerios civiles y la retirada de los crucifijos de las aulas de las escuelas les pareció
a los tradicionalistas que España estaba siendo entregada a los
excesos del materialismo y del amor libre. No se trataba de
que la fe se viera obligada a esconderse en las catacumbas;
más bien, sufrieron un cúmulo de persecuciones menores a
manos de algunos de los nuevos municipios republicanos: mul-
tas por hacer sonar las campanas de las iglesias, prohibición de
procesiones religiosas; retirada de las esculturas religiosas de
las fachadas de las iglesias; enterramiento civil para aquellos
que no habían especificado en sus testamentos el deseo de un
entierro religioso.

Alcalá Zamora y Miguel Maura llevaban ya tiempo incó-
modos por lo que contemplaban como una tendencia hacia una
república sectaria y "exclusiva" dominada por una mayoría
formada por los republicanos de izquierdas de Azaña y por
los socialistas. No pudieron digerir el artículo 26 ni tolerar la
"hostilidad glacial" y el rencor vengativo de quienes lo apoyaban. El 14 de octubre de 1931 dimitieron. Alcalá Zamora
se convirtió en el primer presidente de la República bajo la
nueva constitución; Azaña le sucedió como jefe de gobierno,
en un gabinete que incluía a los socialistas. Los socialistas
pagaron un elevado precio por el poder y por su convicción
inicial de que los republicanos podían llevar a cabo una revolución burguesa, frenando a sus propios militantes para que
no hicieran "reivindicaciones inaceptables" (Prieto, por ejemplo, rompió una huelga de la Compañía Telefónica multina-
cional); su alianza con los republicanos burgueses en el gobierno duraría sólo el tiempo en que el partido pudiera
satisfacer demandas mínimas. Pero los conservadores (los vascos y los agrarios en las Cortes) se oponían incluso a las refor-

mas más modestas como prolegómenos a la toma del poder por los socialistas. "¿Qué es toda esa historia de que se les está entregando la República a los socialistas? —declaraba Azaña—. ¿Cuándo se acabarán esas fantasías?" Pero las fantasías iban haciendo efecto. Lerroux, el caudillo de la resistencia conservadora al socialismo creciente, después de las elecciones de junio se convirtió en el dirigente del mayor partido de las Cortes constituyentes. Azaña contemplaba a Lerroux y a sus radicales como gente moralmente desacreditada e intelectualmente anticuada; para los socialistas constituía el principal impedimento para poner en práctica medidas socialistas en una democracia burguesa. Los radicales se habían visto excluidos del gobierno Azaña. Para los conservadores, la República había caído en las manos sectarias de masones y marxistas.

El programa reformista del gobierno —el Estatuto de Autonomía para Cataluña y la reforma agraria— estaba siendo discutido en las Cortes cuando la posición de Azaña se vio reforzada por un desesperado intento por resucitar los procedimientos del siglo XIX: el pronunciamiento del general Sanjurjo en Sevilla el 10 de agosto de 1932. Pretendía instalar un gobierno republicano de derechas en lugar de un gobierno que había dejado de representar "a la nación", cuya unidad se veía amenazada de destrucción al entregarla a los "separatistas" catalanes. El golpe acabó en un fracaso y, en Madrid, Azaña contempló con fría satisfacción cómo quedaba colapsado; podía deducir de ahí la moraleja de que el hablar tanto de una república abierta a la derecha había acabado en un levantamiento militar al hacer que "generales idiotas pudiesen creer que el país les apoyaría". Pero ninguna parte significativa del país estaba entonces preparada para apoyar a un general descontento. La ecuación habría cambiado en 1936.

Reforzado de esta manera, Azaña pudo dar un impulso al Estatuto catalán y a la Ley de Reforma Agraria.

El Estatuto catalán se presentó como el único éxito sustancial del nuevo régimen. En la euforia que siguió a abril de 1931 pareció durante un tiempo como si Cataluña pudiese poner en peligro todo el futuro de la República como gobierno del país. La fuerza dominante la constituía ahora la izquierda republicana catalana, la Esquerra. Con un crecimiento desmesurado, se trataba de un partido formado por pequeños burgueses e intelectuales con el apoyo de los *rabassaires* pues defendía sus amenazados arrendamientos (véase p. 41). Era también el partido del héroe nacional, Macià, y de su lugarteniente, Companys. Macià declaró el 14 de abril un Estado catalán independiente dentro de una república federal ibérica. Se le convenció de que abandonase esa postura y aceptase que a Cataluña se le otorgaría un gobierno provisional —la Generalidad— que realizaría un proyecto de estatuto de autonomía que sería sometido posteriormente a un plebiscito y a la ratificación por las Cortes constituyentes. Macià dejó claro que el sacrificio de la independencia era sólo relativo: "una privación, durante un breve período, de parte de la soberanía a la que tenemos derecho".

El proyecto de estatuto de autonomía para Cataluña realizado por la Generalidad fue mayoritariamente respaldado en el plebiscito. "Al fin somos libres —manifestó Macià a una muchedumbre entusiasmada—. No existe ningún poder humano capaz de frustrar el futuro del pueblo catalán ... Cataluña será una más entre las grandes naciones civilizadas." La discusión del estatuto en las Cortes resucitó las viejas acusaciones de los conservadores de tratarse de separatismo encubierto. El discurso de Azaña en apoyo del estatuto fue su mejor pieza oratoria y el documento, modificado por las Cortes, satisfacía las demandas mínimas de la Esquerra. Atacó la tarea de la catalanización, desde la reforma de la universidad hasta el cambio de los nombres de las calles y de las etiquetas de las piezas en los museos. En la atmósfera de felicitación mutua que siguió no se apreciaba la posibilidad de serios conflictos cuando se realizasen las transferencias de poderes a la Generalidad y cuando los gobiernos de Madrid y Barcelona mantuviesen posiciones políticas opuestas.

Si el Estatuto catalán pareció un triunfo sobre el pasado, la Ley de Reforma Agraria fue un fracaso crucial.

La reforma agraria en una sociedad democrática que respeta los derechos de propiedad existentes y que no tiene recursos financieros para compensar la expropiación de los grandes patrimonios se convierte en una contradicción en los términos. En España, las complejidades legales y técnicas de la reforma fueron explotadas por una oposición despiadada en debates maratonianos. Los republicanos, muchos de los cuales procedían de la pequeña burguesía, no eran sensibles a las condiciones de los desposeídos del campo —Azaña no hizo ningún discurso sobre el tema agrario—. La Ley Agraria de 1932 le proporcionó a la República el instrumento legal para acometer la cuestión agraria; pero no le entregó los medios económicos ni la determinación suficiente. Necesitado de dinero —su presupuesto era menos de la mitad de los gastos de la Guardia Civil—, el Instituto de Reforma Agraria entregó a los colonos una zona cuyo tamaño era el de un latifundio extenso. La Ley Agraria fue típica de las reformas de la República en el hecho de que fue moderada en la práctica pero amenazadora en sus principios. "Amenazó seriamente a la clase más poderosa económicamente de España ... y debilitó las esperanzas de un campesinado empobrecido." [5] Más aún, aunque la ley pretendía parcelar los grandes latifundios de los absentistas, amenazaba también a unos setenta mil modestos propietarios —aspecto criticado insistentemente por la derecha, que pretendía crear una alianza entre los pequeños propietarios pobres y los ricos terratenientes— y creó una atmósfera general de incertidumbre en el campo. Esta situación contribuyó a volver a los campesinos castellanos contra una república que había cometido el error de permitir la importación de trigo en un año de excelente cosecha.

El fracaso de la reforma agraria fue decisivo para el destino de la República. La Federación Socialista de Trabajadores de la Tierra (FNTT) había aumentado tanto su fuerza que los dirigentes socialistas no pudieron mantenerse indiferentes ante la exigencia de distribución de tierras. El fracaso de la República en su enfrentamiento con el problema agrario desengañó, por tanto, a dirigentes como Largo Caballero de las posibilidades que había de alcanzar un progreso socialista en una democracia burguesa.

VI

En el verano de 1933, el prestigio del gobierno Azaña estaba "exhausto", para utilizar la expresión española. Había perdido ya el apoyo entusiasta de aquella generación más vieja de intelectuales que habían recibido a abril de 1931 como un nuevo amanecer. Ortega declararía: "Ésta no es [la República]"; los ataques de Unamuno eran consecuentemente más duros. Bajo el fuego cruzado de la izquierda y la derecha, su encanto se vio oscurecido por debates estériles y por la represión de explosiones de violencia rural que culminarían en la "masacre de Casas Viejas". Más aún, estaba en peligro su base política, la alianza de funcionamiento entre los republicanos de izquierda y los socialistas. Besteiro, el profesor marxista, se opuso a una colaboración que no ofrecía contrapar-

5. La opinión es de Edward Malefakis, cuya *Agrarian Reform and Peasant Revolution in Spain*, 1970, es fundamental para entender la historia de la Segunda República.

tidas. En el verano de 1933, el apóstol del colaboracionismo, Largo Caballero, declaró su convencimiento de que "es imposible llevar a cabo los objetivos socialistas en una democracia burguesa".

La izquierda revolucionaria de la CNT nunca aceptó la República y despreció el reformismo socialista como una traición. Prieto rompió huelgas de la CNT montadas por la "dirección brutalmente ignorante" de una "organización laboral basada en las pistolas". La CNT cayó en manos de los extremistas. Fueron expulsados Pestaña y los sindicalistas moderados. La CNT se encontraba ahora en poder de los "representantes del romanticismo revolucionario", de la Federación Anarquista Ibérica (FAI), dispuesta a mantener el auténtico movimiento dentro de la pureza anarquista: para la FAI, que se había moldeado en la moralidad política de la clandestinidad durante la dictadura de Primo, la democracia parlamentaria era una farsa y las Cortes un "burdel". "Nuestra revolución se hace no en los bancos del Parlamento sino en las calles." En enero de 1932 y en 1933 arrastraron al movimiento a dos intentos abortados de revolución social.

La derecha conservadora católica no tenía un partido popular que la representase en las Cortes constituyentes si se hace excepción del bloque vasco-navarro y de un puñado de agrarios: a falta de algo mejor los conservadores habían votado a Lerroux. Éste no sería ya el caso en las elecciones de noviembre de 1933; la derecha católica había construido un moderno partido de masas, la CEDA, confederación de partidos católicos.

El nuevo partido surgió a partir de un grupo de políticos católicos, cuyo mentor, Ángel Herrera, había sido el editor del diario *El Debate*; su dirigente fue José María Gil Robles (1898-1980), cuya rechoncha figura ocultaba a un fuerte polemista y a un formidable orador de masas.

El objetivo inmediato de la CEDA fue la defensa de la Iglesia perseguida contra los asaltos de la izquierda secularizadora. Su objetivo último consistía en implantar en España un Estado corporativo católico. El problema se planteó en la cuestión de los medios a emplear. Profesaba la doctrina del "accidentalismo" (es decir, el hecho de que las formas de gobierno eran indiferentes siempre que los intereses católicos fueran respetados) y la vieja táctica católica de aceptar y aprovecharse del "mal menor". Así, sin hacer un reconocimiento abierto de la República, podía operar como un partido político legal dentro de ella.

La naturaleza y el destino de la CEDA es una de las claves que explican la caída de la Segunda República. ¿Cómo fue esto? ¿Era Gil Robles un "fascista" dispuesto a destruir la democracia, o estuvo dispuesto a aceptar sus procedimientos a condición de que a él se le permitiese utilizarlos? Como demuestran los discursos electorales de noviembre de 1933, el "accidentalismo" de Gil Robles no estaba muy lejos de la posición de aquellos socialistas que sostenían que la democracia era aceptable a condición de que fuese una democracia socialista. Para sus oponentes, el "accidentalismo" era una farsa y, en tanto que su partido estuviese financiado por ricos monárquicos, lo mantenía por medio de ambigüedades estudiadas y por ataques contra las democracias decadentes. "Debemos imponer nuestra razón con toda la fuerza de nuestro derecho y con otras fuerzas si ésta es insuficiente. La cobardía de la derecha ha permitido que aquellos que proceden de los sumideros de la iniquidad tomen el control de los destinos de la patria."

En ese momento y desde entonces se ha sostenido que tales arranques dejaban bien clara la intención oculta de Gil Robles de destruir la República por medios *violentos*. Resistió las presiones de los monárquicos del partido: después del golpe militar de Sanjurjo los activistas fueron expulsados. "La derecha —confesaría más tarde Gil Robles— no tenía otro medio para hacerse con el poder que utilizar el régimen establecido [es decir, la República], introduciéndose en ella y *haciéndola suya*." ¿No era esto, sostenían sus enemigos, utilizar las tácticas del caballo de Troya para modificar la democracia hasta su inexistencia y sustituirla por las instituciones de un Estado corporativo? "Profundicemos —mantenía el socialista Prieto—; Gil Robles quiere una dictadura." Esa sospecha se veía confirmada por sus concesiones verbales a la derecha de su partido —y se puede mantener que el deber de un dirigente de partido consiste en mantener unido su partido a toda costa—.

Lo mismo que estaban divididos los socialistas, también lo estaba la CEDA. Incluso después de la expulsión de los activistas monárquicos, aceptó a monárquicos conservadores y a auténticos cristianodemócratas como Jiménez Fernández, quien, como ministro de Agricultura de la CEDA en 1934-1935, trató de hacer realidad su ideal de crear un campesinado propietario y de imponer la política social de León XIII y de Pío XI. Pero el programa social de la CEDA siguió siendo letra muerta en un partido desequilibrado por los conservadores hacia su derecha. Se fue convirtiendo cada vez más en un partido de las clases medias y altas atemorizadas y, al final, Gil Robles proporcionaría los fondos del partido a los conspiradores de julio de 1936.

A la derecha de la CEDA se encontraban todos aquellos que no podían aceptar las ambigüedades del "accidentalismo" de Gil Robles; contrarrevolucionarios, se hallaban comprometidos en la destrucción violenta de la república marxista. Encontraron una justificación teológica a la violencia en los tratados teológicos sobre la "resistencia a la tiranía" del siglo XVI. Los carlistas se estuvieron armando abiertamente en Navarra y aunque fracasaron los planes para una fusión dinástica con los monárquicos alfonsinos por la intransigencia de los integristas, los carlistas cooperaron con los aristócratas militantes alfonsinos que se habían convertido en discípulos de la derecha contrarrevolucionaria francesa. No eran una amenaza electoral seria; pero estaban seguros de que la República debía ser destruida y dispuestos a conspirar activamente contra ella.

Finalmente, en septiembre de 1933 Azaña dimitió y se convocaron elecciones para noviembre.

Estas elecciones revelaron las consecuencias de las leyes electorales de la República. Para finalizar con el caciquismo que florecía en las fácilmente manipulables circunscripciones monárquicas de un solo miembro, el nuevo sistema electoral se realizaba por listas en circunscripciones más amplias. Con esto se favorecía a las coaliciones electorales mayores, eliminando a los partidos que se presentaban en solitario. En 1933 el sistema favoreció a la derecha porque se presentó en coalición, mientras que los socialistas y los republicanos de izquierda se presentaron por separado. Los socialistas perdieron la mitad de sus escaños y los republicanos de izquierda fueron casi borrados de las Cortes.

La elección estuvo caracterizada por la violencia verbal: "Debe evitarse el triunfo de la reacción [es decir, la victoria de la derecha en las urnas] —declaraba Largo Caballero—, primero en las urnas, y después en las calles." Gil Robles emitía también similares ruidos amenazadores. La tragedia de la República consistió en que, al final, aquellos que utilizaron un lenguaje inflamado habían de vivir al margen de su retórica. Desde el mismo momento en que Gil Robles ganó una victoria electoral que le permitía auparse primero a su partido y después a él mismo al poder, sus amenazas no se materializaron. Largo Caballero y su partido perdieron, al participar en las elecciones sin la izquierda republicana. En octubre de 1934 sus amenazas se hicieron realidad.

VII

La izquierda llegó a contemplar el "Bienio Negro" (diciembre de 1933-febrero de 1936) como un período de gobierno casi fascista. Más que unos gobiernos de reacción resuelta, las inestables coaliciones de Lerroux y Gil Robles representaban lo que este último iba a denominar más tarde "el egoísmo suicida de los ricos"; se trató de un "período estéril" dedicado a realizar un cambio completo de la obra de la coalición azañista, desde el volver a pagar salarios a los sacerdotes hasta el despido del personal de limpieza del ministerio. La CEDA se manifestó como una coalición de rígidos conservadores que rechazaban los esquemas de la reforma agraria propuestos por un puñado de católicos sociales del partido como "bolchevismo", ya que no como una interferencia herética en los derechos de la propiedad privada. Quizás el síntoma más revelador de un período en el que los gobiernos les permitieron todo a los terratenientes sea el fuerte descenso de los salarios rurales y el aumento de los desahucios.

Mientras que la izquierda —como denominaremos desde ahora a la coalición azañista— podía rechazar difícilmente un gobierno de Lerroux como atentatorio a la supervivencia de la democracia, contemplaba como algo inadmisible la exigencia de Gil Robles, convertido ahora en el dirigente del mayor partido de las Cortes, para entrar en el gobierno. Para la izquierda, sobre todo para los socialistas, su "accidentalismo" era la táctica de un *führer* de la derecha, que ocultaba la intención de establecer un Estado corporativo autoritario desde el interior de la democracia. El asunto se confundió con acusaciones de falta de lealtad a la *forma* de una república. Éste no era el caso. Gil Robles podía haber estado muy satisfecho con una república conservadora y clerical. Los socialistas se hallaban igualmente preparados para legislar con el fin de alcanzar una sociedad socialista. Eran tan culpables del pecado de accidentalismo como el propio Gil Robles. Estaba también muy claro que los republicanos a la izquierda de Lerroux boicotearían un gabinete que incluyese a los cedistas como una amenaza dispuesta a modificar el "contenido" de la República que había legado Azaña.

Gil Robles se declaró antimarxista. Para los socialistas "un Frente antimarxista es un Frente Fascista". Teniendo en la mente el destino sufrido por los socialistas europeos a manos de Dollfuss y de Hitler, en febrero de 1934 el partido se preparó para la revolución armada si la CEDA formaba parte del gobierno. Su instrumento sería la Alianza Obrera, que incluía a todos los partidos y sindicatos proletarios. En octubre entraron en el gobierno tres ministros de la CEDA —lo que es difícil aceptar como una toma del gobierno por los fascistas—. Mal preparado (la Alianza Obrera era una realidad únicamente en Asturias donde incluía a la CNT, a los socialistas y a los comunistas), el Partido Socialista fue dando tumbos hacia la revolución. La dirección se vio empujada por sus propios movimientos juveniles (por la derecha lo mismo que por la izquierda los movimientos juveniles fueron cada vez más poderosos), y por una convicción de que el fracaso de una revuelta contra un Dollfuss español significaría "el certificado de defunción del partido".

La revolución de octubre de 1934 fue una página épica de un proletariado heroico sólo en Asturias: los trabajadores crearon una república socialista defendida por la milicia del "Ejército Rojo". En Cataluña la revolución fue un fracaso. Cuando la Generalidad promulgó una ley que favorecía a los arrendatarios *rabassaires*, se desencadenó un conflicto constitucional entre la Generalidad controlada por la izquierda catalana —la Esquerra— y el gobierno conservador radical de Madrid. La fuerza rural de la Esquerra estaba basada en los *rabassaires*; el gobierno de Madrid apoyaba a los terratenientes catalanes que contemplaban la ley como un ultraje y un ataque anticonstitucional a los derechos de propiedad. Fracasó el compromiso y Companys se vio empujado a la "revolución" por un puñado de nacionalistas fascistoides. Lo mismo que había hecho Macià en abril de 1931, se declaró en favor de un Estado catalán en una república federal. La CNT se mantuvo al margen al negarse los nacionalistas a proporcionarles armas y los *rabassaires* no pudieron marchar sobre Barcelona. Companys capituló y fue detenido.

La revolución de octubre constituyó un acto irresponsable. Si los socialistas intentaban hacer una revolución, contando con el pobre estado en que se encontraba la Alianza Obrera, carecían de medios. Si Largo Caballero (dolido por su derrota electoral de 1933 que le había privado a él y a su partido de la enorme influencia que suponía estar al frente del Ministerio de Trabajo) intentaba por medio de la amenaza de la revolución únicamente obligar a Alcalá Zamora a reponer la coalición azañista, entonces él mismo y los socialistas más militantes que habían desalojado a los moderados en febrero difícilmente podrían hacer su juego. Aunque los republicanos de izquierda no participaron en la revolución y aunque intentaron por medio de amenazas y por el repudio al gobierno forzar únicamente la participación del presidente, hubieran tomado el poder si se les hubiera entregado "desde las calles". Debe mantenerse este veredicto de Madariaga, aunque haya sido tan asiduamente utilizado después por los apologistas del general Franco. Al levantarse en octubre de 1934 contra un gobierno electo, las fuerzas de la izquierda se negaron a sí mismas la posibilidad legal, si no también la moral, de denunciar el levantamiento de julio de 1936.

VIII

La represión de la revolución de octubre creó la voluntad política y la solidaridad emocional para volver a recrear la coalición azañista formada por socialistas y republicanos de izquierda (a los que habría que añadir los comunistas, que reivindicaban el haber desempeñado un papel heroico en la revolución de Asturias) con el fin de comparecer en las elecciones de febrero como Frente Popular. Ganó las elecciones por estrecha mayoría. Las fuerzas conservadoras de la sociedad española aún representaban más o menos a la mitad de la nación. En 1936 se intensificó el proceso de polarización (inducido, como ya se ha dicho, por la necesidad de formar amplias coaliciones electorales a merced de sus elementos más extremados), que ya había sido evidente en las elecciones de 1933. Pero mientras que en 1933 fue la izquierda la que se había visto cogida en el desorden de la desunión, en 1936 sería la derecha la que se encontró con dificultades para conformar pactos electorales.

Los socialistas no se unieron a un gobierno comprometido con un programa de "humanismo socialista". La división que se remontaba a los tiempos de Primo de Rivera salió ahora a la superficie en lo que a menudo parecía una dura pugna personal entre Prieto y Largo Caballero por el control del movimiento socialista.[6] Prieto era favorable a la cooperación con la república burguesa y era su deseo rehacer en mayo la coalición azañista de gobierno. Largo Caballero, el apóstol de la colaboración con los republicanos de izquierda cuando le habían entregado a él los poderes y el patrocinio para construir

6. Para las divisiones internas de los socialistas, véase Paul Preston, *The Coming of the Spanish Civil War*, 1978, pp. 131 ss.

la UGT como mejor defensa de los trabajadores, consideraba ahora al Frente Popular como "una alianza sin futuro". Alarmado ante la posibilidad de sufrir pérdidas por su izquierda hacia los revolucionarios más resueltos de la CNT, hablaba de una toma del poder por los obreros que sería conducida por una constante presión extraparlamentaria sobre el gobierno. En sus arranques marxistas, a los moderados como Besteiro les parecía que el frío burócrata del reformismo se encontraba ahora "desempeñando el papel de un loco fanático". Pero Largo no era el Lenin español. Lejos de moverse hacia la revolución, los moderados del partido iban ganando influencia al tiempo que el propio Largo se iba enfriando.

Los conspiradores militares justificaron la rebelión basándose en que estaban abortando un complot comunista organizado. Se trataba de una invención propagandística sostenida en numerosos rumores acerca de la revolución que convencían a las "clases respetables" (temerosas de un colapso social general cuyos síntomas eran las leyes sobre la pornografía y el divorcio de la República) de que se encontraban en vísperas de un 1917 español. "Todos los militantes —escribía en mayo un observador simpatizante—, tanto anarquistas como socialistas, creen que sólo una revolución armada proporcionaría a los trabajadores la victoria decisiva." Pero desde el momento en que no existía ningún plan más allá de la retórica, se basaba en la esperanza de llevar a cabo un contragolpe revolucionario para derrotar una sublevación de las derechas. Esto es precisamente lo que sucedió.

La derecha dura no había visto otra alternativa que la contrarrevolución de la violencia basada en un levantamiento armado. Para los conspiradores, el Bloque Nacional de su dirigente, Calvo Sotelo, era "una pantalla, un estímulo para el golpe militar".[7] El legalismo "vacilante" de Gil Robles y su famosa "táctica" habían fracasado. Una vez que las provincias vascas de Guipúzcoa y Vizcaya aceptaron la república atea de "judíos, masones y comunistas" a cambio de la promesa de autonomía, la Navarra carlista se convirtió en el bastión de un catolicismo militante comprometido con una defensa de la unidad nacional contra los vascos "disolventes". Se trató de la única región donde hubo un apoyo de masas al alzamiento. Los requetés navarros, armados y entrenados clandestinamente, iban a demostrar que eran las mejores tropas de Franco.

La milicia falangista estaba igualmente dispuesta para la

7.   Véase J. A. Ansaldo, *¿Para qué?*, 1951, sobre la derecha conspiradora.

batalla. Fundada en octubre de 1933, la Falange era una reunión de grupos nacionalistas autoritarios formada en torno a la fuerte personalidad de José Antonio Primo de Rivera, el hijo del dictador. Su objetivo consistía en conquistar a los trabajadores para la patria así como un sueño imperial, apartándolos del marxismo y del liberalismo "extranjero". Mezcla de poesía retórica y de grupo armado, partido de estudiantes con un pequeño número de entusiastas procedentes de las clases medias "aniquiladas" por el capitalismo del *laissez-faire* que el movimiento denunciaba, y por la bancarrota, con una organización desgarrada en medio de disputas locales y sin un diputado en Cortes, la Falange difícilmente podía constituir una amenaza seria; sus relaciones con los ricos monárquicos, que en un tiempo habían visto en ella un instrumento para destruir la República, eran tirantes; sus contactos con el ejército frágiles. Se ha exagerado el papel de la Falange en el alzamiento debido a su repentina expansión a partir de julio y a su preeminencia de los primeros días; su contribución más importante consistió en elevar la atmósfera de violencia. El centro de la contrarrevolución no lo formaba este grupo de fanáticos y soñadores sino la derecha dura conservadora.

Todos los conspiradores advirtieron que la contrarrevolución fracasaría sin el concurso del ejército: "Para nosotros sería una difícil obra de titanes vencer sin contar con su fuerza", escribía José Antonio a Mola. La conspiración militar parecía un asunto desorganizado. Mola, su organizador desde marzo, estuvo dispuesto a suicidarse en dos ocasiones. Las vacilaciones de Franco, que temía por "la unidad moral del ejército", hacían desesperarse a los conspiradores activos.

La prensa mundial denominó al alzamiento del 17-18 de julio de 1936 como "el alzamiento de los generales". Se trataba de una definición inapropiada. Los impulsores de la conspiración fueron los oficiales jóvenes, pues los jefes, en conjunto, permanecieron fieles a la República. ¿Por qué, dada la amenaza a la "unidad moral" del ejército, los conspiradores se levantaron en Marruecos y por qué unos hombres tranquilos arriesgaron sus carreras en una empresa peligrosa?

Ellos eran leales a sus orígenes de clase media y a sus intereses profesionales. "Los oficiales —escribió el coronel Casado, destinado a dirigir el último pronunciamiento de la historia española— vivían al margen de los problemas sociales y políticos del mundo y de España. Sólo querían mejorar sus condiciones y recibir de la gente la consideración que creían se les debía." No habían conseguido mejores condiciones de los antimilitaristas republicanos y, como muchos españoles de clase media, no estaban recibiendo del Frente Popular la consideración que se les debía. Se encontraban también condicionados por una teoría política que les convertía en servidores de la nación y no de un gobierno particular. "La disciplina —escribió el general Mola— no debe confundirse con la falta de dignidad. La indisciplina [es decir, la revuelta militar] está justificada cuando los abusos del poder [es decir, los actos de un gobierno legal] constituyen un insulto y una afrenta o cuando conducen a la nación a la ruina. En el primer caso, una obediencia sumisa es infamia; en el segundo, traición." Para el general Kindelán, que iba a llegar a ser el jefe de las fuerzas aéreas nacionalistas, el ejército era "el guardián de los valores y de las constantes históricas de la nación, defendiéndolas contra cualquiera que pretendiese atacarlas, tanto si se trataba de enemigos exteriores o incluso *del mismo Estado*". Había que ir a los casinos de oficiales para interpretar la voluntad general cuando el gobierno los traicionaba; sobre todo, cuando "la autoridad estaba en medio del arroyo". Para los militares descontentos, ésta parecía ser la condición en que se encontraba España en el verano de 1936. Fue el hundimiento del orden público —queda abierta la cuestión de la extensión de tal hundimiento y del grado en que ha sido exagerado por la propaganda de la derecha— símbolo de un colapso social mayor el que hizo que el ejército volviera a desempeñar un papel propio del siglo XIX para convertirse en árbitro final de la vida política española.

Puede parecer ocioso el volver sobre la circunstancia de que sin la intervención del ejército no hubiera habido ni Guerra Civil ni cuarenta años de franquismo. Italia experimentó un desplome de disciplina social y de estabilidad política comparable al que sucedió en España en el "verano trágico" de 1936; pero no tuvo lugar un golpe autoritario porque no había ejército que lo respaldase. Hay una razón más profunda: en 1960, Italia era una sociedad industrial. En 1936, España era aún una sociedad agraria en proceso de industrialización. Tales sociedades son frágiles y pueden ser dominadas por una minoría resuelta dispuesta a alinear los intereses conservadores contra la aparición de políticos de masas.

CAPÍTULO IX

LA GUERRA CIVIL, 1936-1939

I

Los conspiradores fracasaron por completo si en su plan habían previsto una toma del poder por los militares incruenta por la simpatía de las guarniciones de las capitales de provincia, seguida de una marcha triunfal sobre Madrid. El gobierno se engañaba si, cegado por informes optimistas, contemplaba el alzamiento como algo que el jefe de gobierno había denominado "una conspiración absurda". Allí donde las fuerzas de seguridad y la mayor parte de la población apoyó al gobierno o allí donde los militares se encontraban divididos o estaban vacilantes el alzamiento fracasó: esto es cierto para Madrid, Barcelona y Valencia. Allí donde los oficiales jóvenes actuaron con resolución y los dirigentes fueron emprendedores caerían en manos de los rebeldes ciudades con una amplia población obrera como, por ejemplo, Sevilla o Valladolid. A pesar del papel desempeñado por las fuerzas de seguridad leales, la victoria del Frente Popular se presentó en todas partes como una página épica del proletariado: el asedio por una multitud al cuartel de la Montaña en Madrid; las barricadas levantadas por la CNT en Barcelona. Esta verdad a medias proporcionó a los sindicatos una exigencia moral de poder como salvadores de la República, traicionada por un débil gobierno de republicanos burgueses que se habían negado a armar al proletariado y pretendían alcanzar un acuerdo con los generales facciosos.

El éxito parcial de la rebelión y los consiguientes reveses de la guerra dividieron a España en dos zonas que no siempre se corresponden con la estructura social o con la lealtad política previa. La Guerra Civil no se puede entender sin utilizar el concepto de "lealtad geográfica": aquellos que cayeron en una zona hostil tuvieron que acomodarse, escapar o arriesgarse a la prisión o al fusilamiento. A menudo la lealtad era una cuestión de situación en el mapa.

Para los nacionalistas (cuya causa se define con mayor facilidad en términos negativos, pues ellos iban en contra) la guerra era una guerra de clases contra los marxistas, una guerra religiosa contra los masones y los librepensadores, y una guerra contra los separatistas. La línea de la lealtad de clase se cruzaba con la convicción religiosa o con la lealtad regional. Así, los católicos vascos lucharon en favor de una República "atea" que les había concedido el autogobierno que los nacionalistas se habían comprometido a destruir. La respetable burguesía catalana, horrorizada por los asesinatos cometidos por los "incontrolados" de la CNT, apoyaron por la misma razón un gobierno dominado por los partidos trabajadores. No obstante, donde tuvo libertad de elección, la clase obrera escogió la República, mientras que las clases elevadas, con algunas excepciones, fueron nacionalistas fanáticas. Lo que estuvo en duda fue la lealtad de la clase media. Muchos siguieron los pasos de la vieja generación de intelectuales, desencantados con el estilo "proletario" de los últimos tiempos de la República. Los propagandistas comunistas trataron de ganarse la lealtad del "hombre corriente" presentando la guerra como la defensa de sus intereses en una democracia burguesa.

La Guerra Civil separó y dividió a las familias. Hubo también una división generacional. Los estudiantes falangistas ocultaban a sus padres las pistolas en libros vaciados al efecto; los alborotos callejeros de las Juventudes Socialistas alarmaban a los viejos militantes del partido; los jóvenes carlistas encontraban mucho más de su gusto la inflamada oratoria de Fal Conde que los discursos del complaciente y aristocrático Rodezno. El mismo alzamiento militar fue cosa de capitanes y comandantes; el 18 de julio se "declararon" sólo tres generales con mando en división. "En la esfera militar, lo mismo que en la civil —escribió el falangista catalán José María Fontana— el grueso del movimiento fue cosa de gente joven." Si estos jóvenes entusiastas imaginaban que estaban construyendo un mundo seguro para la década de los años cuarenta quedarían tristemente desilusionados.

Se deben recalcar dos factores. En primer lugar, "el ejército" como institución no se sublevó. Estaba dividido y la República nunca hubiera podido organizar un ejército sin la lealtad de los oficiales de mayor graduación.[1] Si todos los oficiales se hubieran unido al alzamiento podía haberse resuelto en cues-

1. Para las divisiones en el ejército, véase R. Salas Larrazábal, *Historia del ejército popular*, 1973, esp. caps. 1-3.

tión de días: en Madrid, las divisiones entre la guarnición condenaron a los conspiradores a ser arrojados, como muñecas de trapo, desde las ventanas del cuartel de la Montaña. El hecho de que el "ejército" nacionalista y las columnas de voluntarios civiles en la España metropolitana fuera, en los primeros momentos, una fuerza de combate relativamente débil, haría del ejército de África mandado por Franco el elemento decisivo. Sin contar con estas unidades disciplinadas, el alzamiento se podía haber convertido en una jugada desastrosa. Después de que Franco pudo transportar sus tropas desde Marruecos a la Península, tenía asegurada la preeminencia militar y, después, la política.

El segundo factor decisivo residió en la distribución de recursos entre las dos zonas. De cualquier manera que se hagan los cálculos, los recursos materiales del gobierno —desde mapas hasta reservas de oro— eran muy superiores a los de los rebeldes. En los primeros momentos la República poseía los recursos industriales de España, y los nacionalistas la mayor parte del corazón rural de Castilla junto con Andalucía y Galicia. Este balance parecía favorecer a la República; pero la industria exigía materias primas importadas y las grandes ciudades necesitaban comida. Las exportaciones republicanas nunca cubrieron las importaciones de materias primas —sobre todo después de la pérdida de las minas del norte— y la industria quedó estancada; por eso, la población civil, que luchaba desde 1938 con una dieta a base de "las píldoras del doctor Negrín" —las lentejas— y que se encontraba a merced de una nueva raza de estraperlistas del mercado negro, escuchaba en secreto (fue la primera guerra en la que la radio se convirtió en un arma importante) la propaganda nacionalista que prometía "el pan blanco de Franco".

II

La primera reacción del gobierno de Madrid ante el alzamiento militar que se extendió desde Marruecos hasta la Península el 18 de julio fue dimitir. La respuesta de los partidos proletarios fue exigir armas para los trabajadores. "Un gobierno que se niega a armar a los trabajadores es un gobierno fascista", tronaba Largo Caballero. El nuevo gobierno de Martínez Barrio, formado el 19 de julio, se negó a hacerlo. Al intentar en el último momento una negociación con Mola ha sido acusado de no lograr "estar a la altura de su tarea histórica" por miedo a una toma del poder por los trabajadores. Esa toma del poder tendría lugar cuando el gobierno Giral —un nuevo gabinete formado por republicanos de izquierda— entregó armas a las milicias obreras. En todas aquellas ciudades y pueblos que permanecieron fieles a la República la maquinaria local de gobierno se vio sustituida por comités locales de militares de los partidos cuyas órdenes las hacían cumplir por medio de patrullas armadas de milicianos; fue el período de confiscación de coches, de los carteles inmensos y de los camiones cargados de entusiastas con el puño cerrado.

"Todo el aparato del Estado había sido destruido —escribía Dolores Ibarruri, la famosa oradora comunista conocida con el sobrenombre de La Pasionaria— y el poder estaba en las calles." Éste fue tomado por las grandes organizaciones proletarias: la UGT, el PSOE y la CNT. La contrarrevolución de los oficiales había desatado la más profunda revolución de la clase obrera europea desde 1917. La manifestación inmediata del estadio bohemio de esta revolución consistió en una explosión de terror y de asesinatos indiscriminados que el gobierno no podía controlar: 6.832 sacerdotes fueron asesinados y se quemaron iglesias. Esta necia versión de las masacres de septiembre de la Revolución francesa revestiría enorme importancia. Confirmó la hostilidad de las clases medias altas y proporcionó a los propagandistas nacionalistas historias de terror. La pornografía de la guerra se convertía en el cemento emocional de "la Causa". Barcelona se convirtió en una ciudad en la que era imprudente llevar corbata. En Madrid, los ricos se apiñaban en las embajadas, en espera de una oportunidad para pasar a la zona nacionalista donde aún había camareros y conserjes de hotel. "Ya somos otra vez señores", escribió uno de los futuros ministros de Franco al llegar a San Sebastián. La ejecución sistemática de los dirigentes de la clase obrera en la zona nacionalista hizo aparecer un río de sangre entre la clase obrera y los propietarios.

La parte constructiva de la revolución del verano se resume en el concepto de colectivización: la toma del poder en las fábricas y en las grandes propiedades por comités de obreros o por los sindicatos. La colectivización fue mayor allí donde dominaba la CNT; con su epicentro en Cataluña, debe insistirse en que quedaron muchas áreas sin verse afectadas —por ejemplo, Madrid era mucho más "normal" que Barcelona—. La colectivización institucionalizó en ocasiones la *religiosité prolétarienne* de los "hombres de ideas". En cuanto a la industria, se acabó con "el egoísmo de siglos", según la prensa de la CNT; en las colectividades agrícolas se sustituyó la fuerza brutal de los terratenientes por el "amor social" en comunidades autogobernadas en las que se cerraba el café local, el dinero se veía sustituido por vales y se desaprobaba la prostitución, el alcohol y el ir al cine.

Los colectivos han sido defendidos como un experimento social inspirado y criticados como un "absurdo" en una economía de guerra que exigía una distribución racional de los escasos recursos. Es cierto que los colectivos tendieron a fragmentar la economía por medio de un proceso conocido como "egoísmo sindical", en el que cada unión y cada colectivo luchaba por conseguir materias primas y en el que se preferían los salarios más altos a la producción más elevada "del sistema capitalista". La dirección de la CNT y la Generalidad eran totalmente conscientes de estas limitaciones; pero los intentos de coordinar la producción a través de un Consejo Económico no produjo la utopía cenetista "de una economía planificada sin intervención estatal".

La utopía no podía realizarse con la escasez de tiempos de guerra y con las colectivizaciones de la CNT hambrientas de créditos y de materias primas a que las habían condenado sus enemigos políticos. Estos enemigos señalaban el descenso de la producción industrial, el resentimiento creado por la colectivización forzosa de artesanos, carniceros, panaderos y campesinos propietarios. "Alcanzamos el éxito en sacar a los pueblos de su letargo. Todos los pueblos que *controlamos con una voluntad de hierro* siguen las normas de la CNT." [2] Esta "voluntad de hierro" se ejerció a expensas de los productores de naranjas a pequeña escala del Levante, los únicos exportadores de la República a partir de 1937.

La salvaguarda de la revolución social estaba representada por la milicia, formada por los partidos obreros sobre una base *ad hoc*, y que a menudo rodeaba la personalidad de un dirigente capaz de amenazar a los oficiales del ejército para que le entregasen armas o que había mandado una columna de camiones. Las unidades variaban en tamaño desde unas cuantas docenas hasta el Quinto Regimiento del Partido Comunista. En las columnas milicianas la disciplina revolucionaria había sustituido a la disciplina militar: los oficiales elegidos sólo podían hacer cumplir órdenes después de un cansado proceso de consulta; saludar a un oficial era, para los milicianos de la

2. Véanse los informes en el diario valenciano de la CNT, *Fragua Social* para julio de 1936.

CNT, "un símbolo de esclavitud". Desplegar tales unidades, capaces de regresar a casa sin que se les ordenase y con ninguna consideración por la logística, se convertía en una pesadilla para los oficiales regulares de estado mayor.

III

En la guerra, la victoria es el resultado de organizar con éxito el entusiasmo. Utilizando las palabras de André Malraux, la tarea del gobierno republicano en la guerra consistió en "organizar el Apocalipsis". Hubo que poner freno a los excesos de la revolución espontánea para prevenir la destrucción de la lealtad entre amplios sectores de la población. Con el fin de dirigir una guerra regular, había que restaurar el control del gobierno central sobre los improvisados comités. Este dilema dividió a los políticos republicanos: había quienes pensaban que el sacrificio de las conquistas de la revolución significaban una traición a la clase obrera que había salvado a la República en los días de julio, y aquellos otros que creían que la guerra contra el fascismo sólo podía ganarse por medio de un fuerte gobierno centralizado que pudiese generar un eficiente esfuerzo bélico, lo que significaba el desmantelamiento de las conquistas revolucionarias y el giro de la revolución con el fin de conservar un Frente Popular que abarcase a los partidos burgueses.

La primacía de la revolución la defendían la CNT y el POUM. Este último, partido revolucionario de trabajadores de ideas trostkistas, pero no perteneciente a la IV Internacional trostkista, estaba dirigido por dos intelectuales marxistas muy capaces: Joaquín Maurín y Andrés Nin. Para el POUM, que simpatizaba con la CNT y que, al tratarse de un partido pequeño, dependía de las masas cenetistas para llevar a cabo cualquier acción efectiva, el gran fallo del anarcosindicalismo residía en el rechazo dogmático de los grandes sindicatos a tomar el poder *político*, paso que podían haber dado el 18 y 19 de julio y para los que nunca se repetiría una oportunidad como aquella.

El Partido Republicano, el ala derecha del Partido Socialista que seguía a Prieto y los comunistas eran los defensores de la normalidad social y de un esfuerzo ortodoxo de guerra controlado por el gobierno central.

La transformación de los comunistas españoles en conservadores sociales se debió en parte a una respuesta a la política de Stalin de ganarse el apoyo de los Frentes Populares en las democracias respetables. Por tanto, la propaganda comunista presentaba la guerra como una defensa de la democracia burguesa "con un profundo contenido social". Pero la defensa comunista de un gobierno de orden se basaba en España en su falta de apoyo de la clase obrera. "Las condiciones históricas objetivas no permiten una revolución proletaria." Los seguidores debían proceder de las clases medias, asustadas por los levantamientos de julio y que buscaban un protector más poderoso que los republicanos de izquierda que, como le dijo Largo Caballero a Stalin, estaban "haciendo muy poco para conservar su propia personalidad política". Las clases profesionales encontraron esta protección en un partido disciplinado provisto de unas credenciales proletarias impecables y con una máquina de propaganda tremendamente eficiente, un partido que podía parar la revolución espontánea sin verse por ello acusado de traicionar a la clase obrera.

El rápido crecimiento de la fuerza y de la influencia del partido se explica por su control de los importantísimos suministros de armas soviéticos, influencia que les era negada a republicanos y socialistas, quienes buscaban en vano ayuda de sus aliados occidentales. Pero los comunistas hubieran seguido siendo impotentes sin el apoyo de los republicanos de izquierda y de los socialistas de Prieto. Tales aliados no eran víctimas de los comunistas; se trataba de políticos normales espantados por el caos revolucionario, por la disolución del control gubernamental —los diarios de Azaña reflejan su horror por los excesos de julio— y por los fracasos militares del sistema de milicias. Vieron en el Partido Comunista al aliado necesario.

IV

Dada la fuerza de los sindicatos y la mística de una revolución proletaria, ¿cómo se podría conseguir una concentración gubernamental y una articulación resuelta de las fuerzas antifascistas? Es evidente que tal tarea iba más allá del gabinete republicano puro de Giral, al que Largo Caballero desechaba como si fuera una farsa reaccionaria. Como señaló Azaña, el gobierno debía adoptar la revolución o reprimirla. Como le faltaban medios, o resolución, para arriesgarse a provocar una guerra civil dentro de la Guerra Civil, no existía otra alternativa que la de adoptar la revolución con la esperanza de controlarla.

La tarea le fue encomendada a Largo Caballero, que se convirtió en jefe de gobierno el 4 de septiembre de 1936. Obstinado y reservado, evitando las entrevistas delicadas por el método de retirarse a dormir a las 9, para Prieto era "un imbécil"; pero también el único que poseía el prestigio, si no la voluntad, para conseguir alguna forma de cooperación entre las organizaciones obreras. El 4 de noviembre, con los ejércitos de Franco a las afueras de Madrid, la CNT se unió a su gobierno. Por primera vez en la historia europea ministros comunistas y anarquistas se sentaron en un mismo gabinete con colegas burgueses.

La decisión de los líderes de la CNT de unirse al gobierno fue, sin duda, la más grave de la historia del anarcosindicalismo español. Iba a dividir el movimiento y a abrir una grieta entre los dirigentes y los militantes de base. Significaba un rechazo a toda la tradición del movimiento. Federica Montseny, una de los nuevos ministros, era hija de anarquistas "para los que las palabras *gobierno* y *autoridad* significaban la negación de cualquier posibilidad de libertad para el hombre".

La revolución que "todos queríamos pero que ninguno esperaba" estaba amenazada por los comunistas y por sus aliados que deseaban convertir la milicia, la salvaguarda de esa revolución, en un ejército disciplinado, desmantelando el gobierno paralelo de los comités revolucionarios y detener la colectivización. Para la CNT, unirse al gobierno era una jugada defensiva, un último resorte para salvar la revolución, "para evitar el engaño e imponer el radicalismo". Con la disminución de su poder, la CNT debía difundir sus principios "de tal manera que no quedase sin ninguna influencia en la vida pública española". La única alternativa hubiera sido imponer sus principios a España por medio de una dictadura revolucionaria; pero tal dictadura, posible sólo en Cataluña durante el mes de julio, no hubiera únicamente atropellado los principios libertarios; habría fracasado, debilitando así el esfuerzo de guerra contra el fascismo, que, de triunfar, destruiría la democracia burguesa y con ella a la CNT. La CNT no podía estar "en las calles y en el gobierno"; después de un doloroso examen de conciencia, Federica Montseny optó por el gobierno "con lágrimas en los ojos". Pero desde el principio los militantes no participaron de este colaboracionismo lleno de pesimismo, que al final no proporcionó ningún tipo de compensación. Cuando el gabinete republicano salió de Madrid hacia Valencia estuvo muy cerca de ser tiroteado en ruta por una columna cenetista.

El nuevo gobierno actuó en un intento por estabilizar la revolución. Se disolvieron los comités de milicianos; se frenó y reguló la colectivización; el ministro de Agricultura comunista dio seguridades a los campesinos propietarios; la policía fue separada de los partidos políticos; comenzó el proceso para convertir la milicia en un ejército regular. Pero Largo Caballero no era el hombre para desmantelar las conquistas revolucionarias. Cuando el presidente Azaña insistió, el dilema de julio se mantuvo: la revolución no podía ser absorbida.

No fueron sólo las exigencias enfrentadas de los partidos y sindicatos quienes debilitaron el gobierno central. Es importante advertir que el control del gobierno central nunca se estableció a lo largo y a lo ancho de toda la zona republicana.

Éste era particularmente el caso de Cataluña y las provincias vascas. Ambas tenían estatutos de autonomía (las provincias vascas, bautizadas como Euzkadi, lo habían conseguido en julio de 1936) y ambas deseaban llevar esa autonomía hasta sus límites. Companys declaró que la rebelión de los generales había convertido a España en un Estado federal y que la posición de Cataluña, como unidad separada de ese Estado, era una "realidad irreversible"; los nacionalistas más decididos sostenían que el Estado español era un "recuerdo histórico" destruido en julio por su propio hundimiento.

A los ojos de los políticos de Madrid, esto era una explotación egoísta de "la crisis del Estado democrático". Cataluña embargó los fondos del Banco de España, emitió sus propios billetes de banco y le "robó" al gobierno central todos aquellos poderes que podía mantener en sus manos. Companys fue acusado de inactividad militar y de fracasar en su toma de posición contra las colectivizaciones de la CNT a cambio del apoyo implícito de los anarcosindicalistas a la independencia catalana. No se puede negar la existencia de esta alianza tácita. Companys concedió poderes efectivos al Comité de la Milicia Antifascista dominado por la CNT, con la esperanza quizá de domesticar "la ciega revolución destructiva" de la CNT. Cuando en mayo de 1937 el gobierno central recuperó su control sobre Barcelona destruyó al mismo tiempo la CNT y la autonomía catalana.

Lo que Azaña denominaba "el provincialismo frívolo" no quedaba únicamente confinado a Cataluña y a Euzkadi, donde el presidente Aguirre aguantó todos los intentos del gobierno central por controlar las operaciones militares. Hasta que fue destruido por las tropas comunistas, el feudo construido en Aragón durante los primeros días de la guerra por el héroe anarquista Durruti, estaba controlado por el Consejo de la CNT de Aragón como enclave de comunismo libertario. Para los historiadores de la CNT se trató de una utopía de colectivos agrarios, "el asombro de la revolución", donde desaparecieron "la especulación y la usura"; para los comunistas se trataba de una tiranía de energúmenos brutales. Asturias tuvo su propio Consejo de UGT-CNT, y Santander incluso su propio representante diplomático en Londres.

Existen escasas dudas de que los centros de poder enfrentados que aparecieron en el verano de 1936 pusieron grandes dificultades en el camino de la consecución de una economía unificada y de un esfuerzo de guerra eficaz. "El cantonalismo revolucionario" se reflejó en la esfera económica en la multiplicidad de billetes de banco locales. Pero aún más serio fue el fracaso por conseguir un mando militar unificado, un único estado mayor —el *mando único* del eslogan comunista—, aislado e inmune a las presiones de los partidos políticos. Este fracaso llevaría al general Rojo (que tendría que sufrir las consecuencias militares de la fragmentación política) a lanzar un veredicto que debe sostenerse: "El general Franco triunfó en el campo político".

V

En la primavera de 1937 tanto los nacionalistas como los republicanos iban a experimentar la crisis política más seria de la guerra. La forma de solucionar estas crisis revela la relativa facilidad con que pueden ser superadas las divisiones políticas y conseguida una concentración de poder en tiempo de guerra dentro de un régimen militar autoritario, y las dificultades con que se enfrenta tal concentración en una democracia. Si el aparato formal de la democracia se había desmantelado (un discípulo de Ortega se pasó la guerra tachando los artículos de la constitución de 1932 que habían sido abolidos *de facto*), las rivalidades entre los partidos sobrevivieron a la muerte de la verdadera vida parlamentaria.

En la República, la crisis de mayo representó el conflicto final entre los defensores de la revolución espontánea y los apóstoles del gobierno de orden y del conservadurismo social. El papel predominante de los comunistas se explica por su defensa de una "concentración de gobierno", un ejército regular, y la organización de la economía con una finalidad a la vista: la victoria en la guerra. "O el gobierno da los pasos necesarios para ganar la guerra —prevenía su secretario general— o deja de ser el gobierno."

Largo Caballero se convirtió en la víctima propiciatoria, ya que resistió el avance de los comunistas en su propio partido, en la administración y en el ejército donde aquéllos pretendían monopolizar el cuerpo de comisarios. Para lo que Largo Caballero había denominado intrigas de reptil, los comunistas encontraron aliados en Prieto y en los republicanos de izquierda que participaban de su propia convicción de que Largo Caballero estaba "quemado" como dirigente de la guerra y no era el hombre que pudiera darle la vuelta a las conquistas revolucionarias de julio.

El catalizador de la crisis de mayo que proporcionaría a los enemigos de Largo Caballero la oportunidad de llegar hasta la muerte fueron los disturbios de Barcelona que costaron quizá la cifra de quinientos muertos y dejaron una herencia de permanente acritud política.

En Barcelona, la espontaneidad revolucionaria del verano anterior —los meses en que George Orwell había encontrado a "la clase obrera en el poder" en una ciudad sin propinas ni corbatas— se había vuelto a la dureza sectaria y a las "pequeñas disputas sucias" entre el Partido Comunista de Cataluña (el PSUC), la CNT y el POUM. El PSUC prefería ver al POUM como un partido de trostkistas (era el momento de las grandes purgas de Moscú) que debían ser eliminados como "bestias salvajes" y por espías fascistas. *La Batalla*, el órgano del POUM, replicó con la misma moneda. El PSUC atacaba también las conquistas revolucionarias y las milicias. La entrada de la CNT en el gobierno no libró al movimiento de sus enemigos. Los militantes de la CNT que rechazaron el colaboracionismo de los dirigentes pasaron a formar un frente común informal con el POUM.

Cuando la policía gubernamental atacó el edificio de la Telefónica detentado por la CNT, estos últimos, descontentos, se volcaron en una lucha callejera sin fin, el "vendaval" que tan brillantemente describe George Orwell. Los dirigentes del POUM habían estado durante mucho tiempo presionando a los cenetistas acerca de la necesidad de una toma *política* del poder por parte de los obreros. Había llegado el momento de la verdad. No tenían otra alternativa que formar un bloque con los militantes de la CNT, los cuales, según su secretario general, "cayeron en la vieja mentalidad según la cual cualquier cosa podía resolverse por medio de las bombas y los fusiles". Los dirigentes del POUM se vieron comprometidos en una revolución que sabían destinada al fracaso.[3] Los dirigentes de la CNT valenciana estaban espantados e intentaron una mediación. A Prieto estos días de mayo le proporcionaron la oportunidad de destruir la revolución en Barcelona y establecer el control del gobierno central sobre Cataluña. La tarde del 7 de mayo la guardia de Asalto entró en Barcelona como en una ciudad conquistada.

Los comunistas utilizaron la renuencia de Largo Caballero a castigar al POUM por traidores fascistas como excusa para desembarazarse del "anciano". La venganza del Partido Comunista (Nin, el dirigente del POUM, fue asesinado, y otros procesados como traidores) continúa siendo una mancha en la historia del partido. No es que la estrategia global comunista estuviera equivocada; su defensa de un gobierno fuerte, el mantenimiento de un Frente Popular que incluía a los republicanos burgueses y la concentración en el esfuerzo bélico era, para emplear su propio lenguaje, "objetivamente correcta". La política del POUM, las consecuencias de un dogmatismo ingenuo marxista-leninista, hubiera sido un desastre, disolviendo el Frente Popular, y cortando los suministros soviéticos a la República en un intento vano por ganar la guerra por medio de una revolución de los trabajadores. Lo que apestaban eran los *métodos* comunistas: la llamada a la puerta de la policía secreta durante la noche, la desaparición misteriosa de camaradas muy valiosos en otro tiempo y la "horrible atmósfera de sospecha y odio" (Orwell), la promoción brutal de miembros del partido y la destrucción de los enemigos por difamación. Éste sería el destino de Largo Caballero y de su rival, Prieto, cuando este último se convenció de que la política comunista de resistencia estaba equivocada.

El sucesor de Largo Caballero como jefe de gobierno fue un fisiólogo, el doctor Juan Negrín. Hombre de una energía colosal y de enorme apetito, en las recriminaciones que siguieron a la guerra en el mundo del exilio se le presentó como un comunista disfrazado y un dictador. No es cierto. Advirtió la necesidad de evitar las ofensas a la Unión Soviética, único país que suministraba armas a la República, y la formación de un "gobierno de concentración" defendido tanto por los comunistas como por el ala derecha de los socialistas de Prieto. Consiguió la concentración pero al precio de excluir a aquellas fuerzas —los seguidores de Largo Caballero y la CNT— que reivindicaban la victoria sobre el alzamiento de los generales,

---

3. Víctor Alba, *El marxismo en España*, 1973, I, pp. 287 ss.

y también de crear absurdas disputas políticas permanentes.

La concentración de poder que tantas luchas le costó a la República, la consiguieron los nacionalistas de manera natural; los valores dominantes del movimiento antidemocrático eran la jerarquía y la disciplina. Prevalecía el estilo militar: mientras que en Madrid un uniforme era una insignia de la reacción, en las capitales nacionalistas de Burgos y Salamanca era un pasaporte de privilegio. Para los nacionalistas un gobierno de orden era una necesidad psicológica.

Ya desde el comienzo, la España nacionalista fue un Estado militarizado, con el poder en manos de los militares, conscientes de la necesidad de tener un mando único. Eligieron a Franco como comandante en jefe y cuando insistió acerca del poder político supremo, se lo concedieron el 29 de septiembre de 1936, como "jefe de gobierno del Estado español ... que asumirá todos los poderes del nuevo Estado". Los generales pensaban que estaban creando una dictadura para tiempos de guerra que, después de la victoria, restauraría la monarquía. De hecho, habían creado un soberano hobbesiano con mayores poderes que Napoleón, un soberano que iba a abandonar muy pocos de esos poderes durante cuarenta años y cuyo modelo era Felipe II, el solitario y todopoderoso burócrata del Escorial.

La consecución de la unidad política en el campo nacionalista nos proporciona un agudo contraste con las disputas políticas del bando republicano. Para Franco, la determinación del dirigente carlista, Fal Conde, y del falangista Hedilla por conservar la independencia de sus respectivos movimientos amenazaba con regresar al estéril conflicto de partidos de la democracia "inorgánica". El 18 de abril Franco anunció desde el balcón de su despacho en Salamanca la creación de un movimiento único que unificaría a *todas* las fuerzas políticas de la España nacionalista. La unificación fue impuesta desde arriba. Franco declaró en la radio que él mismo personificaba "el deseo nacional de unidad". Los dos principales componentes, de los que el nuevo movimiento tomó sus embrolladas siglas (FET de las JONS) eran los carlistas y la Falange.

La Falange crecía prodigiosamente. Desde el momento en que al credo carlista "le faltaba modernidad", a falta de algo mejor, el falangismo era el único ropaje ideológico disponible si una revuelta militar, desprovista de ideas políticas como no fuera el compromiso con el orden, intentaba atraerse a "las masas neutrales". Las "camisas nuevas" que llegaban en tropel para comprar el uniforme de Falange sentían escasas simpatías por el radicalismo social de José Antonio, en la cárcel de Alicante (donde sería ejecutado el 20 de noviembre de 1936, para convertirse en el primer "ausente" del ceremonial del partido). El dirigente provisional del ala radical casi fascista, el austero Manuel Hedilla, temía por el futuro del movimiento en la atmósfera militar y conservadora de Burgos y Salamanca. "Prefiero los marxistas arrepentidos a los derechistas corrompidos por la política y el caciquismo." En su lucha por mantener puro e independiente el movimiento sufrió la oposición de los clanes falangistas rivales. El 16 de abril de 1937, "el día más negro en la historia de la Falange", estas sucias disputas estallaron en una guerra entre clanes. El vencedor no fueron ni Hedilla ni sus rivales, sino el generalísimo.

Los rumores de una conspiración preparada por Hedilla para evitar la disolución virtual de la vieja Falange le llevaron a la cárcel. No había aceptado el cargo de secretario general del nuevo partido. Su destino sirvió de aviso a otros; se convirtió en el hombre olvidado de la derecha. Los falangistas de la tradición radical podían considerar el decreto de unificación como una venta al clericalismo; pero al tener trabajo asegurado mientras mantuvieran las bocas cerradas, muchos de ellos permanecieron en silencio.

Los carlistas militantes fueron los grandes perdedores en este proceso de unificación desde arriba; según remarcó un Fal Conde enfurecido, ellos "habían perdido la partida". El programa del nuevo partido era básicamente el de Falange y no aparecía por parte alguna la promesa de restaurar la dinastía auténtica.

Ahora, Franco, jefe del partido único al mismo tiempo que generalísimo y jefe de Estado, controlaba directamente todos los cargos importantes del gobierno, el partido y el ejército. Aparte de Franco, los vencedores fueron los viejos derechistas que se habían introducido en la administración (como señalan los historiadores falangistas con acritud, mientras los falangistas estaban luchando en el frente) y en el ejército. "Como último recurso —escribió Serrano Súñer, cuñado de Franco y arquitecto de la unificación— el centro de gravedad del régimen, su verdadero soporte, era y continúa siendo el ejército."

VI

El 30 de enero de 1938, después de una ceremonia "ferviente y devota como la vigilia de un caballero", juró sus cargos el primer gabinete de Franco. Su composición revelaba el simple secreto de su gobierno: se trataba de un gabinete nombrado por él mismo y en el que quedaban equilibradas las distintas fuerzas del régimen, tres generales, un carlista y dos falangistas, y dos tecnócratas. Dos de los ministros procedían de los monárquicos conservadores de Renovación Española, claro exponente de la naturaleza esencialmente conservadora de un régimen que ya le había vuelto la espalda a la "revolución nacional" de los falangistas. Lo que Hitler denominó la "escoria monárquica clerical" estaba inundando la cúspide de poder.

En este Estado conservador, a los falangistas se les ofreció un premio de consolación que les iba a proporcionar un amplio campo para la influencia y un papel continuado: el control sobre las fuerzas del trabajo. El ideal falangista de una España transformada radicalmente en la que el capitalismo liberal del *laissez-faire* sería sustituido por la cooperación de capitalistas y trabajadores en "sindicatos verticales" bajo la dirección paternal del estado, "sin trastornar la situación respectiva de las diferentes clases", fue lo que proporcionaría la base ideológica del Fuero del Trabajo promulgado en marzo de 1938.

Uno de los biógrafos de Franco ha elogiado el Fuero como "una ley digna de cualquier dirigente ilustrado del laborismo británico". Sobre el papel, sí. Durante la guerra muy pocas de las promesas se pusieron en práctica. La España nacionalista insistió en la austeridad de guerra (hubo una campaña "con una sola comida"); mientras que en la España republicana se habían reducido las horas de trabajo, en la nacionalista se aumentaron. Los sindicatos verticales iban a probar que no eran un instrumento del todo ineficaz por lo que se refiere a la protección del trabajo en la España de posguerra. No obstante, la autonomía del movimiento obrero fue destruida por completo. "El sindicato vertical es un instrumento al servicio del Estado, a través del cual pone en práctica su política económica"; se trataba de una "jerarquía ordenada bajo la dirección del Estado". En tales condiciones, la seguridad en el empleo era la concesión mínima a un trabajo al que se le negaba el derecho a organizarse o a convocar huelgas para conseguir mejoras laborales.

Dentro de esta estructura autoritaria rígida, la economía de guerra de la zona nacionalista se encontraba tolerablemente organizada: se fijaron los salarios y se controló la inflación. Se trataba de una economía basada en la confianza en la victoria: los bancos de la zona nacionalista concedían créditos contra propiedades que aún se encontraban en territorio dominado por el Frente Popular. Esta confianza no quedó confinada únicamente a España: las tasas de cambio exterior sobrepasaron con mucho las de la República.

Por su apariencia exterior y por el lenguaje político, el nuevo Estado de Franco parecía una recreación del reino de los Reyes Católicos con algún ribete de la Italia fascista. La despreciable retórica de los primeros momentos del régimen, aunque incomprensible para una mente racional, se difundió en un intento por "renovar" la tradición con el fin de reconciliar el siglo XVI con la reacción autoritaria moderna contra "la democracia inorgánica de los partidos".

Serrano Súñer era un admirador de Mussolini, aunque sentía una afinidad mística con la España de los Reyes Católicos. Símbolos de esta vuelta al pasado fueron el regreso de los jesuitas, la reaparición de los crucifijos en las aulas de las escuelas y el medio día de vacaciones el día de santo Tomás de Aquino. La conquista real de la Iglesia consistió en recobrar el sistema educativo. Se purgó a los maestros republicanos, aquellos que se quedaron estuvieron sujetos a cursos intensivos de reeducación en el pensamiento católico. Aunque se le entregó a la Falange el control sobre la Unión de Estudiantes, la obediencia religiosa era una prueba tanto para los alumnos como para los profesores.

Desde Navarra, el centro focal del compromiso religioso de masas, iba a irradiar la antorcha de vigorosa ortodoxia y de puritanismo católico que señalaría el tono de vida de la España nacionalista. Fue Navarra la primera que legisló contra la costumbre de estar en mangas de camisa en los cafés y contra los trajes "indecentes": no había que hacer ninguna advertencia sobre los trajes de baño "con mujeres dentro"; el puritanismo nacionalista se extendió incluso al ataque contra los usos lingüísticos del modernismo: se criticó la palabra "*ragoût*" de los menús como decadente. Los artículos de los periódicos debían escribirse "en la lengua de Don Quijote"; las librerías limpias de "obras pornográficas, marxistas o corruptas".

Enlucida con esta propaganda, la España nacionalista tenía un cierto sabor a mundo antiguo. Los cuarteles del generalísimo eran un reflejo de la corte de la monarquía. Los refugiados de la zona republicana que alcanzaban la España nacionalista se sentían enormemente animados al encontrar camareros dispuestos a recibir órdenes. A pocos kilómetros del frente, los hoteles de Zaragoza tenían baños calientes y había restaurantes "con luces brillantes y llenos de animación". El duque de Lerma, piloto de combate, encontró Valladolid repleta con "montañas de muchachas bonitas". San Sebastián estaba "muy animada"; él mismo y un hermano también oficial recogieron todos los zapatos que se encontraban a las puertas de las habitaciones del mejor hotel, se los llevaron a otro piso y los llenaron de soda. Tales acciones son difíciles de imaginar en Barcelona o en Madrid, donde los bienes característicos de la vida de las clases elevadas habían sido conscientemente destruidos —sus palacios convertidos en oficinas o en cuarteles— o se habían arruinado con las escaseces provocadas por la guerra. No había cosa que más aterrase a los nacionalistas que esta ruina aparentemente deliberada de la vida "civilizada". "El hedor era tremendo —escribía el capitán Bolín, jefe de la Censura y el Turismo, al entrar en Barcelona—, parte de la suciedad acumulada que los rojos legaban a cada ciudad ... las inmundicias tenían en el Ritz varios centímetros de espesor."

Éste era también el valor que se le concedía a la vida intelectual española. Mientras que para los liberales la España moderna había recuperado, mediante sus logros en el campo de las letras y de las ciencias, una reputación internacional desconocida desde el siglo XVI, para el nacionalista de tipo medio la "verdadera" España de la historia había sido traicionada por los profesores cosmopolitas. Las diatribas de uno de los padres fundadores de la Falange (Giménez Caballero), que había visto en Mussolini al salvador de la "catolicidad" y en Cervantes a un antiespañol traidor a los verdaderos valores representados por Don Juan y las corridas de toros, eran características no solamente de una atmósfera que catalogaba a los intelectuales como pesimistas, como "eunucos indignos de ocupar una plaza en la España viril", sino también de un regreso al barbarismo verbal. Los excesos lingüísticos de la Falange y del "Estado misional ético" iban a degradar durante toda una generación el lenguaje político y literario. Su contrapartida en la España "roja" lo constituía el mundo empapado de eslóganes de la propaganda marxista.

A pesar de la retórica falangista que infectó los pronunciamientos públicos del gobierno, los valores fundamentales del nuevo Estado los constituían el orden militar y la ortodoxia católica, los valores de Castilla, creadora de la unidad española y martillo de herejes. A los refugiados catalanes, inclinados a caer en el error de utilizar su lengua nativa "poco elegante espiritualmente", se les impuso hablar la "lengua del imperio".

Este retorno a la identificación de España con el catolicismo intransigente representaba una interpretación de la historia española profundamente distinta de la de las mejores mentes de la República. Ambas interpretaciones partían de una premisa común: de lo que el historiador español Américo Castro había llamado "el estado de desesperación progresiva" en la acción decepcionante de España, en su momento el más grande poder imperial de Europa, en un mundo moderno, técnico y pragmático. Los republicanos intentaban levantar España —también eran patriotas— por imitación de las naciones "progresistas". Para los más habladores ideólogos nacionalistas del 1936 sólo un retorno a la visión de un imperio universal y de valores interiores de Felipe II podía salvar a España de los continuados estragos de un materialismo decadente.

Fueron estas instituciones y estas ideologías las que se ofrecieron a "liberar" España. La guerra para los nacionalistas no era otra cosa que una guerra de liberación. La España republicana estaba esclavizada a un régimen, intrínsecamente perverso en sí mismo y dependiente de una potencia extranjera: la Unión Soviética. La finalidad de la guerra era acabar con esta servidumbre: una España liberada sería *independiente*. Las implicaciones de este concepto, central en todo el pensamiento de Franco, nunca las entendieron sus aliados.

Los alemanes y los italianos estaban defendiendo siempre una *Schrecklichkeit* o una *Blitzkrieg*. Nunca pudieron entender por qué Franco no bombardeaba y arrasaba las ciudades en poder del enemigo. Su "lentitud" llegó a ser una obsesión para los oficiales del estado mayor alemán e hizo enfurecer a Ciano y a Mussolini. "¿No hay hombres en España? Dadme aviones, artillería, tanques y municiones, proporcionadme un apoyo diplomático y os lo agradeceré —decía Franco al embajador italiano en abril de 1937—, pero sobre todo *no me déis prisa*, no me obliguéis a ganar a marchas forzadas, porque eso significaría matar a muchos españoles, destruir una buena parte de la riqueza del país." En el plano estratégico esto comprometió a Franco con una guerra de desgaste.

Una vez liberada, España debía ser "grande"; y para ser grande tenía que ser independiente. Franco advirtió rápidamente que la amenaza más inmediata a la independencia de su nuevo Estado procedía de las demandas económicas y de las presiones políticas de sus aliados, Alemania e Italia. Pero necesitaba desesperadamente armas. Equilibrar sus necesidades y las importunidades de sus aliados con la defensa de su propia libertad de acción se convirtió en un difícil ejercicio de acrobacia. En 1939, Franco se demostró a sí mismo ser el hombre de Estado más obstinado y con más éxito que nunca hubiera producido una potencia secundaria.

La disputa con Alemania estaba relacionada con los recursos minerales españoles. "Alemania —admitió Hitler— necesita mineral de hierro. Por eso deseamos un gobierno nacionalista, para poderle comprar mineral a España." Franco estaba dispuesto a mantener abiertas sus opciones económicas contra las presiones de Alemania para que el Reich monopolizase todos los minerales españoles —una operación que llevó por nombre el esquema "Montana"—. El embajador alemán se quejaba de que "este condenado individuo hace habitualmente lo contrario de lo que le sugerimos con tal de demostrar su independencia". Cada exigencia de los alemanes se intentaba apartarla siempre algo de su camino; pero la necesidad de ayuda militar alemana por parte de Franco era tan ineludible que la España nacionalista estaba en camino de convertirse en una colonia económica del Reich. El gobierno nacionalista tuvo que permitir el pago de parte de la enorme deuda a Alemania por medio de la venta de minas españolas. Al final, el esquema "Montana" estaba sano y salvo.

VII

La organización militar era un reflejo de la estructura política. Los nacionalistas crearon un ejército regular convencional en torno al ejército de África. Los republicanos nunca pudieron superar los defectos del voluntarismo del sistema de milicias. El Ejército Popular de la República fue una creación notable dados sus poco prometedores puntos de partida. Había comandantes y planificadores capaces, algunos de ellos con escasa experiencia militar como el comunista Líster o el cenetista Cipriano Mera, algunos militares reguladores como el general Rojo, cerebro estratégico del mando republicano; pero los escalones intermedios eran débiles. Los nacionalistas comenzaron con un número superior de jóvenes oficiales leales; serían quienes adiestrarían a los alféreces provisionales que más tarde se convertirían en los más sólidos apoyos del régimen de Franco. Sin desmerecer sus logros notables, el Ejército Popular, como máquina militar que pudiera haber sido desplegada por un mando unificado, era inferior al ejército nacionalista.

Estos factores explican los principales rasgos de la guerra: los republicanos pudieron planificar series de ataques por sorpresa que se abrían paso a lo largo del frente; pero las ofensivas ambiciosas se hundían después de algunos kilómetros, y tenían que regresar a una defensa de las pequeñas posiciones conquistadas. Franco, poco imaginativo como estratega era, sin embargo, un metódico comandante en las batallas. Su opinión se basaba en que no se podía disponer ningún ataque a menos que su empuje se pudiera mantener. "Avanzar" era lo más importante y fue precisamente la incapacidad para avanzar lo que señalaba la debilidad permanente del Ejército Popular.

Ninguno de los dos bandos tenía todo el equipo moderno que necesitaba y a menudo luchaban con lotes de armamento caducados y anticuados. Se trataba de una "guerra de pobres" cuya única innovación táctica la constituían los bombardeos en picado. El equilibrio de la guerra cambió con el suministro de armas por parte de la Unión Soviética a los republicanos y de Alemania e Italia a los nacionalistas. Así, en noviembre de 1936, la República estaba bien aprovisionada y poseía el dominio del aire; pero a finales de la guerra, los ejércitos nacionalistas se encontraban mejor equipados y los suministros a la República eran poco seguros e irregulares. Como señaló Azaña, en las últimas batallas "podíais romper nuestros frentes con bicicletas".

Como ya hemos visto, durante los primeros meses de guerra el ejército de África de Franco constituyó el elemento crítico, transportado por barco y por medio de un puente aéreo (la única novedad estratégica de la guerra) desde Marruecos a Andalucía. Tropas adiestradas, avanzaron hacia Madrid por Extremadura, pasando por entre los milicianos "como un cuchillo corta la mantequilla". Con las columnas de Mola detenidas en las montañas del nordeste de Madrid, el pequeño y cansado ejército de Franco fue contenido en los suburbios del oeste por el ejército organizado recientemente por Rojo, moral y materialmente reforzado por la llegada de las primeras unidades de las Brigadas Internacionales.

Madrid constituyó la "obsesión" de Franco y su defensa, coronada por el éxito, una victoria decisiva que determinó todo el curso de la guerra; si Madrid hubiera caído en noviembre, la oposición republicana se hubiera derrumbado en el invierno de 1936; los esfuerzos de Franco por romper y rendir la capital desde el sur se frustraron en la sangrienta batalla del Jarama (febrero de 1937) en la que sufrieron numerosas bajas las mejores unidades de las Brigadas Internacionales; un mes más tarde, el avance italiano desde el norte, una ofensiva motorizada mal planteada a lo largo de una única carretera en medio de las espantosas condiciones del invierno, fue detenido en la batalla de Guadalajara.

La defensa de Madrid fue más que una prueba del valor

defenisvo del Ejército Popular. La propaganda de la izquierda la convertiría en una victoria épica de la democracia española sobre el fascismo triunfante en Europa. "Madrid, tumba del fascismo", decía el eslogan; "Madrid, frontera universal que separa la libertad y la esclavitud ... Está luchando por la humanidad ... con su manto de sangre protege a todos los seres humanos". Para el corresponsal del *New York Times*, Guadalajara cambió "el curso de la historia [mundial]". Esta euforia ocultaba un fracaso en el norte en el intento por tomar Oviedo —su defensa, junto con la de Toledo, fueron las páginas épicas paralelas a la de Madrid en la propaganda nacionalista— y el fracaso total del mal construido sistema de milicias para evitar la caída de Málaga en manos de los italianos (7 de febrero).

En la primavera de 1937, los consejeros militares de Franco le convencieron de que abandonase su costosa "obsesión" por Madrid y concentrara las tropas disponibles en la conquista del norte. Una vez más, la campaña del norte demostró las consecuencias militares de la fragmentación política. No existía un mando unificado. Aguirre, presidente de Euzkadi, quería que Madrid le enviase aviones y carros de combate, no un general que se interfiriese. El general designado por Madrid cablegrafiaba al ministro de la Guerra en los siguientes términos: "Ruego a su excelencia me informe de si el ejército para el que he tenido el honor de ser designado como jefe existe o no".

El lunes 26 de abril tuvo lugar el acontecimiento más señalado de toda la guerra: la destrucción completa con explosivos de alta potencia y con bombas incendiarias de la pequeña villa vasca de Guernica. El bombardeo fue obra de la Legión Cóndor, escuadrones alemanes que servían en las filas nacionalistas. Contemplada por el mando alemán como una legítima operación de guerra, la destrucción de Guernica fue presentada ante Europa como un acto de barbarie sin paralelo. Los fascistas no eran sólo bárbaros sino también mentirosos; las agencias de prensa nacionalistas sostuvieron que la villa había sido quemada por "rojos incendiarios", mentira evidente que sirvió de excelente regalo a los propagandistas de la República. Dramatizada en el *Guernica* de Picasso, Guernica se vio explotada como una advertencia a Europa de los horrores de una guerra contra el fascismo; se convirtió en un suceso simbólico, con una resonancia desproporcionada para su significación militar, que se resucitaría en la década de 1970 para condenar los bombardeos de los Estados Unidos en Vietnam. Los mitos de la propaganda en las guerras —especialmente en las guerras civiles— son tan importantes que los nacionalistas mantuvieron su versión con el fin de arrojar contra sus enemigos la acusación de barbarie.

Bilbao, bloqueada y hambrienta, caía el 19 de junio; los católicos vascos, que lucharon más por defender su autonomía que a una República laica, perdieron la partida. El 26 de agosto caía Santander después de una maniobra modélica; en Asturias, la fortaleza socialista, una vigorosa resistencia inicial, se deshizo "como un merengue metido en agua".

Las victorias del norte fueron decisivas. Las minas de hierro y las industrias del norte cayeron en manos de los nacionalistas; los vascos en retirada se negaron a volar las bases de la potencia económica de su patria, las fundiciones de hierro y las acerías de los alrededores de Bilbao. Franco controlaba ahora un 62 por ciento del territorio español y alrededor de la mitad de la población; el 25 por ciento de las fuerzas armadas republicanas habían desaparecido en las derrotas.

Las ofensivas montadas por la República para aliviar la presión sobre el frente del norte (la de Brunete en julio y la de Belchite en agosto) revelaron la fuerza y la debilidad del Ejército Popular. Concepciones ambiciosas del general Rojo, se hundieron en la confusión sobre el terreno para convertirse en costosas batallas defensivas. El dominio del aire había pasado a manos de los nacionalistas: Brunete fue testigo de la aparición por vez primera de los Messerschmidt 109.

VIII

Negrín heredó una situación militar desastrosa. Fracasó la ofensiva republicana sobre Teruel (15 de diciembre de 1937) que se libró en las terribles condiciones del invierno. Franco volvió sus fuerzas a través de Aragón para cortar a la República en dos al alcanzar el Mediterráneo. Las batallas de Aragón contemplaron algunos de los mayores hundimientos de moral y de los más negativos cuerpo a cuerpo político-militares de la guerra. Hay que concederle a Negrín el crédito de haber sido quien unificó a toda la República para librar su mayor batalla. Cuando Franco dejó Aragón para irse a Valencia —errónea decisión que comprometió a sus ejércitos en una difícil campaña— el ejército republicano cruzó el Ebro para caer sobre su retaguardia. Fue la clásica historia de la defensa de un pequeño territorio ganado en los primeros días de julio hasta noviembre. Franco utilizó la batalla para destruir el ejército de la República; cuando atacó Cataluña la resistencia se desintegró. El primer día se hundió todo el frente. "Fue una fuga desordenada —escribió Rojo— una de las muchas de las que tuve que ser testigo."

Fue una proeza asombrosa de la propaganda el mantener el entusiasmo republicano frente a un proceso de continuas derrotas pespunteadas por triunfos ocasionales. Pero en 1938 las disputas internas y las recriminaciones mutuas fueron desgastando la moral. La escasez de alimentos y de bienes de consumo convirtieron la zona republicana en una economía de trueque y la vida en una lucha dura y gris por la existencia. Cuanto más se aproximaba la derrota final, más iba triunfando la necesidad de convertirse a uno mismo y a la familia en aceptable a los vencedores, cuyos partidarios esperaban agazapados en las sombras de cada villa, de cada pueblo, para tomar el poder. Se debilitaron las lealtades, sacrificadas al recuerdo. Enfrentados con las deserciones en masa, los intentos por reforzar la lealtad a un gobierno y a sus fuerzas de seguridad (dominadas por los comunistas) parecían una tiranía generalizada.

La trágica ironía de la Guerra Civil consistió en que acabó como había empezado, con un pronunciamiento por una parte del ejército contra un gobierno al que se creía que había dejado de representar la voluntad nacional. El coronel Casado soportaba a disgusto el creciente poder de los comunistas en el ejército y consideraba suicida la política de resistencia de Negrín después de la caída de Cataluña. Apoyado por los viejos enemigos de los comunistas —la CNT y el dirigente socialista moderado Besteiro— formó un Consejo Nacional, denunciando el gobierno de Negrín como un "cuerpo putrefacto" dominado por los comunistas. Cuando las unidades comunistas madrileñas se sublevaron y fueron reprimidas por las tropas de Casado —ambos bandos llevaban el mismo uniforme republicano— se habían sacrificado quizás otras doscientas cincuenta vidas en una erupción estúpida de disputas sin sentido.[4] Casado esperaba que Franco le reconociese como un militar compañero en su cruzada anticomunista y le garantizase unas condiciones que protegiesen a los republicanos respetables. Franco insistió en la rendición incondicional del "mal absoluto". Con la base naval de Cartagena sumida en el caos, las tropas republicanas desertando en masa, el caudillo sabía muy bien que ya no podían luchar. La tarde del 31 de marzo, aquejado

4. Véase J. M. Martínez Bande, *Los cien últimos días de la República*, 1973.

de gripe, el general Franco fue informado de que sus tropas habían ocupado sus objetivos; la Guerra Civil había terminado.

IX

Ambos bandos, con propósitos de propaganda y para ganar el apoyo extranjero, presentaron la guerra como una batalla en favor de las ideologías que dividían Europa. Los generales se presentaban a sí mismos como cruzados defensores de la civilización europea contra un complot comunista más que como defensores de los intereses conservadores españoles. Para la izquierda, la guerra formaba parte de una lucha más amplia de la democracia contra el fascismo. Lo que en sus orígenes fue una tragedia interna se convirtió así en la gran divisoria en el discurso político e intelectual de Europa y América Latina.

Las discusiones del Comité de No Intervención con sede en Londres no sólo cubrían convenientemente la mala gana de las democracias occidentales por ayudar a la República; mostraban y cristalizaban los alineamientos de las grandes potencias y proporcionaron a los poderes fascistas una impresión de la debilidad de las "democracias degeneradas" para las que el caso español había servido para excitar la animosidad de la política interna y había dividido a los partidos políticos. En Inglaterra y Francia no solamente avivó los conflictos entre izquierdas y derechas; tanto la izquierda como la derecha aparecieron en 1939 divididas en cuanto a sus actitudes con respecto a la guerra.

La guerra marcó a toda una generación de intelectuales. Casi todos los escritores europeos de alguna significación apoyaron a la República; en América, Hemingway escribió su novela más larga sobre la guerra; James Baldwin su primera novela corta. El Partido Comunista orquestó la protesta de los escritores y las Brigadas Internacionales, cuyo núcleo estaba compuesto por militantes del partido, fueron más tarde purgadas sin piedad como supuestos agentes "cosmopolitas" de la red de inteligencia norteamericana.

La derrota de la República y la exposición del papel desempeñado por el Partido Comunista —por ejemplo su ataque contra André Gide en la Conferencia de Escritores de 1937 o su campaña contra el POUM revelada por George Orwell— provocó un sentimiento de desencanto. "Después de lo de España ... quedaba muy poco del movimiento de los años treinta

salvo una atmósfera de resignación y un sentimiento de culpa."
Los liberales y los socialistas sintieron que habían sido toma-
dos y utilizados en las campañas de propaganda comunista
compuestas de "enormes mentiras y de odio" (Orwell).

La guerra suscitó de la forma más aguda el problema del
compromiso político de los intelectuales y los sacrificios de la
integridad artística que conlleva ese compromiso. No había
lugar para las conciencias delicadas en lo que el poeta inglés
Cecil Day Lewis describió "como una batalla entre la luz y
las sombras". Los mismos efectos de la polarización política
en España fueron desafortunados. La producción literaria de
los nacionalistas provocaba repulsión (típico de las primeras
efusiones fue el "Poema de la bestia y el ángel" de José María
Pemán, del año 1939, con sus crudas manifestaciones antise-
mitas). En el bando republicano, un fino poeta, como es el caso
de Rafael Alberti, se hizo comunista y abandonó la poesía por
la retórica política. Miguel Hernández fue el único escritor importante de partido capaz de transformar en poesía una oda
sobre la fábrica de tractores de Jarkov. Las tensiones de la
guerra provocaron un recelo con respecto a la imaginación que
persistiría en una generación de poetas que tuvieron que trabajar bajo, y contra, el franquismo.

Capítulo X

EL FRANQUISMO, 1939-1975

El general Franco, vencedor de la Guerra Civil, iba a gobernar España como "Caudillo por la Gracia de Dios" hasta su muerte acaecida en 1975. Si la estructura política de su régimen sólo experimentó cambios aparentes, la sociedad que él gobernaba se transformaría de manera dramática. España se convirtió en una sociedad industrial, más parecida cada día que pasaba a las sociedades de Europa occidental. Por ello, el autoritarismo heredado de la victoria de 1939 se hizo paulatinamente anacrónico y fuera de lugar, no sólo en Europa, donde se le consideraba generalmente, junto con Portugal, como el último régimen "fascista" superviviente en Occidente, sino también como poco apropiado a la "moderna" sociedad española de la década de 1970. El cambio económico provocó conflictos y expectativas que el sistema político era capaz de absorber con crecientes dificultades. El corte crucial en la infraestructura social y económica llegó con el "milagro económico" de la década de 1960; las consecuencias políticas, a comienzos de la década de 1970.

I

En los inmediatos años de posguerra el problema se reducía únicamente al de la pura supervivencia física, el de conseguir alimentos y trabajo en una nación cuya economía había quedado destrozada por la propia Guerra Civil y que estaba aislada de las economías occidentales, primero por la Segunda Guerra Mundial y después por el bloqueo diplomático y económico impuesto por las democracias victoriosas a un Estado "fascista" que, hasta 1943, había apoyado abiertamente a las potencias del Eje. "En 1940 —escribió París Eguilaz, uno de los principales economistas del nuevo régimen— la renta nacional, a precios constantes, había caído hasta el nivel de 1914, pero como la población se había incrementado, la renta per cápita descendió hasta los niveles del siglo xix. Es decir, la Guerra Civil había provocado una recesión económica sin precedentes."

Los instrumentos con los que el régimen pretendía la recuperación se habían forjado en la propia guerra con ayuda de los modelos fascistas italianos: la regulación por parte del Estado de una economía "capitalista" separada, tanto como fuera posible, del mercado mundial; una autarquía que debería embarcarse en un programa masivo de sustitución de importaciones, produciendo cualquier artículo en el interior sin tener en cuenta el costo económico. El dirigismo de Estado y la protección eran viejas tradiciones, pero no estaban ya justificadas sobre una base económica para proteger a una débil economía. Más bien, se las presentaba como ideales políticos: como la receta para una economía estable y una política apropiada para un "Estado imperial militar". Ninguna nación, con la escasez de la Europa de posguerra, podía arriesgarse a los peligros de una economía de mercado incontrolada. El único rasgo característico de la España de la década de 1940 —aparte de la torpeza del aparato que forzó la regulación— fue el que la autarquía se presentase como un ideal permanente.

El problema no residía sólo en que la intervención engendrara regulaciones que provocaron cuellos de botella y ampararon un floreciente mercado negro. Existía una contradicción más profunda. A pesar de un cierto entusiasmo por los campesinos como "centro de la raza", aislados de las doctrinas subversivas que habían infectado a los trabajadores urbanos con posterioridad a 1931, el régimen advirtió en seguida que era esencial un resurgimiento industrial. A imitación de la Italia fascista se creó el INI (Instituto Nacional de Industria), grupo empresarial del Estado que pretendía proporcionar la base infraestructural para un despegue industrial y ayuda al capital privado en sectores vitales. Pero el crecimiento industrial alcanzado en la década de 1940 (en 1948 la producción industrial había conseguido los niveles de 1929) no podía continuar dentro de la estructura restrictiva de la autarquía. La economía, rodeada de defensas tarifarias, encerrada en un mercado interior con una capacidad adquisitiva limitada, incapaz de importar materias primas o bienes de capital para proveer y modernizar la industria, se estancó. Una recuperación mayor exigía importaciones, el abandono de los controles y la integración de España en el mercado mundial. En 1956 se expusieron las limitaciones de la autarquía. "Llegó un momento en que hubo que establecer un pacto entre los deseos de industrialización y las exigencias de esta industrialización." [1]

II

Los arquitectos de la nueva política económica que había de conciliar un rápido crecimiento industrial con sus "condiciones" fueron los tecnócratas relacionados con el instituto secular católico Opus Dei (véase p. 226). A partir de 1957, gradualmente, con interrupciones y vacilaciones, introdujeron las "condiciones": la creación en España de una economía de mercado en la que los precios controlarían la colocación de los recursos, y la integración de ese mercado en la economía capitalista occidental. El Plan de Estabilización de 1959, remedio drástico para la inflación y para un severo déficit en la balanza comercial tomado del libro de recetas del capitalismo ortodoxo, libraría a la economía de las impurezas heredadas de tal manera que pudiera funcionar como una economía moderna, "neocapitalista". El rápido crecimiento cuidaría de todos los problemas.

Puede cuestionarse hasta qué punto los Planes de Desarrollo de los tecnócratas, copiados en buena medida de la planificación indicativa francesa, provocaron desde 1963 en adelante el milagro económico de la década de 1960, en la que las tasas de crecimiento españolas sobrepasaron a todas las economías capitalistas si se hace excepción de la japonesa. Se ha sostenido que los planes distorsionaron un auge español que era un mero reflejo del auge europeo; que la propaganda "triunfalista" del régimen, difundiendo estadísticas de crecimiento, no era prueba de una prosperidad basada en la "paz de Franco", sino únicamente reflejo del inevitable aumento súbito de actividad que la industrialización provoca en cualquier economía atrasada.

La economía se reaprovisionó en tres fuentes: préstamos del exterior que comenzarían con los realizados por Estados Unidos en la década de 1950 y que, en palabras del economista Sardá, llegaron como agua a un desierto; los ahorros en moneda extranjera proporcionados por el mercado turístico; y las remesas de emigrantes. España se convirtió en el lugar de descanso de Europa, participando de un capital activo en forma de playas y días soleados explotados hasta la saturación

1. L. A. Rojo, en S. Paniker, *Conversaciones en Madrid*, 1969, p. 159.

por agencias de turismo dedicadas a satisfacer los gustos de los turistas de clase media; al mismo tiempo se convirtió en el área de servicio del norte de Europa, como suministradora de trabajadores a las fábricas de Francia y Alemania. En 1973 había medio millón de españoles trabajando en Alemania y un cuarto de millón en Francia.

Los Planes de Desarrollo fueron los blancos favoritos de la oposición de izquierdas, desde el momento en que se comenzó a tolerar la crítica a la actuación económica del régimen. Se ha mantenido que la fe de los tecnócratas en la empresa privada como motor del crecimiento reforzaron el dominio de una estrecha oligarquía financiera oculta en los "siete grandes" bancos privados. (Dado el bajo nivel de autofinanciación y la debilidad de la bolsa de valores, solamente los bancos privados podían financiar el crecimiento industrial; lo hicieron con éxito, lo que se convertiría en el rasgo más sobresaliente del paisaje económico del franquismo.) A pesar de un ambicioso programa de "polos de desarrollo" imitados de la planificación francesa, la dedicación de los planificadores en el crecimiento agregado incrementó el abismo entre las provincias ricas y las pobres: las áreas industriales existentes prosperaron a expensas de las regiones atrasadas.[2] En 1970 el 70 por ciento de los hogares madrileños poseían aparato de televisión contra solamente el 11 por ciento en la provincia de Soria. A pesar de su declaración de intenciones, los planes no redistribuyeron la renta. "La única cosa que no se ha desarrollado —observaba el cardenal Herrera en 1965— es la justicia social." Para los tecnócratas no venían al caso las críticas de lo que contemplaban como los males crecientes de la industrialización: se estaba logrando un rápido crecimiento industrial; los salarios y el nivel de vida de la clase obrera se elevaron.

III

La consecuencia más llamativa del crecimiento fue el éxodo masivo del campo a las ciudades. Las áreas rurales con una elevada tasa de natalidad se vaciaron para llenar las ciudades, donde las tasas de natalidad eran bajas; los emigrantes afluyeron desde el centro "desértico" y el sur empobrecido hacia la próspera periferia y el "triángulo industrial" del nordeste. Ma-

2. Véase H. W. Richardson, *Regional Development Policy and Planning in Spain*, 1975, pp. 111-140.

drid se convirtió en una metrópoli única en Europa: una ciudad rodeada por un desierto demográfico. En 1970, 1.600.000 andaluces vivían fuera de sus provincias de origen, 712.000 solamente en Barcelona. Asentados en barracas en las afueras de Barcelona, posteriormente en los suburbios nuevos construidos en altura, estos emigrantes amenazaban con inundar a los catalanes nativos y su cultura. La absorción de estos inmigrantes casi analfabetos se convirtió en un punto importante para los catalanistas; el catalanismo podía presentarse como un movimiento mayoritario solamente si aquéllos se "catalanizaban".

La primera oleada de emigrantes —trabajadores sin tierras y campesinos a niveles de subsistencia procedentes de áreas deprimidas como la Andalucía oriental— buscaban escapar a una pobreza intolerable. Los emigrantes que marcharon a Alemania a comienzos de la década de 1960 se vieron obligados a ello por la recesión que siguió a los agudos recortes del Plan de Estabilización. Las oleadas posteriores, que dejaron a los pueblos vacíos salvo de los más ancianos, a menudo estaban compuestas por gentes que buscaban una movilidad social. Cuando regresaron, con los ahorros compraron un bar, una pequeña granja, un camión. La migración a las ciudades fue una consecuencia natural de la industrialización. Sin ella no se hubiera dado un despegue industrial, según reconoció el régimen al abandonar sus esfuerzos por detener el éxodo del campo y la ideología agraria que idealizaba al agricultor. Aún así, el crecimiento industrial no pudo absorber a la totalidad de los desempleados rurales que no se necesitaban por la mecanización de los latifundios o aquellos otros que abandonaron sus tierras marginales, creando así los pueblos desiertos descritos por el novelista castellano Miguel Delibes. La emigración a América Latina había sido la válvula de escape a finales del siglo xix; en la década de 1960 se evitó un serio desempleo solamente por la nueva emigración a Europa.

La agricultura continuó siendo el eslabón más débil de la nueva economía, incluso aunque fueran los ahorros procedentes del campo quienes financiaron durante los primeros años los comienzos del desarrollo industrial, y las ganancias conseguidas con las exportaciones agrícolas (especialmente de cítricos y otros productos del Levante) los que proporcionaron inicialmente un mínimo de moneda extranjera para financiar la importación de bienes de capital. Además de la persistencia de técnicas primitivas (en las décadas de 1940 y 1950 podían aún verse norias —con sus cubos de barro ligados a una rueda primitiva para regar los campos— y eras de barro), las dos calamidades gemelas eran las grandes propiedades y las explotaciones diminutas.

Los latifundios permanecieron intactos e incluso fueron consolidados por la burguesía agraria del sur. Las radicales nociones falangistas de reforma agraria se disolvieron en un régimen dominado por los intereses conservadores. La reforma agraria, entendida en el sentido de expropiación y redistribución de las grandes propiedades, se vio sustituida por ambiciosos esquemas de "colonización". El latifundista encontró una nueva justificación. Progresivamente se vio a sí mismo cumpliendo una útil función social como empresario con mentalidad de lucro; no sería durante más tiempo un *rentier* absentista parásito.[3] Acabó con los costos de trabajo (y con los problemas laborales) utilizando la mecanización al tiempo que la cosechadora sustituía a las cuadrillas de jornaleros. En las pequeñas explotaciones más prósperas del Levante la introducción del motocultor significó una revolución agraria de tono menor.

El problema más difícil de tratar era el de los pequeños campos de las pobres tierras de secano (22 millones de parcelas de menos de 2 hectáreas). Aquí la política de concentración parcelaria seguida por el régimen hizo algunos progresos al crear una clase de agricultores medios, de la que en el pasado se carecía por completo. A mediados de la década de 1970 habían abandonado sus tierras 800.000 pequeños propietarios.

El apoyo del gobierno al cultivo de cereales —que constituía una necesidad durante el hambre de la década de 1940— tuvo a largo plazo consecuencias menos felices. Al favorecer el trigo con precios protegidos y garantizados, la tierra se dedicó al cultivo del cereal, y el sistema agrícola no pudo responder a la nueva demanda de carne y de productos lácteos exigida por la relativa prosperidad de la década de 1960. A partir de aquí, apareció la llamada "crisis de la agricultura tradicional" ya que los cultivos tradicionales no encontraban mercados.

"España es diferente", rezaba el eslogan turístico. Esto era bien cierto de la economía de la década de 1940 cuando la mitad de la población activa aún trabajaba en el sector agrario. En 1978 el rápido descenso de la población agrícola hasta alcanzar los niveles de Francia muestran que la estructura económica de España no iba a ser por mucho tiempo tan diferente

3. J. Martínez Alier, *La estabilidad del latifundismo en España*, 1968, p. 336.

de la de sus vecinos. Los agricultores se veían a sí mismos como las cenicientas de una economía comprometida a cualquier precio con la industrialización. Lo mismo que los franceses, bloquearon las carreteras con sus tractores en una protesta impotente. "La protesta masiva de los agricultores —informaba el Banco de Bilbao en 1976— está más justificada que la de cualquier otro sector de la sociedad." Pero a su protesta le faltaba fuerza desde el momento en que sólo producían el 8 por ciento del producto nacional bruto y que perdían mano de obra a una media de cien mil por año.

IV

Sus progenitores esperaban que la nueva economía produjese una sociedad estable, satisfecha. López Rodó, el más eminente de los nuevos tecnócratas y planificadores sostenía que las tensiones sociales desaparecerían cuando se alcanzase una renta por cápita de dos mil dólares; de acuerdo con Fernández de la Mora, el ideólogo del régimen en sus últimas etapas, las satisfacciones de una sociedad de consumo inducen a la apatía, una condición de salud política deseable pues, como ya hemos visto, la inducción a la apatía fue el primer objetivo político del sistema político franquista.

¿Hasta qué punto justificaron los acontecimientos las profecías de los planificadores y la sociología de Fernández de la Mora? La respuesta es compleja. Después de la apatía producida por los sufrimientos, y la dura lucha por la supervivencia de la década de 1940 (cuando se encontraban a la venta cepillos de diente usados y las plumas estilográficas sólo se podían comprar a los instalados en el sistema, cuando ropas llenas de remiendos se iban pasando de niño en niño en lo que el novelista Umbral llama el largo invierno de las colas), la relativa abundancia de los bienes de consumo en la década de 1960 se atribuyó a la "paz de Franco". La satisfacción con este nuevo estado de riqueza comparativa le llevó al antiguo falangista Ridruejo a sostener que el régimen gozaba del apoyo de la mayoría de los españoles.

En la década de 1970 hubo dos manifestaciones que debilitaron ese apoyo: la sociedad de consumo de la década de 1960 condujo inevitablemente a un aumento de las expectativas, a un deseo para la década de 1970 no sólo de la comodidad material del Occidente sino también de la libertad política de los sistemas denunciados de forma consistente como democracias degeneradas por una prensa y una televisión controladas por el gobierno. Entre la superestructura política autoritaria y su base social se abrió un abismo; los conflictos inherentes a un crecimiento industrial rápido crearon una contradicción interna entre la ideología del régimen y las "condiciones" de la industrialización. Considerando que la autarquía y el autoritarismo fueron un arranque perfecto, era más difícil, aunque no imposible, reconciliar la economía moderna del neocapitalismo con la negativa a la concesión de modernas instituciones políticas liberales.

Dos movimientos nos muestran el desarrollo de la protesta: el estudiantil y el obrero.

Una sociedad industrial exige un sistema desarrollado de una educación más elevada. Las universidades sufrieron una expansión en la década de 1960; pero en lugar de suministrar dóciles administradores del neocapitalismo, alimentaron una generación de estudiantes radicales. Los primeros dirigentes estudiantiles fueron una élite autorreclutada, que explotaron las reivindicaciones del "sindicato" de estudiantes y lucharon contra el monopolio del sindicato estudiantil falangista (el SEU). En la década de 1970 la protesta de los estudiantes se convirtió en una protesta de masas. Sus reivindicaciones se habían politizado y las universidades estaban dominadas por una subcultura marxista. La policía ocupó los campus, se destituyeron profesores y se encarceló a estudiantes. En 1970 se llevó a cabo una reforma universitaria: se sustituyeron algunos de los primeros intentos de adoctrinamiento "patriótico" y fuertemente religioso por un énfasis en la educación técnica. Pero los sucesivos gobiernos no pudieron dominar un movimiento dividido a su vez por las discusiones bizantinas de la izquierda. A mediados de la década de 1970 el movimiento estudiantil se convirtió en una protesta contra la sociedad en general, intentando que la universidad dejara de desempeñar su papel tradicional de transmisora de cultura para convertirse en un campo de experimentación social y sexual. Aunque los estudiantes radicales no lograron éxito en su intento por abolir la universidad, el legado del franquismo fue una universidad masificada, a la deriva, y sin ninguna finalidad concreta.

La protesta obrera fue también una consecuencia de lo que los marxistas llamarían las contradicciones del sistema.

Los sindicatos obreros habían sido destruidos por completo en 1939. En su lugar hicieron su aparición los sindicatos verticales que aglutinaban a trabajadores y patronos y que incorporaron los ideales falangistas. La lucha de clases se sustituiría por la cooperación entre esas clases bajo dirección "jerárquica" —palabra favorita de los falangistas— del Estado. Las huelgas eran ilegales, los sindicatos representativos de los trabajadores se vieron sustituidos por sindicatos dominados por burócratas falangistas. La seguridad en el empleo fue la compensación que se les dio a los trabajadores por la supresión de los sindicatos obreros, de la misma manera que a los agricultores se les dio la seguridad de la posesión, medidas ambas que no agradaron a los industriales modernizadores o a los terratenientes pero que hicieron algo por contener la protesta social.

Paulatinamente los sindicatos oficiales ("mastodontes burocráticos") demostraron ser incapaces de resolver los problemas laborales de una economía industrial moderna. El mismo régimen admitió los convenios colectivos y la elección de delegados; los trabajadores crearon las representativas, pero ilegales, Comisiones Obreras (CC.OO.) dominadas cada vez más por los militantes comunistas. Los empresarios que deseaban modernizarse y alcanzar objetivos de productividad, si tales objetivos implicaban una racionalización de plantillas, negociaban con los sindicatos ilegales. En la década de 1970 el gobierno trató con dureza a las CC.OO., pero el mal estaba hecho: los sindicatos oficiales embutidos de la ideología y la estructura del régimen estaban desacreditados. El Partido Comunista que no había poseído ninguna base sindical segura en la España anterior al franquismo, como resultado del éxito de las CC.OO. controló el sindicato más poderoso en la era posfranquista.

V

Con un promedio de rentas que casi se había triplicado en una década, López Rodó pudo decir que "nunca se había conseguido tanto en tan poco tiempo". Pero si el objetivo del franquismo era alcanzar la "paz social" gracias a la prosperidad, esto se consiguió sólo en parte. Si los tecnócratas del Opus Dei esperaban forjar una amalgama de autoritarismo, catolicismo tradicional y el mundo de la eficacia en los negocios de tipo americano tuvieron éxito sólo durante un corto período. La sociedad española de los años finales de la década de 1960 y de la de 1970 era superficialmente estable, pero se encontraba alterada por los conflictos existentes entre las costumbres heredadas y los valores de la clase media que había servido al franquismo, lo mismo que había servido a cualquier régimen anterior (valores derivados en gran medida del catolicismo tradicional que hacía hincapié en la austeridad y la abstinencia), y aquellas otras típicas de una sociedad de consumo, materialista, de una nación de "teleadictos" que rendía culto al becerro de oro de todas las sociedades occidentales: el automóvil. Entre 1960 y 1970 el número de coches por cada mil habitantes pasó de 9 a 70. Si en 1960 solamente el 1 por ciento de los españoles poseía aparato de televisión, en 1970 la audiencia de TV abarcaba al 90 por ciento de la nación. Josep Pla, el escritor catalán, decía en 1972 que "todo el mundo mira los seriales de TV con la boca abierta; tal es la cultura de hoy".

En términos estructurales, la sociedad española cambió con mayor rapidez entre 1957 y 1978 que en los siglos anteriores. Y no se debió únicamente a que el *establishment* conservador de la década de 1940 —aristócratas, terratenientes y financieros— perdió *algo* de su influencia en favor de la nueva casta de empresarios que se unió a sus filas. El sector servicios en rápida expansión produjo una nueva clase media, distinta de la clase media "tradicional". Algunos sectores de esta nueva clase media —los empleados de banca y las capas inferiores de la administración civil— adoptaron actitudes radicales.[4] Fue este sector servicios el que proporcionó a la mujer un empleo alternativo al servicio doméstico. La Sección Femenina falangista aceptó el punto de vista de numerosos clérigos de que el puesto de la mujer estaba en el hogar; pero una educación dedicada a la enseñanza de la dirección de un hogar se vio resentida por la actitud de las muchachas que querían convertirse en secretarias.

Es difícil estimar los efectos más íntimos de tales cambios. La sociedad de las décadas de 1960 y 1970 mostraba síntomas de lo que Gino Germani llama modernización superficial; había un conflicto entre los viejos y los nuevos valores. Los empleados de banca que presionaban para conseguir la nacionalización de los bancos apoyaban una educación religiosa. Los trabajadores, cada vez con una mayor militancia y conciencia de clase, eran tan conservadores como los ideólogos del régimen y como los sectores más puritanos de la Iglesia por lo que se refería al papel que la mujer debía ocupar en una sociedad moderna.

El conflicto entre los viejos y los nuevos valores fue particularmente agudo entre las generaciones. En las sociedades industriales los padres pierden la autoridad. Los estudios de

---

4. Ciriaco de Vicente, *La lucha de los funcionarios en España*, 1977, pp. 185 ss.

opinión revelaban un alejamiento completo del régimen y de sus valores entre la juventud urbana educada de clase media, alejamiento que no era compartido por los jóvenes del campo o por las viejas generaciones.[5] Un estudio de opinión realizado en 1977 reveló que la juventud española eran tan "progresista" en cuestiones como el aborto o el control de natalidad como cualquier generación paralela en cualquier lugar del mundo. El tradicional cortejo prolongado, el noviazgo, se estaba quedando desfasado;[6] en la década de 1970 los progresistas exigían como un derecho el "libre uso del cuerpo". No obstante, debemos tener cuidado para no exagerar esta cultura "progresista"; hay más adolescentes españoles que viven en el hogar paterno que en cualquier otro país.

Mayor importancia revistió el continuado aumento del proletariado industrial, especialmente el que se concentraba en grandes empresas como la fábrica de automóviles SEAT de Barcelona que contaba con 23.000 trabajadores. Como ya hemos visto, ese proletariado se fue convirtiendo en cada vez más militante a medida que se iban borrando los recuerdos de la represión de la década de 1940 y que la política comunista del "entrismo" (utilización por los sindicatos ilegales de las oportunidades electorales ofrecidas por los sindicatos oficiales) demostraba tener éxito. Con anterioridad a la década de 1960 hubo escasos movimientos huelguistas; posteriormente, aunque las huelgas estuvieron en su mayoría motivadas por reivindicaciones salariales o por problemas laborales, se fueron "politizando" cada vez más, como consecuencia de la negativa del régimen a permitir la existencia de sindicatos representativos. De nuevo fue una nueva generación de jóvenes obreros los que recogieron las tradiciones militantes de sus antepasados. En las elecciones de 1975 las oficinas sindicales estaban repletas de "barbudos con cabellos largos".[7]

VI

Especialmente por lo que se refiere a la generación de posguerra, la sociedad española se había convertido en una mezcolanza a menudo incómoda de modas importadas —desde el

5. Véase J. R. Torregrosa, *La juventud española*, 1970.
6. A. Ferrándiz y V. Verdú, *Noviazgo y matrimonio en la burguesía española*, 1974.
7. Citado en I. Boix y M. Pujadas, *Conversaciones sindicales y dirigentes obreros*, 1975, p. 30.

yé yé y los campeonatos de minifalda de la década de 1950, pasando por el marxismo y el maoísmo de la década de 1960 hasta el *punk rock* y Nietzsche de la de 1970— y los valores tradicionales católicos, es decir, los del franquismo.

La Segunda República se correspondió con una segunda edad de oro en la vida intelectual española. El franquismo fracasó en sus esfuerzos por imponer "una cultura franquista" que pudiese acabar con la cultura liberal a la que perseguía y cuyos representantes estaban exiliados. La cultura franquista (compuesta de catolicismo tridentino y de los vestigios de un imperialismo falangista que, como ya hemos visto, tenía por ideal a la España de Felipe II) era algo tan pobre que, a largo plazo, no podía resistir la influencia de aquella Europa a la que ambicionaban unirse los tecnócratas del Opus Dei. Una vez derrotado el "nuevo orden" hitleriano, el franquismo se convirtió en un anacronismo aislado. A los intelectuales les repugnaba su retórica; ningún escritor de talla aceptó la ideología oficial. La censura podía alcanzar el éxito en su intento por evitar el nacimiento de una cultura alternativa, pero lo que no podía era imponer la del régimen. Los novelistas "tremendistas" de la década de 1940 y de los comienzos de la de 1950 nos mostraron un sórdido cuadro de la sociedad creada por la victoria de Franco. Aunque la crítica política abierta continuaba siendo imposible, los poetas, novelistas y dramaturgos "sociales", si bien maltratados por el censor e ilegibles como eran algunas de sus producciones, atacaron las injusticias sociales de la sociedad franquista; casi todos ellos eran miembros del clandestino Partido Comunista. Los jóvenes escritores de la década de 1970 (los *novísimos*) rechazaron el lenguaje crudo y el realismo de los escritores "sociales" en favor de un retorno al surrealismo y a la fantasía; pero su compromiso con la oposición fue tan fuerte como su rechazo del realismo social. Por lo que se refiere a los economistas, sociólogos y psicólogos, muchos de ellos estaban influenciados por el marxismo o el liberalismo, las dos ideologías que Franco estaba decidido a desterrar del suelo español y que llenarían el vacío cultural dejado por el hundimiento de una cultura católica falangista.

En ningún lugar son más evidentes que en el cine las dificultades del régimen por imponer su "cultura" y las consecuencias de un fracaso. En posesión de más butacas de cine per cápita que cualquier otro país europeo, la España de las décadas de 1940 y 1950 era una nación de adictos al séptimo arte. Una industria local financieramente débil y empobrecida en el plano artístico no era capaz de producir suficientes películas que tuviesen como motivo la ética puritana, "heroica", del régimen para satisfacer la demanda. Las películas americanas e italianas importadas, aunque mutiladas por la censura hasta convertirse en irreconocibles, fueron portadoras de valores incompatibles con los del régimen. Un Estado socialista puede confiar en un suministro de películas que defienden la ideología dominante; pero España formaba parte del mundo capitalista. Por ello, los falangistas arrojaban botellas de tinta para embadurnar los carteles en que aparecía Rita Hayworth como protesta contra la exhibición de un libertinaje corrosivo. La sustitución del cine por una televisión controlada por el gobierno hizo más sencilla la tarea de proporcionar entretenimientos inofensivos.

Numerosos españoles no advirtieron nunca las discrepancias entre Hollywood y Madrid ni leyeron las obras de la literatura "social". Estaban inmersos en la cultura de evasión: las salas de espectáculos; el fútbol (en los años del hambre de la década de 1940 el Real Madrid construyó un amplio estadio), donde el nacionalismo encontró su expresión en la supuesta "furia española" de los mejores jugadores (¡vascos!); las "fotonovelas"; seriales de radio anodinos que gozaron de una fama extraordinaria; la "literatura de kiosko"; y, por último, la televisión. Todas las sociedades poseen sus culturas de evasión; pero una cultura de ese tipo desempeña un papel importantísimo en un sistema autoritario basado en la desmovilización política. Una vez que se fue debilitando la dura represión de los primeros años del franquismo, se combinó con una persecución administrativa (por ejemplo, la retirada de pasaportes) y con la protección de las posibilidades de hacer carrera (de ahí el silencio de numerosos profesores universitarios) para convertir al ciudadano ordinario en un miembro pasivo de la nueva sociedad de consumo. Con su aparato de televisión y el "Partido del Día" (al que él mismo nunca dejaba de asistir), Franco mantenía que la mayoría de sus súbditos no tenían nada de qué quejarse.

VII

El franquismo era algo más que el gobierno de un solo hombre, lo que es importante aunque ese hombre permaneciese hasta su muerte. Fue un sistema político que, para el mundo exterior, aparecía como un monolito político inmutable. Dados los cambios ocurridos en la sociedad, no hubiera sobrevivido sin llevar a cabo al menos cambios "cosméticos" y algún intento por incorporar las nuevas fuerzas al sistema. La legitimidad de ese sistema fue cambiando con el tiempo. Nunca desapareció la simple división maniquea de posguerra entre vencedores y vencidos que, como observó Churchill, excluía de la vida pública a la mitad de España. "La lucha entre el Bien y el Mal —declaró Franco en 1959, al terminarse las obras de la enorme basílica y de la cruz del Valle de los Caídos— nunca se acaba, no importa lo grande que haya sido la victoria. La anti-España ha sido derrotada pero no esá muerta." Pero esa visión no podía mantenerse. La "dictadura de la victoria" se convirtió en la "dictadura del desarrollo". Franco se veía a sí mismo menos como un general conquistador que como un benevolente patriarca familiar.

El régimen se enorgullecía de su capacidad para la "perfección institucional", sobre la evolución de una constitución *sui generis* que se completó con la Ley Orgánica de 1966. Esta constitución incluía los principios de la "democracia orgánica" como opuestos a la artificial "democracia inorgánica" basada en el sufragio universal, el sistema de partidos y la responsabilidad del gobierno ante un parlamento elegido. Las Cortes, creadas en 1942, representaban no a los electores individuales sino a los sindicatos, a varios cuerpos corporativos y después de 1967 a los cabezas de familia: éstos eran los cauces a través de los cuales la sociedad se comunicaba con el gobierno. No existía ninguna garantía que asegurase los derechos individuales —la libertad de asociación política continuaba siendo ilegal; existían jurisdicciones especiales, como las cortes marciales y el Tribunal de Orden Público, a quien se le confiaban los delitos de tipo político—. Basada en la "unidad de poder", la constitución estaba altamente centralizada, reflejando el odio nacionalista por cualquier deje de separatismo. Como jefe de Estado hasta su muerte, Franco conservó el importantísimo poder de nombrar y hacer dimitir a sus ministros. En aquello que se consideraba legalmente como "una monarquía tradicional católica", el caudillo seguiría siendo jefe de Estado "hasta que el señor me dé fuerzas", con el derecho de nombrar a su sucesor.

A pesar de los adornos fascistas de los primeros años —el paso de la oca y el saludo con el brazo en alto— el franquismo no era un régimen totalitario. Se trataba de un sistema autoritario, conservador, católico, cuyos rasgos originales corporativistas se fueron modificando con el tiempo. Llegó a no poseer ninguna de las características de un Estado totalitario: no había un partido único paralelo a la administración del Estado; después de los primeros años no hubo ningún intento exitoso de movilización de masas. Descansaba sobre la apatía de la gente, la satisfacción parcial de los grupos de presión situados *dentro* del régimen y la sistemática exclusión del poder de aquellos que no aceptaban los Principios del Movimiento (creados en la ley de 1958) y en la lealtad incondicional al vencedor de la Guerra Civil. Negar la legitimidad de aquella victoria y admitir a los vencidos hubiera sido entregar España a los "cerdos", como declaró Girón, el falangista de los viejos tiempos.

El secreto del poder de Franco, como han recalcado todos los comentaristas, descansaba en el derecho a nombrar y hacer dimitir a sus ministros (él fue su jefe de gobierno hasta 1972). Su química política equilibraba y neutralizaba lo que Amando de Miguel ha denominado las "familias" del régimen. Ninguna de ellas se vio excluida permanentemente del poder; a ninguna se le permitió hacerse con el monopolio de la influencia.

La familia más antigua y comprometida la componían los "franquistas integrales", nutridos en la Guerra Civil y que conservaban el espíritu de "la cruzada": hombres como el *alter ego* de Franco, el almirante Carrero Blanco, y durante mucho tiempo su ministro de la Gobernación y amigo desde los tiempos de cadete, el general Alonso Vega.

El mismo ejército seguía siendo un pilar del régimen. Aunque su directa participación en el gobierno variaba según el momento, controló siempre tres ministerios. De los primeros noventa ministros de Franco, treinta procedían de las fuerzas armadas. Sobrecargado de oficiales, el ejército estaba mal pagado (el "doble empleo" seguía siendo una necesidad para los jóvenes oficiales) y mal equipado. En la década de 1970, un grupo de oficiales demócratas, explotando las quejas profesionales —en buena medida como habían hecho los junteros en 1917 (véase p. 122)—, intentaron apartar gradualmente al cuerpo de oficiales de su anclaje político con el franquismo para ponerlo en contacto con "el pueblo".[8] No tuvieron ninguna influencia. Mucha mayor importancia revistieron los militares profesionales que llegaban hasta la cumbre cuando los generales políticos alimentados en la mística de la cruzada se morían o se retiraban. Iban a desempeñar un importante papel en la transición a la democracia. En 1976, el ejército se encontraba dividido entre los derechistas, nostálgicos del orden de

8.   J. Infantes, *El ejército de Franco y Juan Carlos*, 1976, p. 113.

Franco, y los profesionales neutrales leales a su comandante en jefe y heredero de Franco, el rey Juan Carlos.

En 1939, los falangistas parecían constituir la más poderosa de las familias políticas organizadas. Pero los intentos de los falangistas comprometidos por crear un Estado basado en la Falange como partido de masas fueron desbaratadas por los monárquicos conservadores, los auténticos vencedores de la Guerra Civil. Aunque los falangistas estaban presentes en todos los gabinetes, su influencia declinó. Según la expresión de Ricardo de la Cierva, la Falange era "un tigre de papel". Su base de poder residía en los sindicatos oficiales y a finales del régimen dominaba la burocracia sindical; pero incluso ahí, los sindicatos ilegales minaron su poder. Como *organización* política la Falange fue absorbida dentro de la más amplia concepción del Movimiento como *comunión* de todos los españoles, es decir, de todos aquellos que habían aceptado la legitimidad del alzamiento del 18 de julio y del gobierno de Franco. Las camisas azules del partido fueron sustituidas por los elegantes uniformes blancos del Movimiento.

A lo largo de todo el gobierno de Franco, la influencia falangista y los vestigios de su radicalismo social tuvieron la oposición de los monárquicos conservadores; sus desacuerdos constituyeron una de las escasas manifestaciones públicas de la vida política. En 1942, después de una reyerta entre monárquicos y falangistas, fueron destituidos sumariamente los ministros falangistas y monárquicos: fue la primera manifestación de lo que se dio en llamar "los juicios salomónicos de Franco".

Los monárquicos se encontraban debilitados por sus disensiones internas. Habían apoyado a Franco en la Guerra Civil no solamente porque eran conservadores sino también porque esperaban que él se convirtiera en un general Monck español. Aunque en 1947 declaró que España era una monarquía, no tenía ninguna intención de dimitir como jefe de Estado.

Los carlistas y los alfonsinos se hallaban ahora divididos entre quienes se convirtieron en indistinguibles de los franquistas integrales, dispuestos a aceptar una restauración a manos de Franco a su conveniencia y bajo sus condiciones, y aquellos otros que consideraban a su monarca restaurado como una *alternativa* al franquismo más que como leal sucesor y partidario de Franco. En mayor o menor grado esta última rama monárquica se convirtió en parte de la llamada oposición "democrática" (es decir, no comunista), dispuesta a buscar la reconciliación con los vencidos de 1939.

Los carlistas representaron para Franco un credo noble pero

arcaico; excepto quienes aceptaron su propio gobierno con entusiasmo, el resto fue acogido con frialdad y su dinastía expulsada. El joven pretendiente, Carlos Hugo, convirtió un movimiento que había sido una protesta rural conservadora en "socialismo" carlista; se oponía resueltamente al régimen y sus disputas con los carlistas tradicionalistas se convirtieron en un rito anual.

A Franco y a su corte le obsesionaban los monarcas alfonsinos y su representante, Don Juan (hijo de Alfonso XIII). En 1945, Don Juan esperaba ser restaurado por los Aliados victoriosos como monarca constitucional, como alternativa democrática. Franco nunca perdonó a Don Juan y a su "clan" de liberales aristócratas y de generales dispuestos a preparar conspiraciones de salón y a mantener frágiles acuerdos con la oposición de izquierdas, ni dejó de sospechar de la corte rival del pretendiente. En 1969, Franco decidió restaurar la monarquía en la persona del hijo del pretendiente, Juan Carlos. Éste, que juró lealtad a los Principios del Movimiento, debería continuar el franquismo después de Franco. Sería el error de cálculo político y personal más serio del caudillo.

Evidentemente, los católicos eran más que una familia: todos los franquistas eran católicos. La bendición de la Iglesia española en los primeros momentos sería lo *único* que permitió al régimen mostrarse como una empresa legítima: el Concordato firmado con el Vaticano en 1953 le proporcionó a Franco un cierto grado de respetabilidad internacional. El poeta Carlos Barral, sofocado y asqueado por la hipocresía religiosa de la burguesía barcelonesa de posguerra, encontró en "el retorno de los curas" el sello de marca del franquismo de los primeros tiempos.

Dos grupos representaban al catolicismo organizado: la ACNP (la Asociación Católica Nacional de Propagandistas) y el Opus Dei. Ambos intentaban captar para la Iglesia a la élite política, económica, intelectual y social. El Opus se enorgullecía de su "discreción" y fue acusado de ser una "santa Mafia", una francmasonería "blanca", dedicada particularmente a reclutar notables académicos y jóvenes capaces para los negocios. Mientras que la ACNP fue influyente durante los primeros años —especialmente en el sistema educativo— los hombres del Opus constituyeron los tecnócratas de la década de 1960, que combinaban el lenguaje de la devoción con el de Samuel Smiles. En los últimos años del régimen la ACNP volvió a ganar influencia.

La familia más constante estaba compuesta por profesionales —funcionarios (incluidos los profesores universitarios) que habían conseguido su cargo por medio de exámenes competitivos, por el sistema de oposiciones—. Franco destruyó sin piedad las creaciones políticas del liberalismo (la representativa democracia "inorgánica" y el sistema de partidos) pero conservó sus tradiciones administrativas. La absorción de los talentos de la clase media por la administración y el gobierno ayuda a explicar la duración del franquismo. Un hombre ambicioso sólo podía hacer una carrera dentro del sistema.

Franco equilibró en sus gabinetes a todas estas familias, manteniendo a la élite política satisfecha dentro del sistema. Cuando un ministro de alguna de las familias se pasaba de la raya o cuando descomponía el equilibrio entre las diferentes familias era quitado de en medio. Serrano Súñer tuvo que irse en 1942 una vez que sus ambiciones falangistas le hicieron inaceptable a los monárquicos conservadores; Ruiz Giménez, católico relacionado con la ACNP fue apartado sumariamente en 1956 por demasiado liberal; Fraga Iribarne y los que le apoyaran corrieron la misma suerte en 1969. A medida que avanzaba en edad, Franco fue tomándose menor interés en la formulación de la política, exceptuando lo que se refería a los asuntos exteriores, dedicando cada vez más tiempo a la caza y la pesca. "España es fácil de gobernar", presumía. Uno de los resultados menos observado del sistema de equilibrios de Franco fue el hecho de que produjo gobiernos débiles, en el sentido de que, al estar compuestos por familias enfrentadas, les faltaba coherencia para resistir al propio Franco. A esta debilidad habría que añadir la debilidad de la pobreza. Hasta la década de 1970, España era una economía pobre. Los efectos de la pobreza sobre el gasto público se combinaban con un sistema impositivo regresivo basado en los impuestos indirectos y en un alto nivel de evasión fiscal por parte de los ricos. De esta manera, los falangistas nunca pudieron encontrar fondos para financiar su ambicioso programa de bienestar social; nunca pudieron arrancarles el Ministerio de Economía y Finanzas a sus enemigos políticos conservadores.

VIII

Después de que se fuese debilitando la mezcolanza de "nacional-catolicismo", falangismo, y del frío autoritarismo militar de los años que siguieron a la posguerra, el régimen se vio enfrentado a la necesidad de conseguir respetabilidad y aceptación en una Europa occidental de posguerra que, salvo Portugal, estaba compuesta por democracias. Si Hitler hubiera ganado la guerra, no se habría dado esta necesidad. En cierta medida la respetabilidad se consiguió en 1953 con la firma del Concordato y el *rapprochement* a los Estados Unidos, cuando el mayor Estado democrático del mundo aceptó a Franco como el "centinela de Occidente", el anticomunista más digno de confianza durante la guerra fría. Pero la aceptación nunca fue completa: en 1962 la CEE se negó a considerar a la España de Franco como un miembro potencial de la Comunidad.

La aceptabilidad en Occidente formaba parte de un problema más amplio: ¿cómo tenía que modificarse el régimen para "ajustar" una moderna sociedad industrial dentro de la propia España? Había quienes mantenían que la "esencia" del régimen no debía cambiarse en ningún caso, pues modificar una de las piezas de la estructura podía significar poner en peligro el conjunto. El almirante Carrero Blanco señalaba que ofrecer el cambio a un español era como ofrecerle bebida a un alcohólico. Había otros que creían que era necesaria alguna forma de "participación" más amplia, que el régimen debía "liberalizarse" desde dentro. Así, a comienzos de la década de 1960, la nueva generación de falangistas que rodeaban a Solís, un enérgico andaluz secretario general del Movimiento y formulador de lo que llamó "el desarrollo político", esperaba monopolizar "el contraste de opiniones" dentro del Movimiento. Pero los esquemas de Solís acerca de una mayor "participación" en "asociaciones" controladas por el Movimiento chocaron contra la absoluta imposibilidad de admitir cualquier forma de vida de partido genuina; el mismo destino corrieron sus planes para aumentar la "participación" en los sindicatos oficiales. Al final de su vida, Franco consideraba a los partidos políticos los responsables del desastre de 1898 (que le habían privado de seguir una carrera en la marina) y de la caída en el "caos" y el "comunismo" de la República. En 1967 advirtió que "si por el contraste de opiniones alguien está buscando establecer partidos políticos, hacedle saber que nunca volverán". Tampoco le gustaron las consecuencias de los limitados intentos de Fraga, como ministro de Información y Turismo, de liberalizar la prensa y la vida cultural en general.

Desde 1969 hasta la muerte de Franco, al mismo tiempo que los franquistas comprometidos se encerraban cada vez más en sus búnkers, los reformistas aperturistas luchaban en vano por la "liberalización" como la única política que le permitiría a la élite franquista sobrevivir en el posfranquismo. Los protagonistas de este conflicto interno fueron quienes presidieron lo que se ha dado en llamar la "descomposición del franquismo".

A pesar de la baladronada de Franco en sus últimos años de que "todo está atado y bien atado", aquellos que hicieron suyo el eslogan "después de Franco las instituciones" (es decir, que no habría cambios políticos y que las instituciones creadas por el franquismo serían mantenidas siempre por fieles franquistas) no eran desconocedores del fracaso de aquellas instituciones para contener los conflictos en aumento y mantener los apoyos al régimen. La "descomposición" era evidente durante el gobierno del almirante Carrero Blanco, apóstol del continuismo del sistema político existente incluso por la fuerza si era preciso. Lo que es paradójico es que, en la edad de hielo político de comienzos de la década de 1970, la prensa se estaba convirtiendo en "un parlamento de papel". Reformistas gubernamentales como Fraga, autor de la Ley de Prensa de 1966, sostenían que una sociedad moderna debía poseer instituciones modernas. Pero el reformismo no prosperó; pereció cuando arreciaron la protesta y el terrorismo.

Si dejamos a un lado a estudiantes y trabajadores, hubo dos áreas en las que el régimen se encontró con conflictos cada vez mayores. Comenzó a perder el comprometido apoyo de la Iglesia, y su centralismo rígido y doctrinario fue creando un desafecto masivo en Cataluña y en las provincias vascas —en particular en Guipúzcoa y en Vizcaya—.

En los primeros años del régimen, como ya hemos sostenido, el apoyo de la Iglesia al nacionalcatolicismo fue vital. A cambio, la enseñanza secundaria, si se deja aparte el débil sector estatal, fue dominada por la Iglesia —fue en los colegios eclesiásticos donde se educaba la élite— y el código civil se basó en el derecho canónico: de ahí la prohibición del divorcio, conquista de la República laica. Los sacerdotes más jóvenes, especialmente en las provincias vascas y en Cataluña, comenzaron en la década de 1960 un movimiento para formar una Iglesia en la oposición, pero no encontraron ningún apoyo de la jerarquía alimentada en la "iglesia de la cruzada". Sería la muerte de la vieja generación de obispos, unido a acontecimientos ocurridos fuera de España —las reformas de Juan XXIII y el Concilio Vaticano II— los que modificarían la actitud oficial de la jerarquía española. Sus componentes más receptivos advirtieron los peligros que suponía ligar la Iglesia a un régimen que quizá no sobreviviría a la muerte del dictador. En la década de 1970, el cardenal Tarancón era la bestia negra de los franquistas integristas y el propio Franco estaba profundamente disgustado por lo que, para él, era una deserción ingrata e incomprensible. Para éste, lo mismo que para otros cambios desagradables, los explicaba remitiendo a la infiltración comunista y la conspiración masónica.

La creciente oleada de protestas en las regiones que habían disfrutado de estatutos de autonomía durante la República era comprensible en términos de la supresión de los regionalismos por el régimen. El uso público de la lengua catalana fue en un principio prohibida en beneficio de "la lengua del imperio", la castellana. Una vez que esta política remitió, el resurgir de una cultura catalana fue el símbolo de un movimiento de protesta nacional, un sustituto de la libertad política. Apoyado por los sacerdotes catalanes, en 1970 el catalanismo había producido su propia rama de protesta popular y, en 1971, la Asamblea de Cataluña coordinaba una oposición nacional. Esta protesta ya no fue durante más tiempo un asunto burgués o pequeño burgués; contó con el apoyo de los partidos de izquierda, como demostrarían las elecciones de 1977.

El resurgir del nacionalismo vasco es el rasgo más notable de los últimos años del franquismo. Faltándole la confianza cultural del catalanismo, produjo una fuerza violenta. Un grupo desgajado de jóvenes activistas rechazaron el liderazgo en el exilio del conservador y católico PNV y su moderación relativa por el terrorismo de ETA. Esta última combinaba con algunas dificultades el marxismo y el nacionalismo. ETA ha temido siempre que los asesinatos y secuestros le enajenaran el apoyo local impidiéndoles encontrarse como pez en el agua. Se ganaron el apoyo de masas cuando una represión policial indiscriminada se enajenó a la población local. El juicio de Burgos contra terroristas vascos en 1970 significó una aguda crisis, pues llegó a parecer que era el régimen, en lugar de los terroristas, quien se sentaba en el banquillo. En diciembre de 1973, ETA consiguió su mayor golpe: el asesinato del almirante Carrero Blanco, volando su coche hasta el tejado de la iglesia a la que había ido a oír misa.

Aunque los terroristas calcularon mal la reacción del régimen, de cualquier forma propinaron un duro golpe al continuismo que representaba Carrero Blanco. Desde ese momento hasta la muerte de Franco el gobierno estuvo dividido, agobiado por una continua crisis de identidad: por un lado se encontraban los aperturistas; por el otro, los hombres del búnker. Por primera vez, la oposición interna se convirtió en una fuerza decisiva, y para entender su antigua debilidad y su nuevo papel debemos trazar su evolución desde el final de la Guerra Civil.

IX

Los representantes intelectuales y políticos de la "otra" España —sobre todo los socialistas y los republicanos de izquierda— se encontraban en el exilio en Francia, México y Argentina, y cada vez menos en contacto con las condiciones españolas. Fue el Partido Comunista el primero en advertir la importancia de la lucha interna: después de apoyar los movimientos guerrilleros abortados de la década de 1940, se convirtió en el defensor de un frente de oposición unida y sus miembros expertos en "entrismo" —la infiltración de los sindicatos oficiales por CC.OO.—. La influencia del partido —y a pesar de las divisiones y de la caza de herejes fue el grupo de oposición más significativo hasta la década de 1970— en parte fue una creación del propio régimen que consideró al partido como *la* amenaza no solamente para la paz de España sino también para la civilización occidental como tal. El prestigio comunista se acrecentó por la influencia del partido en los círculos universitarios y sobre los intelectuales y los escritores. Sus fieles cuadros, reclutados y entrenados en la cárcel, se encontraban familiarizados con las operaciones clandestinas. Los socialistas cometieron un error táctico a corto plazo en su rechazo del "entrismo". No sería hasta 1972, cuando los jóvenes dirigentes del interior se hicieron con el movimiento que había estado controlado por los viejos exiliados, cuando el PSOE pudo comenzar un período de expansión espectacular.

La oposición "democrática" (es decir, la no comunista) estaba compuesta por cristianodemócratas (incluidos un arrepentido Gil Robles por la derecha y al ex ministro Ruiz Giménez por la izquierda), monárquicos liberales, socialistas, socialdemócratas y grupos republicanos, así como representantes de la oposición catalana y vasca (no terrorista). Fue más o menos tolerada y su órgano principal, *Cuadernos para el Diálogo*, editado por Ruiz Giménez, publicó ataques al sistema por parte de marxistas y de cristianodemócratas de izquierda. Era anticomunista, perpetuando de esta manera las disputas de la Guerra Civil. Lo que quería decir que el frente unido por el que abogaban los comunistas, a pesar de sus profesiones de pluralismo democrático, se encontró con la oposición de los demócratas que no podían creer que el partido hubiese rechazado su pasado estalinista.

El sucesor de Carrero Blanco, su ministro de la Gobernación, el impersonal administrador Arias Navarro, tuvo por tanto que enfrentarse a una oposición insistente (fue el *Blütezeit* de la nueva revista política, *Cambio 16*) cuando su gobierno se dividió. El terrorismo vasco proporcionó argumentos a los duros (sólo la represión podía derrotar al terrorismo), reforzándolos a ellos en contra de los aperturistas. La primera acción de Arias sorprendió a la opinión pública: en un notable discurso del 12 de febrero de 1974 pareció prometer una genuina "apertura" del régimen a través del viejo remedio de la asociación política. La "adhesión pasiva" debería sustituirse por la "participación" activa. Si esta apertura hubiese continuado, la oposición se habría encontrado en una posición incómoda. Amilanado por las airadas diatribas procedentes del búnker, el texto final del Estatuto de Asociaciones Políticas de Arias era tan restrictivo que fue rechazado no sólo por la oposición sino también por los propios reformistas del régimen.

El 20 de noviembre de 1975 moría Franco. ¿Cómo pudo este hombre vulgar, un militar de carrera con sólidos gustos burgueses, imponer el franquismo a un país que, en 1975, se parecía cada vez más a otras naciones europeas occidentales? La represión, feroz en los primeros años, se mantuvo hasta el final; pero la represión física fue menos importante que la apatía de las masas y que las ambiciones políticas de la élite. Pero en 1975, el sistema había entrado en una decadencia evidente: la Iglesia estaba dividida; la clase obrera era cada vez más militante; los catalanes y los vascos se encontraban en una posición de revuelta abierta o de hostilidad pasiva. Por encima de todo, la prensa se había convertido en un "cuarto estado". Las ambiciones podían pensar muy bien que unir su suerte a un sistema que únicamente poseía fuerza física era correr el riesgo de encontrarse en el bando de los perdedores.

CAPÍTULO XI

LA MONARQUÍA DE JUAN CARLOS: LA TRANSICIÓN A LA DEMOCRACIA

I

El rey Juan Carlos, un hombre ya de treinta y siete años, había sido nombrado por Franco como la mejor garantía de continuidad de las instituciones y del espíritu del franquismo; su elevada figura aparecía de pie situada respetuosamente algo detrás de la del caudillo en todos los acontecimientos importantes de Estado. Pero, en palabras de su ministro de Asuntos Exteriores, iba a ser el "motor del cambio", el elemento institucional esencial en la transición pacífica de la "democracia orgánica" a la "democracia sin adjetivos". Con el fin de legitimar una nueva monarquía dudosa en sus orígenes, jugó la única carta que, en opinión del punto de vista liberal, podía salvar su trono: la carta de una monarquía democrática, constitucional y parlamentaria.

Pero, aparte de unos vagos pronunciamientos conciliatorios, su primera acción podía pensarse difícilmente que se tratara de la señal de un intento democrático. Nombró a Arias Navarro como jefe de gobierno, con un nuevo gabinete que, en lugar de incluir a reformistas como Fraga o Areilza, incluyó también a figuras representativas de los rangos de los franquistas leales, que aún dominaban instituciones tales como el Consejo del Reino (que señalaba la terna, lista de tres candidatos al cargo de jefe de gobierno que se presentaba al rey) y el Consejo Nacional del Movimiento (encargado de reconocer a las asociaciones políticas que eran aceptables para su "ideología") y que aún ocupaba un lugar en las Cortes.

Parecía improbable, por tanto, que "las instituciones" aceptasen lo que la oposición llamaba "una democracia sin adjetivos", o que la oposición aceptase a la monarquía de Juan Carlos. La oposición se encontraba aún dividida entre una Junta Democrática (formada en julio de 1974 y que incluía a los comunistas y a disidentes políticos como Calvo Serer, ahora monárquico demócrata que defendía los intereses de Don Juan) y la Plataforma de Convergencia Democrática (creada en julio de 1975 y en la que participaban socialistas, liberales y cristianodemócratas de izquierda). Aunque dividida y aunque incluía a diminutos "partidos-taxi" —llamados así porque todos los afiliados al partido podían caber en un coche— la oposición se encontraba unida en términos generales por su programa: una "ruptura democrática" que significaba un gobierno provisional, unas Cortes constituyentes que decidiesen sobre las instituciones futuras (es decir, si tenía que ser una constitución monárquica cuando muchos de los partidos de la oposición eran formalmente republicanos o indiferentes a la monarquía), libertades democráticas plenas y una amnistía política total.

Un programa resuelto de reformas desde arriba planteó una oportunidad desde el exterior para aislar a la gente de una oposición a la que cada vez se las escuchaba más en una prensa que disfrutaba de una libertad inimaginable en el apogeo del franquismo. El gobierno Arias demostró ser incapaz de poner en práctica este programa. El gabinete estaba profundamente dividido. El mismo Arias mantenía un miedo perpetuo a los estallidos de ira del búnker y proclamó en el gabinete su fe franquista. La "democracia española" prometida por Arias el 28 de enero era completamente inaceptable para la oposición. Hubo duros enfrentamientos entre la policía y los manifestantes que desgastarían la imagen democrática del ministro de la Gobernación, Fraga, en otro tiempo la esperanza de los reformistas. El 28 de abril, en un discurso en el que mencionó a Franco en siete ocasiones como "capitán veterano" y "legislador providencial", Arias trazó las líneas generales de un sistema basado en el sufragio universal pero que conservaba rasgos del *ancien régime* que lo convertían en inaceptable a la opinión liberal. No obstante, era demasiado liberal para las instituciones dominadas por la vieja guardia. Las Cortes franquistas se sirvieron de una erupción de violencias terroristas para rechazar la reforma de los artículos del Código Penal que penalizaban las actividades de los partidos políticos. El fracaso de Arias fue total: no ganó aliados ni entre la derecha dura ni entre la izquierda liberal. Para alivio del rey, el 1 de julio dimitió. Con el reformismo bloqueado aparentemente por las "instituciones", pareció no haber ahora alternativa a una ruptura democrática que amenazaba con hundir a España en un período de incertidumbre política sin precedentes.

II

Adolfo Suárez fue el elegido por el rey para jefe de gobierno. Joven y elegante de cuarenta y tres años, había sido gobernador civil y director de televisión, y aún era presidente de una asociación política comprometida con el continuismo en su forma más moderada. La clase política había esperado el nombramiento del antiguo ministro de Asuntos Exteriores, Areilza, dirigente de la "derecha civilizada". El nuevo jefe de gobierno fue recibido con desaliento —"qué error, qué enorme error"—. No obstante, sería Suárez, nutrido en el franquismo y con un gabinete que a la oposición le pareció dominado por católicos y banqueros, quien, con el apoyo del rey, iba a desmantelar el franquismo y a instalar la democracia, llevando a España en junio de 1977, a las primeras elecciones generales en cuarenta años.

La proeza de Suárez consistió en cumplir el programa de democratización "desde arriba" utilizando las instituciones legales del franquismo. La clase política franquista se hizo el *harakiri* cuando aprobó la Ley para la Reforma Política (noviembre de 1976) que creó unas Cortes bicamerales elegidas por sufragio universal. Para el viejo león del falangismo, Girón, este abandono completo de la "democracia orgánica" era servir la victoria en bandeja a los enemigos de la Guerra Civil.

Suárez se vio ahora enfrentado a dos dificultades: las presiones de la derecha y de la izquierda.

En primer lugar debía conseguir evitar que el ejército respaldara los resentimientos del búnker franquista, enfurecido por la rendición, y que capitalizasen la continuación del terrorismo de ETA. (Ya desde el comienzo, el mayor obstáculo para un cambio pacífico lo constituyó el problema vasco —Guipúzcoa y Vizcaya se encontraban en un estado permanente de agitación política que ganó las simpatías de los comentaristas extranjeros de televisión.) Para contener a la derecha y para mantener al ejército leal al gobierno fue decisivo el apoyo del rey como comandante en jefe del ejército, permitiendo al gobierno retirar a generales facciosos que creían su deber conservar la constitución existente, es decir, la franquista. Sin el apoyo del rey, el proceso de democratización se hubiera hecho extraordinariamente difícil.

El gobierno mantuvo una línea dura por lo que se refiere al orden público; había heredado una fuerza de policía acostumbrada a contemplar las manifestaciones y el ondear de pancartas como sedición, pero cuya lealtad había que conservar. ¿Podía la oposición, crítica ante esta situación, y ante el fracaso del gobierno, en un período de obsesión por la política y enfrentándose a una situación económica que empeoraba, aceptar la democracia como un regalo desde arriba? Éste fue el segundo problema de Suárez.

La oposición se encontraba ahora unida (desde el 23 de octubre). Si persistía en llevar adelante la "ruptura democrática" —una asamblea constituyente y un gobierno provisional— entonces la política de Suárez de instalar legalmente la democracia estaría condenada al fracaso. Si sus planes fueran rechazados por la totalidad de la oposición democrática, les faltaría credibilidad; por otra parte, la oposición corría el riesgo de aislarse y recibir acusaciones de obstruccionismo voluntario si la opinión pública respaldaba a Suárez. Ambas partes tenían jugadas fuertes; ninguna de las dos jugó sus triunfos.

Al contrario que Arias, Suárez no tuvo miedo de establecer contactos informales con los dirigentes de la oposición; ni tampoco intentó evitar la organización pública de partidos que aún eran técnicamente ilegales. El Partido Socialista realizó su primer congreso durante cuarenta años bajo la presidencia de su joven dirigente, Felipe González, en un elegante hotel madrileño, con protección policial y amplia publicidad.

Como reconociera Felipe González, las reformas de Suárez colocaban a la oposición "en un ghetto", en peligro de verse "frustrada" por un gobierno cuyo programa de reformas había de ser mayoritariamente respaldado en un referéndum que tuvo lugar en diciembre de 1976. Por tanto, a finales de noviembre, la idea de una "ruptura democrática" fue abandonada en favor de la de "una ruptura negociada". Un comité de la oposición democrática entró en negociaciones con el gobierno. Esto significaba que los socialistas, formalmente republicanos, estaban dispuestos a aceptar la monarquía a condición de que fuese una monarquía democrática.

Sólo quedaba ya solucionar un problema: la legalización del Partido Comunista. El secretario general del partido, Santiago Carrillo, obligó al gobierno a tomar una decisión al aparecer en Madrid el 10 de diciembre de 1976. A menos que el partido fuese legalizado, la oposición democrática, aunque una buena parte pudiese no estar de acuerdo con los comunistas, no aceptaría las reformas de Suárez; si se legalizaba a los comunistas entonces el gobierno podía esperar una reacción violenta del ejército y la derecha. Durante unos cuantos días, en la más intensa crisis política sufrida hasta ese momento, la democracia desde arriba, del gobierno, se encontró en peligro. Finalmente, Suárez hizo frente a la reacción del ejército y de la derecha y el 9 de abril legalizaba el partido. El ejército emitió una protesta, pero aceptó "por patriotismo" la decisión del gobierno. La oposición podía ya aceptar la reforma Suárez a condición de que las elecciones fueran "limpias" y que los partidos tuvieran un justo acceso a la televisión.

Estaba ya abierto el camino para dar el paso final en el programa del gobierno y del rey para una instalación legal y pacífica de la democracia: las elecciones generales de junio de 1977. Las elecciones fueron pacíficas y la participación elevada (un 80 por ciento). Los resultados mostraron el rechazo por el electorado, tanto de la extrema derecha como de la extrema izquierda. Los resultados eran al mismo tiempo un triunfo de la moderación y un deseo de cambio.

La propia coalición poco precisa del jefe de gobierno, formada por cristianodemócratas, liberales y socialdemócratas, la UCD (Unión de Centro Democrático) surgió como el partido más fuerte con un 34 por ciento de los votos —reflejo en parte del prestigio del propio Suárez y de su gobierno, en parte porque los cristianodemócratas independientes fueron aniquilados, dejando a la UCD lo que en la jerga del momento se llamó "el espacio político" de centro—. Los socialistas alcanzaban el segundo puesto con un 28 por ciento, triunfo impresionante de la nueva dirección, que fue posible porque numerosos votantes se convencieron por el eslogan del partido de que "votar socialista era votar por la libertad", y revisaron las ocasionales manifestaciones marxistas. Los comunistas, que ahora defendían el eurocomunismo y las virtudes del pluralismo democrático, consiguieron únicamente el 9 por ciento de los sufragios. Los seis escaños que ganó en las Cortes el Partido Socialista Popular de Tierno Galván fueron un tributo al recuerdo de la oposición de su dirigente y quizás al prestigio de que disfrutaban los profesores. Lo más sorprendente fue el descalabro de la AP (Alianza Popular) de Fraga, con el 8 por ciento de los votos, menos que los comunistas. AP era un grupo conservador formado por un grupo de notables del franquismo; su fracaso demostró, al menos por el momento, que lo que los periodistas llamaron "el franquismo sociológico" (es decir, la persistencia de los intereses creados por el franquismo) era impotente ante las fuerzas decididas a rechazar el legado del pasado. En cuanto a los franquistas recalcitrantes, consiguieron únicamente un 4 por ciento. Recalquemos que en las provincias vascas y Cataluña ganaron los partidos que apoyaban la autonomía regional.

Suárez formó un gobierno con su propia coalición de partidos. Se enfrentó a tres principales tareas: resolver la crisis económica olvidada durante tanto tiempo; aprobar la constitución; y solucionar el problema regional, complicado por la continuación del terrorismo de ETA. Resolvió los dos primeros a través de "un consenso político", es decir, por medio de acuerdos negociados entre los principales partidos que posteriormente eran ratificados por las Cortes. Uno de los principales defensores de lo que llamaba un "gobierno al estilo italiano" fue Santiago Carrillo, el estalinista arrepentido.

El primer ejercicio de consenso con la oposición (incluidos los sindicatos) lo constituyeron los llamados Pactos de la Moncloa (octubre de 1977) que tuvieron éxito en la contención de las reivindicaciones salariales a cambio de promesas de reforma social y económica (sobre todo en el sistema impositivo) para reducir de esta manera la tasa de inflación. La constitución, que establecía una monarquía constitucional, democrática, fue la primera en la historia de España que no fue impuesta por un partido sino que representó un compromiso negociado entre todos los partidos más importantes. Dada la tendencia a la reproducción por escisión de los partidos españoles y a los estragos provocados por las crisis ministeriales durante la monarquía constitucional y la Segunda República, la constitución contiene todos los mecanismos de ajuste para asegurar un gobierno estable. Proporciona una salida al problema regional por medio de un mecanismo que garantiza los estatutos de autonomía. Abandonó el catolicismo como religión oficial del Estado, abriendo la vía al divorcio. Por tanto, ha sido contemplada por los obispos de la línea dura como "atea", y por la extrema derecha como "marxista", a pesar de su reconocimiento expreso de la libre empresa.

El problema más serio para la nueva democracia lo constituye el viejo tema que ha obsesionado a la política española desde 1898: la reconciliación de las exigencias de las regiones con "la unidad de España". Los catalanes, después de duras negociaciones en largas sesiones nocturnas (que constituían la técnica preferida por Adolfo Suárez), consiguieron un Estatuto de Autonomía que satisfacía sus exigencias mínimas. Complicado con el estatuto especial de Navarra, cuyos privilegios de autogobierno habían sido respetados por Franco, la concesión de autonomía a las restantes provincias vascas (Guipúzcoa, Vizcaya y Álava) no eliminó el terrorismo de ETA que había puesto a la región al borde del hundimiento moral y económico.

En una dictadura, los terroristas pueden mantener que representan a una voluntad general suprimida; en democrático el terrorismo es la exigencia de una aut da élite moral y política para *pisotear* la voluntad g presada mediante el voto. Trata de "desestabilizar" cracia provocando un golpe de la derecha apoyado ˌ˞ˠ las fuerzas armadas que ven cómo son asesinados sus compañeros. Hay señales (1979) de que el terrorismo está alcanzando un éxito parcial. La Policía Armada organizó algo parecido a un motín; un general llamó traidor al ministro de Defensa, el general Gutiérrez Mellado (que junto con el rey desempeñó un papel decisivo en mantener a las fuerzas armadas respaldando al gobierno). Los terroristas han intentado amenazar la forma más segura que posee España de conseguir moneda extranjera, el mercado turístico, colocando bombas en los lugares de mayor afluencia de turistas en el Mediterráneo.

El semanario *Cambio 16* planteó la cuestión de la forma más dramática: si el gobierno no puede dominar el terrorismo, entonces el terrorismo destruirá la democracia. Herri Batasuna, el partido nacionalista de izquierdas que apoya a ETA, puede congregar todavía un respetable apoyo electoral; persiste todavía una cierta simpatía por los terroristas, legado de la indiscriminada represión del franquismo. Ese apoyo mal encaminado proporciona todavía a ETA una situación en la que como decía Mao "se encuentran como pez en el agua". Existe la esperanza de que al estar el control del gobierno vasco en manos de los nacionalistas moderados del PNV pronto "se queden sin agua".

No es solamente en esas áreas, en las que existe una larga tradición regionalista basada en reivindicaciones históricas y lingüísticas, en las que el gobierno se enfrenta a demandas de creación de gobiernos autónomos bajo la nueva constitución. La más sorprendente de tales exigencias la expresan los "nacionalistas" andaluces del PSA (Partido Socialista de Andalucía), cuya reclamación posee sólo una débil base en la identidad histórica y cultural. Se trata de la reivindicación de una región subdesarrollada, olvidada por el gobierno central, una especie de nacionalismo que presenta afinidades con los del Tercer Mundo. La negativa por parte del gobierno podría provocar una mezcla explosiva de "nacionalismo" frustrado y de descontento económico en una región que posee la tasa de desempleo más elevada de España. En general, las negociaciones con las regiones complican y hacen más confusa la política, y la existencia de fuertes partidos regionales debilita a los principales partidos españoles de cuya fuerza depende el funcionamiento de un sistema democrático.

Puede no continuar la política de consenso, cuyo principal logro fue sin duda la Constitución de 1978; pero incluso aunque el consenso se vea sustituido por una versión ibérica de política de partido, continúa manteniéndose el sentimiento de que los asuntos políticos se tratan, según la frase española, "entre bastidores", por medio de negociaciones con un gobierno dominado todavía por franquistas restablecidos ("los mismos perros con distintos collares"). Parece tener lugar una recaída en la apatía política del *ancien régime* que se evidencia en un fuerte descenso en la participación electoral y en el fenómeno del *pasotismo* entre los jóvenes. Los *pasotas* (así llamados por aquellos que "pasan" en los juegos de cartas) rechazan *todos* los valores y *toda* cultura. Los *graffiti* de las paredes de la universidad son testigos silenciosos de un tiempo pasado de compromiso y de entusiasmo político.

Este sentimiento de desilusión ante las realizaciones de la nueva democracia se resume con la palabra clave que ahora está de moda: el *desencanto*.

Desde mi punto de vista, este sentimiento se basa en una falsa percepción de lo que la democracia está haciendo y lo que puede conseguir como sistema solucionador de problemas. Por encima de todo, detrás del desencanto descansa lo que podría llamarse la psicología de las grandes expectativas falsificadas. Esto es particularmente evidente en las esperanzas, que no pueden cumplirse, de que las concesiones de autogobierno regional podrán "resolver" profundos problemas estructurales: la pobreza de Galicia, el polo de desempleo de Andalucía.

En cierto sentido se trataba, en 1977, de una repetición de la euforia que acompañó a la llegada de la Segunda República en 1931. Los españoles esperaban que la simple instalación de la democracia resolvería cualquier problema desde el desempleo estructural hasta el acceso a la educación pasando por el de la polución. Para poner un ejemplo concreto: el hecho de que la naturaleza no democrática del régimen franquista había mantenido efectivamente a España fuera de la Comunidad Económica Europea, significaba que la llegada de un régimen democrático aseguraría la entrada automática e inmediata. Esta esperanza no se ha hecho realidad. Tales contingencias suceden en todos los niveles de la vida social. Existe una fuerte rivalidad entre los equipos de fútbol de Madrid y Barcelona, rivalidad que puede estallar en forma de desafortunadas acusaciones mutuas. Escuchemos al delantero centro del Barcelona: "Yo creía que todo esto se solucionaría con el cambio político. Pero no ha sido así". ¿Por qué tenía que ser así? ¿Por qué razón el

LA MONARQUÍA DE JUAN CARLOS

cambio político tenía que calmar el entusiasmo de los forofos al fútbol?

Es cierto que había una esperanza de que la democracia inauguraría un renacimiento cultural. Esto no ha tenido lugar. En una democracia capitalista —y España lo es— la cultura, lo mismo que en otras sociedades occidentales, es un producto de mercado sujeto a las fluctuaciones en el clima económico y a la necesidad de la venta de sus artículos. En 1976, la curiosidad política y las condiciones económicas aseguraron una afluencia masiva de publicaciones. Ahora las casas editoras se encuentran en dificultades financieras.

Existe una fuente más paradójica de desencanto cultural. El dirigente socialista Felipe González observa que hubo "una cultura de contestación a la dictadura", una cultura de protesta que pudo sobrevivir en la variable tolerancia del franquismo decadente. Fue el contenido de protesta de la literatura el que le proporcionaría su resonancia y su animación. Este ambiente de apoyo ha desaparecido con la libertad de expresión garantizada por la constitución; menos de moda, se puede oír a los intelectuales, herederos de los viejos *progres* de la década de 1960, diciendo que "con Franco vivíamos mejor".

Detrás de todo esto descansa un problema más profundo. Los cambios de la sociedad española han sido tan rápidos que el sistema político se ha enfrentado a procesos de ajuste que en otras sociedades occidentales tuvieron lugar en más de medio siglo. Estos cambios se han embutido más o menos en el espacio de una década y los consiguientes problemas se han visto exacerbados por la negligencia de los gobiernos franquistas. La polución es un ejemplo llamativo. Por falta de una legislación efectiva en la época de Franco, el nuevo gobierno tiene que controlar en Bilbao y Madrid niveles de polución que son los más elevados de Europa. España se encuentra enfrentada a los problemas comunes a todo el Occidente y, en algunos casos, aún de forma más aguda: "estanflación", desempleo estructural y una factura energética que se come una proporción más elevada de los beneficios conseguidos por la exportación que la de cualquier otra nación del mundo. Todos estos problemas se han convertido en más difíciles de tratar desde el mismo momento en que se ha acortado el período de ajuste.

Pero no es únicamente que en la sociedad española hayan tenido lugar cambios físicos y estructurales rapidísimos. Tales cambios se han visto acompañados por lo que podríamos denominar una revolución moral, un choque cultural evidente en el abismo generacional abierto entre una juventud favorable a las actitudes "progresistas" y sus padres, nutridos en la tradicional moralidad de la era franquista.

Al menos se puede sostener que una parte de las clases medias recibieron con alegría la llegada de la Segunda República en 1931 como una mejor salvaguarda de sus intereses que la monarquía desacreditada; de forma parecida, también se puede mantener que, en 1976, aquellas mismas clases vieron en el sistema democrático mejores perspectivas de estabilidad que en el franquismo decrépito. ¿Se volverán contra la nueva democracia como hicieron en la época de la Segunda República, cuando sus intereses se vean, o crean, que están amenazados?

La extrema derecha ha sido incapaz de producir alguna impresión sobre el electorado, y Blas Piñar y sus odiosos seguidores se han quedado con la explotación casi violenta de ciertos rasgos de la nueva democracia comunes a otras sociedades occidentales: vandalismo, pornografía en los kioskos callejeros y en los cines, adicción a las drogas, leyes de divorcio y propaganda para legalizar el aborto. Se trata de una vieja técnica de la derecha, ya inventada en 1868, el atribuir a la llegada de la democracia cualquier cosa que se contemple como un hundimiento general de la sociedad. No solamente se han atropellado los valores morales tradicionales de las clases medias altas. Se han visto amenazados sus intereses económicos. El franquismo fue un paraíso fiscal para los acomodados. La democracia significa impuestos para todos.

La reacción de la derecha desilusionada bajo la Segunda República tomó dos formas. En primer lugar, crear un partido conservador, ambiguo en su lealtad a la República, en defensa de una Iglesia perseguida; en segundo lugar, apelar al ejército como salvador de la sociedad. Ninguna de estas opciones está abierta. Aunque continúan existiendo puntos conflictivos (por ejemplo, el aborto y el compromiso de la educación de la Iglesia en una época de inflación), la UCD es una defensa suficiente para los intereses conservadores y para la Iglesia.

En cuanto al ejército, aunque existen generales que a título personal profieren invectivas contra la democracia, no es probable que el ejército *como institución* intervenga en la política española. Está la lealtad de su comandante en jefe, el rey, al proceso democrático. Al mismo tiempo que entiende la crispación de los oficiales cuando sus compañeros son asesinados violentamente por los terroristas, ha dejado suficientemente claro ante el ejército que, según sus propias palabras, "la pérdida de disciplina para el ejército [es decir, la obediencia al gobierno legal] significaría el final del ejército".

En segundo lugar, el ejército es prisionero de su propia teoría política. Siempre ha intervenido proclamando que representa la voluntad general de la nación corrompida por una pandilla de políticos egoístas. Esta afirmación por el momento no puede sostenerse. Más aún, no existe un modelo alternativo de sistema político antidemocrático de derechas disponible como lo había en la década de 1930. En términos políticos, un regreso al franquismo es inconcebible.

Por lo tanto, no existe una perspectiva inmediata de una reacción derechista masiva y efectiva respaldada por el ejército. La izquierda extraparlamentaria hace mucho ruido; pero su estruendo y su furia no se ve respaldado ni por el número ni por una organización poderosa. España es una democracia efectiva, y aquellos que criticaban a Suárez y a su partido de ser los mismos perros con distintos collares pueden sustituirle en las próximas elecciones generales. Aunque es cierto que aún subsisten ciertos vestigios de la legislación franquista, particularmente por lo que hace referencia a los poderes del ejército sobre la libertad de expresión, también pueden modificarse a través del proceso democrático. Democracia es menos el contenido de una política democrática que un conjunto de reglas del juego político. A condición de que las reglas se respeten, ni los mismos españoles ni los observadores extranjeros de España sacarán partido del desencanto hasta el punto de que se convierta en una profecía que se verifique a sí misma. Eso sería un perjuicio para España y para Europa.

BIBLIOGRAFÍA ESCOGIDA

En los primeros años del franquismo, el peso concedido por la propaganda a las glorias del imperio del siglo XVI se unió a la visión de que el liberalismo había nutrido a la "antiEspaña" derrotada en la Guerra Civil frenar la producción de obras eruditas sobre el siglo XIX. Este siglo, y el XX, se han puesto de moda con el hundimiento del franquismo. La producción de libros encaminada a satisfacer la nueva demanda aumenta diariamente. La bibliografía que se presenta a continuación está altamente seleccionada y pone de relieve los recientes estudios españoles así como obras en inglés.

1. ESTUDIOS GENERALES

La historia general del período se trata en las siguientes obras: Javier Tusell Gómez, *La España del siglo XX*, 1975, y Ricardo de la Cierva, *Historia básica de la España actual*, 1974,, ambas con útiles bibliografías. Los trabajos de J. M. García Escudero, *Historia política de las dos Españas*, 1975, y M. Tuñón de Lara, *La España del siglo XX*, 1966, representan respectivamente la interpretación católica y la marxista. La *España 1808-1936*, 1966, de R. Carr aún tiene alguna utilidad. *La burguesía conservadora*, 1973, de M. Martínez Cuadrado, representa una aproximación más bien cuantitativa a la historia política y social.

La historia económica y, en menor medida, la social de este período está recibiendo una atención creciente por parte de los historiadores españoles. Las estadísticas esenciales hay que ir a buscarlas en *Estadísticas básicas de España 1900-1970*, 1975. J. Vicens Vives, *Historia económica de España*, 1969, es la obra de un gran pionero; para Cataluña véase su *Industrials i polítics*, 1950. La escuela catalana ha continuado produciendo importantes estudios. Ha preparado el escenario *La quiebra de la monarquía absoluta*, 1971, de J. Fontana; su *Cambio económico y actitudes políticas en la España del siglo XIX*, 1973, examina los lazos existentes entre la economía y la política. *El fracaso de la revolución industrial en España 1814-1913*, 1975, de J. Nadal, y *Los orígenes del capitalismo en España*, 1973, de G. Tortella Casares están relacionados con la explicación del fracaso de la industrialización española. S. Roldán *et al.*, *La consolidación del capitalismo en España*, 1973, es un relato útil de los efectos económicos de la guerra de 1914-1918 en el País Vasco y en Cataluña. Véase también J. A. Lacomba, *Introducción a la historia económica de la España contemporánea*, 1969, y la obra fundamental de J. Sardá, *La política monetaria y las fluctuaciones de la economía española*, 1949; para la evolución demográfica, J. Nadal, *La población española, siglos XVI al XX*, 1971. La historia social se encuentra peor servida pero existe una introducción digna de confianza en J. Vicens Vives, *Historia social y económica de España y América*, 1959, vol. V, pp. 21-469, y en la obra de J. M. Jover, *Política, diplomacia y humanismo popular*, 1976, pp. 45-64 y 229-345.

La historia agraria, tan olvidada en el pasado, está ahora atrayendo la atención de estudios científicos. M. Artola, *Los latifundios*, 1979, es el mejor estudio sobre la historia de las grandes propiedades andaluzas, y se complementa con el de A. Bernal, *La propiedad de la tierra y las luchas agrarias andaluzas*, 1974; véase también el ensayo de R. Herr, en *European Landed Élites in the Nineteenth Century*, 1977, pp. 98-126, de D. Spring. *La estabilidad del latifundismo*, 1968, de J. Martínez Alier, describe los cambios ocurridos en Andalucía en la década de 1960; A. Balcells, *El problema agrari a Catalunya*, 1968, estudia el destino de los *rabassaires*. Dos estudios modernos sobre los cambios ocurridos en Andalucía oriental y occidental respectivamente son M. Siguán, *El medio rural en Andalucía oriental*, 1972, y A. López Ontiveros, *Emigración, propiedad y paisaje en la campiña de Córdoba*, 1974.

La historia del movimiento obrero español se está convirtiendo en una tarea creciente. *El movimiento obrero en la historia de España*, 1972, de M. Tuñón de Lara es una buena introducción. Un corto resumen muy útil sobre el movimiento socialista (que incluye algunos documentos) es el de A. Padilla, *El movimiento socialista español*, 1977; *Política obrera en el País Vasco*, 1975, de J. P. Fusi, es esencial para entender el PSOE. G. H. Meaker, *The Revolutionary Left in Spain, 1914-1923*, 1974, es un estudio detallado de un período crítico. J. Díaz del Moral, *Historia de las agitaciones campesinas andaluzas*, editado de nuevo en 1973, continúa siendo el estudio clásico del anarquismo rural. Un trabajo más moderno es el de Clara E. Lida, *Anarquismo y revolución en la España del XIX*, 1972. Una historia general del movimiento obrero en Cataluña se encuentra en E. Giralt y A. Balcells, *Els moviments socials en Catalunya*, 1967, y un estudio más detallado en A. Balcells, *Trabajo y organización obrera en la Cataluña contemporánea 1900-1936*, 1974. Para la CNT, véase A. Balcells, *El sindicalismo en Barcelona 1916-1923*, 1965.

El papel desempeñado por los militares no ha atraído la atención que se merece. *Politics and the Military in Modern Spain*, 1967, de Stanley Payne, sigue siendo la obra estándar. Los orígenes sociales del cuerpo de oficiales los estudia J. Busquets, *El militar de carrera en España*, 1971. Las obras escogidas del general Mola, *Obras completas*, 1940, 3 vols., continúa siendo la penetración más profunda en la mentalidad militar.

El catalanismo ha producido una abundante literatura. La *Historia del nacionalismo catalán*, 1944, de J. García Venero, se escribió en la época de Franco; la historia moderna más útil es la de A. Balcells, *Catalunya contemporània*, 2 vols., 1974; *Le problème national catalan*, 1974, de J. Rossinyol, es entusiastamente pro catalán. Isidre Molas, *Lliga Catalana*, 2 vols., 1972, nos ofrece una detallada descripción de la organización de la Lliga; el *Cambó*, 3 vols., 1952-1969, de J. Pabón, es una lectura esencial, no sólo para entender la política catalana sino la Restauración en general. Las relaciones entre nacionalismo y burguesía las examina A. Jutglar, *Història crítica de la burgesia a Catalunya*, 1972, y Borja de Riquer, *Lliga regional·lista: la burgesia catalana i el nac·onalisme*, 1977.

La literatura sobre el nacionalismo vasco está aumentando rápidamente. Las mejores historias son la de J. M. Azaola, *Vascunia y su destino*, 1976, y la de Stanley Payne, *Basque Nationalism*, 1975. La ideología del padre fundador Sabino de Arana la disecciona J. J. Solozábal, *El primer nacionalismo vasco*, 1975. Una interpretación de izquierdas nos la proporciona "Beltza", *El nacionalismo vasco 1876-1936*, 1976. El "valencianismo" lo estudia A. Cucó, *El valencianisme polític*, 1971. Para Galicia véase M. R. Saurín de la Iglesia, *Apuntes y documentos para una historia de Galicia en el siglo XIX*, 1977, y J. A. Durán, *Agrarismo y movilización campesina en el país gallego*, 1977.

2. LA POLÍTICA DE LA RESTAURACIÓN

Los estudios de M. Fernández Almagro, *Cánovas*, 1972, *Historia política de la España contemporánea*, 2 vols., 1959, y su *Historia política del reinado de Alfonso XIII*, 1934, describen las vicisitudes de la política de la Restauración. Las obras de Javier Tusell, *Oligarquía y caciquismo en Andalucía*, 1976, y de J. Varela Ortega, *Los amigos políticos*, 1977, son esenciales para entender la mecánica de la manipulación electoral. La obra de M. Martínez Cuadrado, *Elecciones y partidos políticos*, 1969, contiene todos los resultados de las elecciones entre 1868 y 1931. La de M. Artola, *Partidos y programas políticos 1808-1936*, 2 vols., 1974, es una historia de los partidos junto con sus programas. El estudio de L. Aguiló Lucía, *Sociología electoral valenciana 1903-1923*, 1976, es útil como estud·o local de la política en el Levante.

Las crisis de 1909 y 1917 se estudian en detalle en J. Connelly Ullman, *La semana trágica*, 1968, y en J. A. Lacomba, *La crisis española de 1917*, 1970. J. Benet, *Maragall y la Semana Trágica*, 1966, es un estudio conmovedor sobre las reacciones de un gran poeta a la represión de 1909. El hijo de Maura y M. Fernández Almagro nos presentan una defensa de Maura y una crítica "monárquica" a Alfonso XIII en *Por qué cayó Alfonso XIII*, 1948. La versión maurista la critica C. Seco Serrano, *Alfonso XIII y la crisis de la Res-*

tauración, 1969. Sobre el problema del "regeneracionismo" es excelente el trabajo de J. Romero Maura, *La Rosa de fuego*, 1975. Además de una visión general de la crisis de 1909, muestra una nueva interpretación de Lerroux, cuya carrera política posterior está descrita en la obra de O. Ruiz Manjón, *El Partido Republicano Radical*, 1976.

El trabajo esencial sobre la cuestión religiosa en la política entre 1889 y 1913 es el de J. Andrés Gallego, *La política religiosa en España*, 1975. Para el problema de la educación, véase el excelente estudio de V. Ca_iio Viu, *La Institución Libre de Enseñanza*, 1962, que debe leerse junto con *Los reformadores de la España contemporánea*, 1963, de M. D. Gómez Molleda. Existe una historia resumida del sindicalismo católico: J. N. García Nieto, *El sindicalismo cristiano en España*, 1960. O. Alzaga, *La primera democracia cristiana en España*, 1973, estudia el intento de crear un partido cristiano demócrata en 1922-1923, y nos proporciona una luz lateral sobre el hundimiento del sistema de la Restauración. J. Tusell continúa la historia de la democracia cristiana hasta 1939 en *Historia de la democracia cristiana en España*, 2 vols., 1974.

3. La dictadura y la Segunda República, 1923-1936

El mejor estudio sobre la dictadura de Primo de Rivera continúa siendo el de G. Maura y Gamazo, *Bosquejo histórico de la Dictadura*, 1936. El papel desempeñado por el PSOE lo ha examinado recientemente J. Andrés Gallego, *El socialismo durante la Dictadura 1923-1930*, 1977. Para las aventuras económicas del dictador, véase J. Velarde Fuertes, *Política económica de la Dictadura*, 1973; pero no hay nada que pueda sustituir la apología del ministro de Hacienda de Primo, José Calvo Sotelo, *Mis servicios al·Estado*, editado de nuevo en 1974. Un relato detallado del hundimiento de la monarquía y el advenimiento de la Segunda República lo encontramos en la obra de Schlomo Ben-Ami, *The Origins of the Second Republic in Spain*, 1978. La literatura sobre la Segunda República es extensísima y la he reducido a la presentación de algunos trabajos en inglés. El trabajo de Gerald Brenan, *The Spanish Labyrinth*, 1964, continúa siendo la mejor introducción, y el de G. Jackson, *The Spanish Republic and the Civil War* (hay edición castellana, *La República española y la Guerra Civil*, Barcelona, Crítica, 1976), la historia general más útil. El estudio de Stanley Payne, *The Spanish Revolution*, 1970, es una dura crítica a la izquierda. La obra de E. E. Malefakis, *Agrarian Reform and Peasant Revolution in Spain*, 1970 (hay edición castellana, *Reforma agraria y revolución campesina en la España del siglo XX*, Barcelona, Ariel, 1971), es una historia definitiva de la importantísima cuestión agraria. Los trabajos de Paul Preston, *The Coming of the Spanish Civil War*, 1979, y de Richard Robinson, *The Origins of Franco's Spain: Right, Republic and Revolution 1931-*

1936, 1970, son interpretaciones contrastadas de los papeles desempeñados por la CEDA y el PSOE. Un estudio importante sobre el sistema de partidos es el de S. Varela, *Partidos y parlamento en la Segunda República*, 1978; para una historia general, véase C. Seco Serrano, *Historia de España: Época contemporánea*, 1962, vol. VI. Dos apologías esenciales escritas por participantes son las de J. M.ª Gil Robles, *No fue posible la paz*, 1968, y la de J. Chapaprieta, *La paz fue posible*, 1971. M. Blickhorn, *Carlism and Crisis in Spain 1931-1939*, 1975 (hay edición castellana, *Carlismo y contrarrevolución en España, 1931-1939*, Barcelona, Crítica, 1979) es un excelente estudio de la derecha. La actitud de la Iglesia católica se revela en la correspondencia del cardenal Vidal i Barraquer, *Església i Estat durant la Segona República Espanyola*, 2 vols., 1971, escrupulosamente editada por M. Batllori y V. M. Arbeloa. Para las elecciones de 1936, véase J. Tusell, *Las elecciones del Frente Popular*, 1971, y Santos Juliá, *Orígenes del Frente Popular en España 1934-1936*, 1979; el trabajo de Ian Gibson, *The Death of García Lorca*, 1975 (hay edición castellana, *El asesinato de García Lorca*, Barcelona, Crítica, 1979) es importante por la presentación de la atmósfera de julio de 1936.

4. LA GUERRA CIVIL

Si la bibliografía existente sobre la República es amplia, la de la Guerra Civil es ya incontrolable. Doy de nuevo las principales obras en inglés. El relato más completo sigue siendo *The Spanish Civil War*, editada de nuevo en 1977, de Hugh Thomas (hay edición castellana, *La Guerra Civil española*, Barcelona, Grijalbo, 1976). *The Spanish Tragedy* de R. Carr, 1978, es más analítica que cronológica. El primer estudio de Burnett Bolloten sobre el papel desempeñado por el Partido Comunista se ha reeditado como *The Spanish Revolution*, 1979. Todavía es útil la obra de D. Catell, *Communism and the Spanish Civil War*, 1955. *The Blood of Spain*, 1979, de Ronald Fraser, es una historia oral de la guerra, concentrada sobre los partidos proletarios. Existe una historia extensa del Ejército Popular: R. Salas Larrazábal, *Historia del Ejército Popular de la República*, 4 vols., 1974, que se debe completar con los estudios de J. M. Martínez Bande. Para el papel de la CNT, véase J. Peirats, *La CNT y la revolución española*, 1971, y para el POUM los varios trabajos de V. Alba (antiguo militante del POUM), especialmente *El marxismo en España*, 1970, e *Historia del POUM*, 2 vols., 1974. Para los orígenes de la intervención alemana, véase A. Viñas, *La Alemania nazi y el 18 de julio*, 1974, y para la actitud británica, J. Edwards, *The British Government and the Spanish Civil War 1936-1939*, 1979. La intervención italiana se describe ampliamente en J. F. Coverdale, *Italian Intervention in the Spanish Civil War*, 1975. Entre la gran cantidad de relatos de testigos presenciales, los mejores son los de

H. E. Kaminski, *Ceux de Barcelona*, 1937, el ya clásico de George Orwell, *Homage to Catalonia*, 1938 (hay ediciones castellana y catalana en Barcelona, Ariel), y Frank Borkenau, *The Spanish Cockpit*, 1937. Para la campaña vasca hay un relato comprensivo en G. L. Steer,, *The Tree of Guernika*, 1938. El trabajo de H. Southworth, *The Day Guernica Died*, 1977, es un relato definitivo del bombardeo de Guernica (hay edición castellana, *Destrucción de Guernica*, 1977). La obra de V. Ramos, *La Guerra Civil en la provincia de Alicante*, 3 vols., 1972, es una descripción mal ordenada. pero reveladora de la guerra a nivel local.

La colectivización la defiende N. Chomsky, *American Power and the New Mandarins*, 1939, pp. 62-129. Alberto Pérez Baró, *Trenta mesos de colectivisme a Catalunya*, 1970, considera la legislación y sus efectos sobre la realidad; J. Bricall, *Política económica de la Generalidad*, proporciona las cifras de producción. Sobre el colectivismo agrario, véase R. Fraser, *op. cit.*, pp. 347 cc., y H. Thomas, en R. Carr, ed., *The Republic and the Civil War in Spain*, 1971. Para los dilemas de la CNT, véase C. M. Lorenzo, *Les anarchistes espagnols et le pouvoir*, 1961.

Sobre la política de la España nacionalista, M. García Venero, *Falange en la Guerra de España*, 1967, y el *Testimonio* de M. Hedilla, 1972, nos proporcionan ambas la versión falangista de la unificación. La obra de Stanley Payne, *Falange*, 1972, es una historia del movimiento; los trabajos de R. Serrano Súñer, *Entre el silencio y la propaganda*, 1979, y de Dionisio Ridruejo, *Casi unas memorias*, 1976, son recuerdos de entusiastas desilusionados. La atmósfera general está descrita en R. Abella, *La vida cotidiana durante la Guerra Civil*, 1973, y J. del Burgo, *Conspiración y guerra civil*, 1970.

5. EL FRANQUISMO

Existen tres biografías inglesas de Franco: la de Georg Hills, 1971, la de J. W. D. Trythall, 1970, y la de Brian Crozier, 1967. Un prejuiciado, aunque vívido retrato del caudillo, aparece en *Mis conversaciones privadas con Franco*, 1976, del teniente general Francisco Franco Salgado Araujo; acerca de los puntos de vista de los españoles sobre Franco y su régimen, véase J. M. Gironella y R. Borràs, *100 españoles y Franco*, 1979. Las declaraciones políticas de Franco han sido ordenadas temáticamente en *Pensamiento político de Franco*, ed. por A. del Río Cisneros, 2 vols., 1975.

El período de Franco y la transición a la democracia recalcando las transformaciones sociales y económicas están tratados en R. Carr y J. P. Fusi, *Spain: Dictatorship to Democracy*, 1979; la *Historia del franquismo*, 1975, de R. de la Cierva, nos proporciona un relato detallado. El trabajo de R. Tamames, *La República: La era de Franco*, 1973, es un notable ejemplo de crítica del régimen cuando aún existía. Las instituciones del franquismo están analizadas en profundidad en K. N. Medhurst, *Government in Spain: The Executive at Work*, 1973, y J. Amodia, *Franco's Political Legacy*, 1977.

La obra de A. López Pina y E. Aranguren, *La cultura política de la España de Franco*, 1970, es un penetrante resumen de los trabajos recientes. Para la oposición, véase J. Tusell, *La oposición democrática al franquismo*, 1977, Guy Hermet, *The Communists in Spain*, 1974, y P. Preston, ed., *Spain in Crisis*, 1976. En cuanto a ETA, desde el interior, véase "Ortzi", *Historia de Euzkadi: el nacionalismo vasco y ETA*, 1975, y J. Aguirre, *Operación Ogro*, 1975. Existe un relato útil del gabinete de Arias Navarro en J. Oneto, *Arias entre dos crisis*, 1975, y un relato de su ministro de Asuntos Exteriores, J. M.ª de Areilza, *Diario de un ministro de la Monarquía*, 1977.

J. M.ª Maravall ha escrito dos obras importantes sobre la oposición estudiantil y obrera: *El desarrollo económico y la clase obrera*, 1970, y *Dictatorship and Political Dissent*, 1978. J. Amsden describe el funcionamiento de los sindicatos oficiales en *Collective Bargaining and Class Struggle in Spain*, 1972. C. W. Anderson, *The Political Economy of Modern Spain*, 1970, y J. Clavera, J. M. Esteban *et al.*, *Capitalismo español*, 2 vols., 1973, discuten los cambios en la política económica. La atmósfera de la posguerra la recrea R. Abella en *Por el imperio hacia Dios*, 1979.

En cuanto a relatos hostiles de las actitudes católicas hacia Franco, véase A. Sáez Alba, *La ACNP y el caso de "El correo de Andalucía"*, 1974, y Daniel Artigues, *El Opus Dei en España*, 1968.

Sobre los cambios de la sociedad española bajo Franco, véase A. de Miguel, *Manual de estructura social de España*, 1974, así como su *Sociología del franquismo*, 1975; el trabajo de Carlos Moya, *El poder económico en España* (s. f.) es un análisis sugestivo de la élite económica, y el de V. Pérez Díaz, *Pueblos y clases sociales en el campo español*, 1974, sobre la escena rural. Hay gran cantidad de información de primera mano en *La España de los años 70*, editado por M. Fraga, en el *Informe sociológico sobre la situación social de España*, publicado por la fundación FOESSA en 1970, y en *Comentario sociológico. Estructura social de España*, publicado en 1978 por las Cajas de Ahorro. Para un esclarecedor estudio de algunos aspectos de la modernización, véase Ronald Fraser, *The Pueblo*, 1973.

ÍNDICE ALFABÉTICO

ÍNDICE

Impreso en el mes de marzo de 2001
en HUROPE, S. L.
Lima, 3 bis
08030 Barcelona